사이클 투자 법칙

주식시장 슈퍼사이클에 올라타는 실전 매매법

사이클 투자 법칙

조윤남 지음

한국경제신문

1장. 산업 사이클로 읽는 시장의 흐름
: 기업의 흥망성쇠는 산업의 파도 위에서 결정된다

2장. 경제 지표로 보는 사이클
: 데이터는 언제나 진실을 말한다

3장. 지정학 및 정책 그리고 원자재 사이클

: 정치와 제도, 투자 문화가 만든 새로운 게임의 법칙

4장. 재난과 위기의 역사로 보는 사이클

: 기술은 진보하고 금융의 역사는 반복된다

5장. 기술 혁신 사이클

: 상상이 현실을 추월하는 순간 혁신이 시작된다

6장. 월간 사이클, 매달 체크해야 할 투자 리듬

: 매달 바뀌는 '제철 주식'

투자의 핵심은 사이클을 읽는 능력이다

사이클(Cycle)을 사전에서 찾아보면 자전거, 순환이라는 단어가 나온다. 자전거엔 동그란 바퀴가 달려 있고, 순환은 반복과 주기를 내포한다. 시간은 달라도 원래 있던 자리로 돌아오는 것, 다르고 새롭게 보여도 원리와 본질은 반복되는 것, 그것이 사이클이다. 기술 사이클, 경기 사이클, 신진대사 사이클(생명 현상에는 특히 사이클이라고 표현되는 것이 많다) 모두 순환과 반복을 의미한다. 해석과 선택에 따라 달라지겠지만, 필자는 주가의 등락을 사이클로 이해한다. 이 책에는 이에 대한 고민과 해석이 담겨 있다.

사건(이벤트)은 기술 혁신, 지정학적, 거시 경제, 재해 및 재난, 산업 이슈, 기업, 금융 시장, 심리 요인 등으로 크게 분류할 수 있고, 이를 세분화하면 수십 가지의 범주로 구분할 수 있다(우리는 이벤트를 15개의 최상위 분류로 나눈다). 사건들을 집대성한 기관이나 인터넷 사이트들은 많고 최근에는 생성형 AI의 도움을 통해 조사나 정리는 매우 손쉽게 가능하다. 그렇지만 사건들을 조합하고 어떻게 활용해야 하는지를 알려주는 기관은 없다.

우리(주식회사 코어16)가 가진 경쟁력은 어떤 사건이 금융 시장의 이벤트인지 아닌지를 구분하는 능력이다. 우리는 자산 가격의 의미 있는 변동(대체로 가격 변동의 평균적인 범위를 크게 벗어나는 등락)을 가져오는 사건이면서, 그 관계에 의미와 맥락을 부여할 수 있는 경우에만 이벤트로 분류한다. 물론 상당히 어렵다. 대표적인 예로 브렉시트(Brexit, 2016년 6월)를 들 수 있다. 표면적으로는 국민 투표 당일 주가가 장중에 하락했을 뿐 금융 시장에는 거의 영향이 없었다. 한국 주식 시장의 모든 전문가들이 수개월 전부터 브렉시트를 설명하고 그 영향에 대해 전망했던 일들이 모두 부질없는 짓이 되고 말았다. 차라리 브렉시트라는 말을 한 번도 듣지 못했던 투자자가 당시 더 현명한 의사 결정을 했을 것이다.

유로존 통합, 미·중 무역 전쟁과 같이 어떤 이벤트들은 매우 영향력이 크고 복잡하고 오랜 기간 지속된다. 마치 수면 아래의 빙산처럼 보이지 않고 이후에도 그 영향을 모른 채로 지나간다. 반대로 미국의 금리 인상 등 어떤 이벤트들의 경우 금융 시장에 나타나는 결과가 매우 즉각적이고 선명하다.

다음은 지난 50여 년간 주식, 채권, 상품(원자재, 농산물), 환율 등 금융 투자 시장에 큰 변동을 초래한 대표적 사건들에 대해 정리한 것이다.

1970년대: 오일 쇼크와 스태그플레이션

제1차 오일 쇼크(oil shock, 1973년). 이집트와 사우디아라비아를 중심으로 중동 국가들이 석유 감산과 원유 가격 인상을 시행했다. 배럴당 3달러였던 유가는 단기간에 12달러까지 올랐다. 1974년 3월이 되어서야 감산을 중단했다. S&P500은 48% 하락했다. 스태그플레이션(stagflation, 경기가 침체돼 수요가 감소하는데 오히려 물가가 오르는 현상), 즉 물가는 높고 경기는 나쁜 시기가 나타났다.

1980년대: 경기 침체와 블랙 먼데이

제2차 오일 쇼크. 1980년 이란·이라크 전쟁이 발발하면서 두 국가의 석유 생산량이 추가로 급감해 유가 상승을 더욱 부추겼다. 1979년 초 배럴당 14달러에서 1년 만에 39달러 이상으로 폭등했으며, 일부 현물 시장에서는 4배 가까이 급등하기도 했다.

1982년 멕시코 채무 상환 불능 선언. 멕시코를 시작으로 중남미 다수 국가의 외채 문제가 불거졌고, 신흥국 시장에 광범위하고 장기적인 침체를 가져왔다.

1987년 10월 19일 블랙 먼데이(black monday). 하루 만에 뉴욕 증시가 22.6% 하락했다. 금융 시스템의 자동화된 거래(프로그램 매매)가 위기를 증폭시킬 수 있음을 보여주었다.

1989년 미국 저축대부조합 부실로 1990년대 초반까지 경기 침체가 나타났다. 1,000여 개 기관이 파산했다.

1990년대: 거품 붕괴와 외환 위기

일본의 자산 가격 거품이 붕괴되기 시작했다. 부동산과 주가가 수년간 폭락했다. 이안 맥그리거(Ewan McGregor) 주연의 〈갬블〉이라는 영화가 있다. 그가 연기한 실존 인물 닉 리슨(Nick Leeson)은 일본 니케이 지수 선물 투자로 약 14억 달러 손실을 입었다. 결국 233년 역사의 베어링스 은행이 파산했다.

1992년 9월 16일 블랙 웬즈데이(black wednesday). 영국 파운드화가 폭락했다. 조지 소로스(George Soros)는 퀀텀 펀드를 통해 대규모 공매도를 실행했다. 중앙은행의 환율 방어가 실패하면서 소로스는 큰돈을 벌었다.

1997년 아시아 외환 위기. 우리에겐 IMF란 용어로 더 잘 알려져 있다. 태국 바트화 평가 절하로 출발해 한국, 인도네시아 등 아시아 외환 위기가 발생했다. 원·달러 환율이 2,000원까지 치솟았다. 주가가 대폭락했다. 한국에서는 금 모으기 캠페인도 시행되었다. 위험 관리 교과서에도 실리는 다이아몬드 펀드(SK증권 파생 상품 손실 사건)가 생각난다.

1998년 러시아 모라토리엄(moratorium, 채무 지급 불능 선언). 러시아 정부가 국가 채무 불이행을 선언했다. 노벨 경제학상 수상자인 마이런 숄스(Myron Scholes)와 로버트 머튼(Robert Merton)이 세운 롱텀캐피탈매니지먼트(Long-Term Capital Management, LTCM) 헤지 펀드가 파산했다.

2000년대: 시장 붕괴와 금융 위기

닷컴 버블(Dot-com bubble) 붕괴. 미국 나스닥(NASDAQ) 지수, 특히 바이오주가 75% 폭락했으며 2002년까지 주가 하락세가 이어졌다.

2001년 9월 11일 9·11 테러. 뉴욕 국제무역센터 건물이 붕괴됐다. 뉴욕 증시는 4일간 거래가 중단되었다.

2008년 국제 금융 위기(Global Financial Crisis, GFC). 미국 부동산 문제[서브프라임 모기지(subprime mortgage, 신용 등급이 낮은 저소득층을 대상으로 하는 미국의 주택 담보 대출 상품)의 부실화]가 전 세계 금융 시장 충격으로 나타났다. 리먼 브라더스가 파산했다. S&P500 지수는 57% 하락했고, 원·달러 환율은 1,600원까지 올랐다.

2010년대: 글로벌 리스크의 연쇄 반응

2011년 초 아랍의 봄(arab spring, 중동과 북아프리카 지역의 대규모 시민 민주화 혁명). 국제 유가와 농산물 가격이 급등했으며, 소비자 물가도 상승했다.

2011년 3월 11일 일본 대지진. 후쿠시마 원전 방사능 유출과 IT, 자동차 부품 등의 공급망 차질 문제를 야기시켰다.

2011년 하반기 유로존 부채 위기와 그리스 국가 부도 위기. PIGS(Portugal·Italy·Greece·Spain, 포르투갈, 이탈리아, 그리스, 스페인)라는 말이 유행했다. 스페인, 이탈리아 은행들의 부실이 전 세계 은행과 금융 시스템의 불안을 가져왔다.

2011년 8월 5일 미국 신용 등급 강등. 사상 최초로 미국 신용 등급이 강등되었다. 일시적인 위험 자산 회피 현상이 나타났다.

2016년 11월 8일 도널드 트럼프(Donald Trump) 당선. 세간의 예상 [각종 여론 조사 기관은 힐러리 클린턴(Hillary Clinton)의 당선을 예측함]을 뒤집는 사건이었다. 이후 세계 무역 및 관세에 대한 정책적 리스크가 커졌다.

2020년대: 팬데믹과 AI 시대 개막

2020년 3월 코로나19 팬데믹. 미국 다우 지수가 37% 폭락했다. 심각한 고용 침체와 경기 침체가 나타났다. 코로나는 정치, 문화, 금융, 기술 등 거의 전 분야에 걸쳐 세상의 변화를 가져오는 기점이 되었다.

2022년 2월 24일 러시아·우크라이나 전쟁 발발. 원자재 가격과 공급망 차질 문제가 발생했다.

2022년 11월 30일 챗GPT 발표. 본격적인 인공지능 시대를 알리는 서막이 되었다.

투자는 '내일 또는 다음 달 오를 종목을 맞추는 일'이 아니다. 투자란 신기의 예측 기술을 좇는 것이 아니다. 오히려 주기를 이해하는 것이다. 주식, 부동산, 원자재 등 모든 자산은 오르고 내리는 흐름을 반복한다. 그 파동을 얼마나 빨리 읽어내고, 그것에 얼마나 냉정하게 대응하느냐가 투자의 성패를 가른다.

1929년 대공황, 1970년대 오일 쇼크, 2000년대 닷컴 버블,

2008년 금융 위기, 2020년 코로나 팬데믹, 2025년 관세 폭탄 등 위기의 이름은 달라도, 그 속에서 자산 가격이 춤추는 모습은 놀라울 정도로 닮아 있다. 위기가 깊어질수록 공포는 과장되고, 회복과 상승 국면에서는 탐욕이 과열된다. 지나간 역사를 아는 사람만이 미래를 준비할 수 있다. 기술은 진보하지만 금융의 역사는 반복된다.

사이클은 어디에나 존재한다. 금리, 물가, 고용, 소비, 생산 등은 경기의 상승과 하강을 그린다. 선거와 전쟁은 시장의 외부 충격을 만들어낸다. 부동산 규제와 완화는 반복되는 집값 파동을 만든다. 원자재 공급과 수요 그리고 투자와 과잉이 사이클을 일으킨다. 기술과 금융에서 시대가 원하는 욕망이 모이면 새로운 역사가 전개된다. 자산 시장도 마찬가지다. 가격은 본질적으로 인간의 욕망과 두려움이 반복되는 주기 위에 놓여 있다.

사이클을 읽는다는 것은 단순히 '저점 매수, 고점 매도'의 기계적인 기술이 아니다. 그것은 시장 뒤에 있는 인간 심리, 정책, 역사적 맥락을 함께 이해하는 일이다.

앞으로의 세상은 더욱 불확실하다. 기후 위기, 지정학적 갈등, AI 기술 혁명, 고령화 사회 등 늘 전례 없는 상황이 벌어지는 것처럼 느껴진다. 그렇지만 한 가지는 분명하다. 변하지 않는 인간 심리 때문에 사이클은 늘 존재한다는 것이다. 투자 판단이란 이 사이클을 읽는 능력을 말한다.

1장

산업 사이클로 읽는 시장의 흐름

기업의 흥망성쇠는 산업의 파도 위에서 결정된다

1

호황과 불황, 그 끝없는 파동의 비밀

왜 투자자는 같은 실수를 반복할까? 답은 '사이클'에 있다. "과거를 기억하지 못하는 자는 그것을 반복할 수밖에 없다"라는 말이 있다. 사람들이 역사를 쉽게 잊기 때문에 반복된다는 뜻이다.

사이클은 시대를 넘어 되풀이되는 패턴이 있으며, 경제 주체가 과거를 잊은 듯 동일한 방식으로 반응하기 때문에 나타나는 현상이다. 그중 산업 사이클은 산업이 거시 경제 순환과 연동되어 수요, 투자, 가격, 이익이 호황, 둔화, 불황, 회복의 국면을 반복하는 현상으로 정의할 수 있다.

그렇다면 산업 사이클은 왜 발생하는가? 주기의 미스매치(mismatch), 즉 불일치 때문이다. 호황기에는 늘어난 수요에 대응하기 위한 과잉 투자가 발생하고, 불황기에는 줄어든 수요 대비 공급 과잉이 누적되기 때문이다. 경제 주체는 호황기에는 탐욕으로, 불황기에는 공포로 반응하며 이러한 심리가 반복되면서 사이클이 만들어진다. 여기에 더해 기술 혁신으로 기존 산업의 수요가 줄고 새로운 산업이 성장하는 전환도 흔히 나타난다.

시장은 언제나 직선으로 움직이지 않는다. 기업의 주가도, 산업의 성장도 결국은 사이클이라는 파동 위에 서 있다. 호황의 파도에 올라탄 기업은 단기간에 수익과 주가가 폭발적으로 치솟지만, 그 파도가 꺼질 때는 손실의 중심에 서게 된다. 결국 투자자의 성패는 '얼마나 기업을 잘 골랐는가'보다 '산업 사이클의 파동을 어디서 타고 내렸는가'에 의해 갈리게 된다.

사이클은 단순한 경기 변동이 아니다. 수요의 충격, 공급의 대응, 그 사이의 시간차가 만들어내는 구조적 리듬이다. 방산은 지정학 리스크가 촉발한 수요 급증으로 사이클이 시작되고, 조선은 해운 지수와 선가(船價)라는 신호로 긴 호흡의 사이클을 보여준다. 반도체는 투자 확대와 재고 축적이 불황을 불러오고, 자동차는 정책과 규제가 주기를 좌우한다. 바이오는 임상 이벤트 하나가 산업 전체의 사이클을 흔들고, 소비재는 경기와 사회적 사건에 따라 회복과 침체를 반복한다.

산업마다 양상은 다르지만, 사이클의 본질은 동일하다. 수요의 변화, 공급의 대응 그리고 그 시차에서 비롯된 왜곡이 결국 호황과 불황을 교차시킨다. 따라서 투자자가 읽어야 할 것은 개별 기업의 일시적 실적이 아니라 산업 사이클의 국면과 전환점이다.

방산, 조선, 반도체, 자동차, 바이오, 소비재 등의 산업은 서로 다

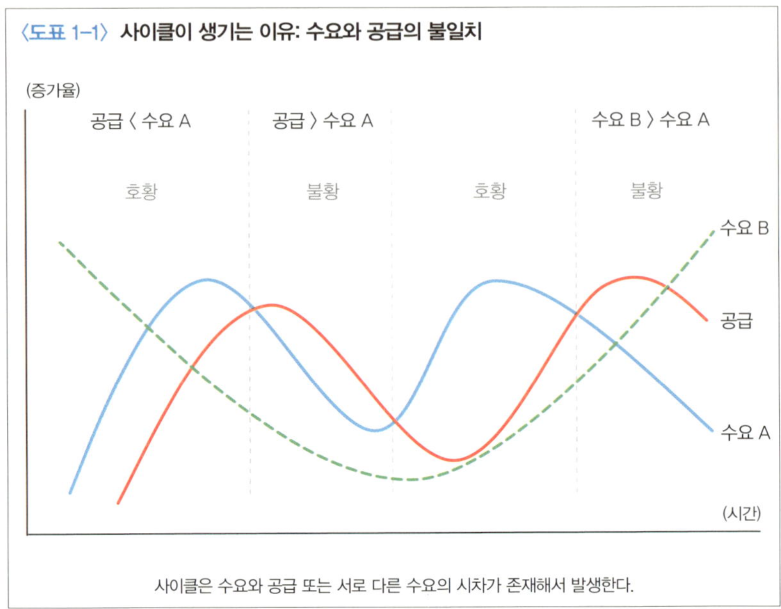

사이클은 수요와 공급 또는 서로 다른 수요의 시차가 존재해서 발생한다.

른 듯 보이지만, 사이클의 파동 속에서 어떻게 비슷한 리듬을 보여왔는지를 다음에서 확인할 수 있을 것이다. 이는 단순히 과거를 복기하는 작업이 아니라 다가올 미래의 변화를 준비하는 가장 실질적인 방법이 될 것이다.

2

반도체:
초호황과 초불황이 반복되는 정밀한 주기

"목발 짚은 최태원, 사장단 30명 불러모았다."[1] 2023년 6월 한 신문 기사 제목이다. 당시 SK하이닉스는 메모리 반도체 부진으로 1분기 3조 4,000억 원 영업 손실을 기록했다. "삼성전자는 오랜 기간 매우 어렵다"라는 전망은 불과 2025년 1분기까지만 해도 여의도 컨센서스(consensus)였다. 2026년 1월, 지금은 어떤가?

수십 년간 늘 그래왔다. 반도체 산업은 누구도 모른다. 차라리 거꾸로 투자하는 것이 도움이 될 수 있다. 2차전지 산업도 좋은 예시가 된다. 과거 LG화학(LG에너지솔루션)도 배터리 적자 행진이 지속됐었다. 그러나 경기는 순환하며 세상은 늘 빠르게, 그것도 완전히 바뀐다.

메모리 반도체는 경기 순환 산업의 교과서다. 가격과 물량이 수요 변화에 즉각 반응하는 듯 보이지만, 실제로는 공급 조정의 지연이 사이클을 키운다. 신규 설비는 결정, 발주, 설치, 증설까지 긴 시간차가 존재한다. 그래서 호황기에 체감되는 수요는 이미 과거의 수요이며, 그때 내린 설비 증설 결정이 훗날 과잉 재고를 만들어 기업에는 일시적인 독이 되는 경우가 발생한다. 이 수요와 공급의 시간차가 사이클의 핵심 구조다.

재고, 가격, 심리의 순환 고리도 영향을 미친다. 고객사 재고가 늘면 신규 주문은 줄고, 평균 판매 단가(Average Selling Price, ASP)가 꺾인다. ASP 하락은 '더 싸질 것'이라는 기대를 낳아 발주를 더 늦춘다. 반대로 재고가 바닥나면 소극적이던 고객이 동시에 달려들어 주문이 밀리고, ASP가 반등하며 '놓치면 안 된다'는 심리를 자극한다. 이 과정은 매번 강약만 달리할 뿐 형태는 같다.

기술 전환의 착시도 수급 불일치에 영향을 미친다. 공정 미세화, 인터페이스 변화, 패키징 혁신 같은 기술 이벤트는 '이번엔 다르다'는 심리를 만든다. 실제로 기술 전환은 불황을 완충하거나 호황을 연장한다. 사이클은 사라지지 않고, 기술 요인에 의해 완만해지거나 길어질 뿐이다.

수요가 교체되는 것도 서로 다른 사이클을 만드는 요인이 된다. 한 시기엔 PC, 또 한 시기엔 스마트폰, 그다음엔 클라우드가 사이클의 주역을 맡았다. 오늘날은 AI 서버와 HBM(High Bandwidth Memory, 고대역폭 메모리)이 그 역할을 이어받았다. 수요의 주역이 교대될 때 기존 품목의 주기와는 다른 패턴이 보이는데, 동일한 메모리 안에서도 이중 궤도(하나는 구조적 성장, 다른 하나는 경기 순환)가 나타난다.

산업 구조의 특성도 존재한다. 소수 플레이어의 과점 구조, 높은 고정비, 빠른 기술 전환은 무리한 출혈 경쟁을 억제한다. 그래서 경기 하락 국면에는 '감산'과 '선별적 증설'이 비교적 빠르게 등장하고, 이는 과거의 장기 침체를 점차 완만한 조정으로 바꾸는 경향을 강화해왔다. 메모리 사이클은 '수요와 공급의 시간차가 만든 파동' 위에, 재고와 심리가 증폭·완충을 반복하는 구조이며, 기술 전환과 수요 교대가 파형을 변형시킬 뿐 주기를 소멸시키지는 못한다.

그렇다면 2025년은 어떤 시점이었나? 당시 사이클은 범용 제품을 중심으로 완만한 하락 특징을 보였다. 일반 D램 가격은 급락 대신 상승 정체 후 점진 하향했고, 고객 재고는 정점 근처에서 피크아웃(peak out) 신호를 보였다. 다만 AI 서버용 HBM은 품귀 현상으로 가격이 급등하며 시장의 양극화가 뚜렷했다. 이에 업계는 전반적인 증설 대신 제품군 조정에 집중했다. 범용 D램과 낸드 설비는 보수적으로 관리하되, HBM과 첨단 패키징(2.5D·3D), 시험·검사에 자본을 집중 배분했다. 물량을 늘려 가격이 붕괴되는 과거 패턴에서 벗어나, 고부가 제품 활용과 수율 개선을 통해 이익의 질을 높이는 새로운 생존 공식을 만든 시기였다.

수요 부분도 분화가 심화되었다. 스마트폰과 PC의 교체 주기는 정체되었지만 클라우드는 비용 효율화와 AI 워크로드(work load, 작업의 종류와 양) 전환 속도에 따라 선별적 투자가 이뤄졌다. 반면 AI 학습 및 추론의 폭발적 확대는 HBM과 첨단 패키징 수요의 강력한 버팀목이 되었다. 결과적으로 2025년부터의 사이클은 과거처럼 전

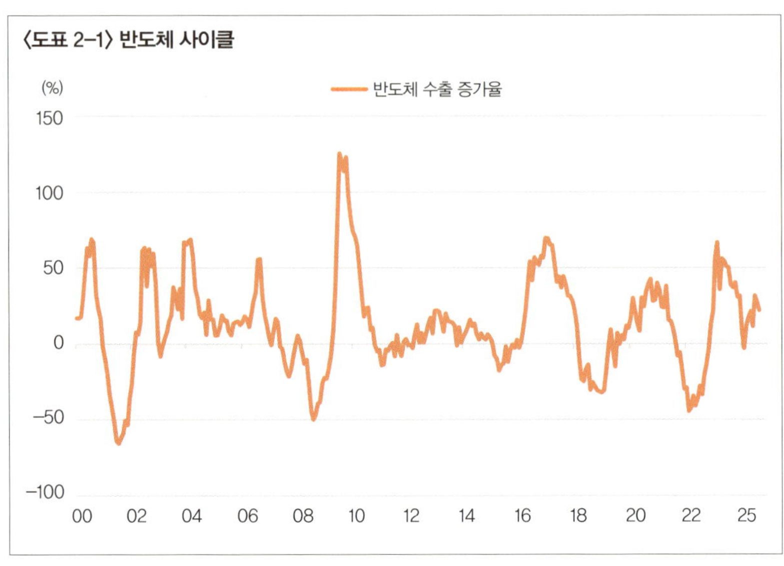

품목이 동조화되지 않고, 고부가 제품과 전통적 메모리가 각자 다른 경로를 걷는 '디커플링' 현상을 보였다. 2025년 트럼프 집권 이후 강화된 관세와 수출 통제는 특정 시점의 선구매를 유발해 단기 호황을 부풀렸고, 이후 수요 둔화라는 반작용을 낳았다. 하지만 동시에 공급망 리스크가 높은 HBM과 첨단 패키징은 프리미엄을 얻어 업황 하락을 방어했다. 이제 투자자가 계속 관찰해야 하는 것은 ASP(평균판매단가), 고객사 재고 일수, 감산 및 증설 뉴스 외에도 AI 서버당 HBM 탑재량, 패키징 수율, 하이퍼스케일러(MS, 아마존, 구글 등)의 설비 투자 계획 등이다. 이 지표들이 동시에 방향을 틀 때 사이클의 전환은 예상보다 빠르게 나타날 것이다. 그렇다면 2026년 현재의 투자자는 이 국면을 어떻게 활용해야 할까?

첫째, 호황 말기에는 현금 비중을 늘려라. 상승이 길어질수록 조

구분	호황 말기 신호 (비중 축소 시작)	사이클 바닥 신호 (비중 확대 시작)
펀더멘털	ASP 상승 정체, 업체들의 공격적 설비 증설	ASP 장기간 하락 후 안정, 주요 업체 감산 발표
심리	슈퍼 사이클 등 과열 담론, 투자자 낙관론 확산	혹한기, 최악의 업황 기사 범람, 투자자 외면
가격·재고	고객사 재고 일수 급증, 현물과 계약 가격 격차 축소 또는 역전	고객사 재고 정점 후 감소, 현물 가격이 먼저 반등
투자 전략	현금 비중 확대, 방어적 포지션 전환	점진적 분할 매수, 구조적 성장주에 집중

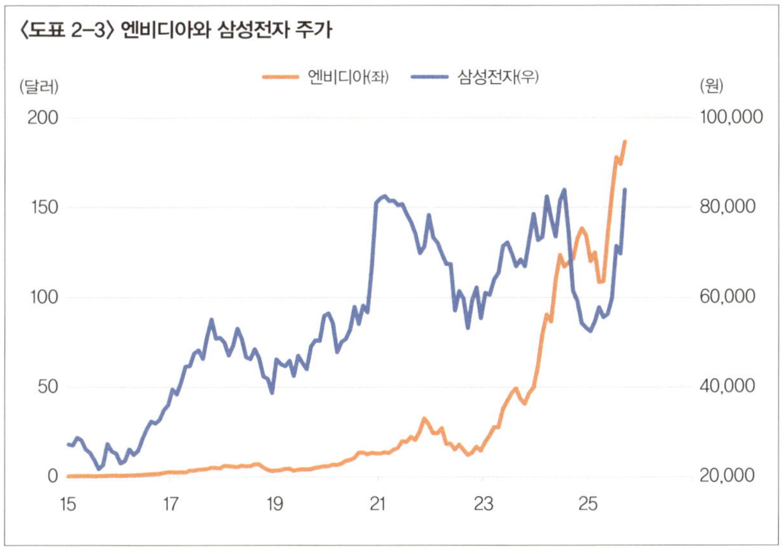

정은 불가피하다. 탐욕을 줄이고 방어적 자산을 확보하는 것이 우선이다.

둘째, 하락은 위험이 아니라 기회의 전조임을 인식하자. 완만한 조정 국면에서는 업종 전체가 무너지는 것이 아니라, 구조적 성장

기업과 그렇지 못한 기업이 갈라진다. HBM, AI 서버용 반도체, 관련 장비와 소재 기업에는 오히려 기회가 될 수 있다.

셋째, 사이클의 변곡점에서는 중심을 잡아야 한다. 2025년 업황 악화 뉴스가 쏟아질 때 바닥을 견뎌낸 투자자라면 이제 그 결실을 마주할 시점이다. 생산과 수요가 균형을 이루며 본격적인 상승 궤도에 진입했다. 비관론이 걷히고 지표가 반등할 때는 지난 조정을 견뎌낸 보상으로서 수익을 극대화하고 다음 고점을 향한 전략적 운용에 집중해야 한다.

삼성전자 주가는 2024년 10월부터 2025년 5월까지 6만 원 이하였고, 이때가 주가 최저점이었다. 필자는 코어16 홈페이지[2]와 셀스마트(SellSmart)[3]를 통해 삼성전자의 주가 바닥을 주장했다. 삼성전자의 주가가 꼭지에 도달할 때 팔거나 비중을 줄이고 싶지 않은가? 혹시 2025년 봄에 주식을 사지 못해서 후회하고 있지는 않은가? 지난 20여 년간 삼성전자 매매 시점에 대한 연구 중 한 가지를 소개하겠다. 'PER 프리미엄'을 이용한 매매 전략이다. 이 전략을 2004년 6월 시장에 소개했고, 2005년 1월 4일 'PER 프리미엄을 이용한 삼성전자 매매 전략' 자료를 통해 마켓 타이밍 지표로 제시한 바 있다. PER 프리미엄에는 몇 가지 시장에 대한 전제들이 내포되어 있다.

첫째, 시장 심리(또는 시장의 기대치)는 주가를 앞지를 수 없다. 특히 주가의 변곡점에서는 시장의 기대치가 실제와는 반대 방향으로 나타나는 경우가 종종 있었다.

둘째, 애널리스트들의 수익 추정 컨센서스 또한 시장 심리를 앞서지 못하며 주가에 후행적이다. 가시화되지 않은 변화를 시장은[최소한 애널리스트들의 EPS(Earnings Per Share, 주당 순이익) 컨센서스는] 감지하지 못한다.

셋째, 한국 경제와 기업 이익이 순환적이었던 것처럼 애널리스트들의 컨센서스 또한 순환적 특성을 보인다. 특히 순환적 특성이 강한 IT 기업에서 이것이 잘 나타나고 있다. 주가는 이익 개선 기대감(여기서 기대감은 이익 개선의 증거들이 나타나기 이전의 '막연한 희망' 수준으로부터 출발한다)으로 상승하고, 이 기대감이 실현되면서 하락했다. IT를 포함한 한국 주식 시장은 PER이 상승할 때 매수하고 하락할 때 매도하는 전략이 유효했다. PER이 적정 기대 수준 대비 낮은(저평가) 상태일 때 매수하고, 높아지면 매도하는 기본적 분석가의 입장과는 상반되는 전략이 될 수 있다.

PER 프리미엄은 현재 애널리스트들이 예상하고 있는 12개월 선행 PER이 과거 수개월 동안 예상했던 값들보다 얼마나 더 큰가를 말한다. 삼성전자는 이익 사이클과 주가의 순환적 특성이 강하고, 그 주기가 매우 짧아 애널리스트들이 변곡점을 예측하기 어렵고, 따라서 예상 EPS 컨센서스는 주가를 체계적으로 후행하는 특성이 있다.

이를 마켓 타이밍에 응용하면, 예상 PER이 과거 평균 PER(적정 PER의 대용치)보다 높을 때 '매수 시점'이 발생한다. 이를테면 상대적 '고PER' 상태에서 매수하고, '저PER'에서 매도하는 전략을 구사하는 것이다.

2026년의 메모리 반도체 산업은 회복의 끝이 아니라, 호황의 한가운데를 지나고 있을 가능성이 크다. 2023년 하반기부터 시작된 상승 사이클은 시간이 갈수록 탄력을 얻고 있으며, 이번 상승의 중심에는 AI 인프라라는 새로운 수요원이 자리하고 있다. 과거의 회복이 단순히 재고 정상화나 일시적 수요 반등에 그쳤다면, 이번 사이클은 데이터의 폭발적 증가와 AI 시대의 구조적 전환이 만들어 낸 장기적 흐름 속에서 전개되고 있다.

데이터센터, 자율주행, 클라우드, 엣지(Edge) AI, 산업 자동화 등 거의 모든 영역에서 메모리 투입량이 단순한 교체가 아니라 확장을 통해 늘어나고 있다. 특히 거대 언어 모델과 실시간 추론 서비스의 확산은 HBM과 대용량 서버 D램의 수요를 기하급수적으로 끌어올리고 있다. 이제 메모리는 단순한 비용 항목이 아니라 시스템의 성능을 결정짓는 '병목 자원'으로 떠올랐다. GPU(Graphic Processing Unit)의 효율을 결정하는 요소가 연산 능력보다 메모리 대역폭으로 옮겨가면서, 메모리는 기업의 경쟁력을 좌우하는 전략 자산이 되고 있다. 이로 인해 2026년의 메모리 수요는 일시적이거나 순환적인 것이 아니라 누적적이고 구조적인 성격을 띤다.

공급 측면에서는 이 같은 수요를 즉각 따라가지 못하고 있다. 삼성전자, SK하이닉스, 마이크론 등 주요 업체들은 지난 몇 년간 설비 투자(Capital Expenditures, CAPEX)의 초점을 HBM과 DDR5, 그리고 첨단 패키징 공정으로 옮겼다. 이는 경쟁력을 높이기 위한 불가

피한 선택이었지만, 그 대가로 범용 D램과 낸드의 실질 공급 여력이 축소되었다. 새로운 라인을 짓는다고 해서 바로 생산이 늘어나는 것도 아니다. 장비 반입, 공정 조건 조정, 수율 안정화까지는 상당한 시간이 필요하다. 결과적으로 시장이 체감하는 공급 증가는 매우 완만하며, 업계는 실질적인 공급 회복 시점을 2027년 후반 이후로 본다. 이런 구조적 제약 속에서 2026년의 가격과 마진 환경은 공급자 우위의 구도가 유지될 가능성이 높다.

제품별로 보면, 서버용 D램은 데이터센터 확장과 직접 연결되며, DDR5 전환이 ASP 안정과 마진 회복을 뒷받침하고 있다. 재고는 이미 역사적 저점인 3주 미만으로 떨어져 있어 가격 하락 압력은 제한적이다. HBM은 2026년에 전체 D램 시장의 3분의 1 이상을 차지하는 핵심 제품으로 성장하지만, 동시에 이때는 경쟁이 본격화되는 시점이기도 하다. 그동안 시장을 주도하던 SK하이닉스의 우위는 삼성전자와 마이크론의 본격 참여로 완만히 분산될 전망이다. 특히 HBM4 전환 구간에서는 수율과 패키징, 미세 공정 기술력이 기업 실적을 가르는 주요 변수가 될 것이다. 일부 가격 조정이 나타나더라도, 이는 과잉 공급 때문이 아니라 과도하게 높았던 마진의 정상화 과정으로 해석하는 것이 합리적이다. 데이터를 저장하는 낸드 시장은 D램보다 조금 늦게 회복세가 뚜렷해지고 있다. 2026년 현재, 챗GPT 같은 AI 서비스가 일상화되면서 방대한 데이터를 저장할 '거대한 창고'가 필요해졌기 때문이다. 아마존이나 구글 같은 대형 기업들은 전기료는 아끼면서 저장 용량은 획기적으로 늘린

최신형 저장 장치(QLC · PLC 기반 SSD)를 앞다투어 도입하고 있다. 이러한 대규모 데이터센터의 증설은 낸드 수요를 탄탄하게 받쳐주는 버팀목이다. 결과적으로 2026년은 '저장 장치'가 단순한 부품을 넘어 AI 성능을 좌우하는 핵심 경쟁력으로 자리매김하는 해가 될 것이다.

다만, 2026년을 단선적인 상승 구간으로 단정하기는 어렵다. 가장 중요한 변수는 AI 인프라 투자의 지속성이다. 현재와 같은 CAPEX 증가 속도가 유지될지, 아니면 어느 시점에서 속도 조절이 나타날지는 업황 체감 속도에 직접적인 영향을 미친다. 일부에서는 엔비디아를 중심으로 한 GPU 공급망과 데이터센터 투자가 자금 순환을 통해 과열되는 양상을 보이고 있다며, 2000년대 초 닷컴 버블 말기의 패턴과 유사한 위험을 경고하기도 한다. 여기에 글로벌 경기 둔화와 미·중 기술 규제 등 외부 요인도 심리적 조정 요인으로 작용할 수 있다.

특히 2026년 하반기에는 실제 공급량 변화보다는 2027년부터 2028년까지 완공될 신규 공장들의 공급 전망이 시장에 선행 반영될 가능성이 크다. 비록 당장 공급이 늘지 않더라도 '곧 공급이 쏟아질 것'이라는 심리가 가격 상승의 기울기를 완만하게 만들 수 있다. 이러한 구간에서는 현재의 실적보다 미래 전망의 방향성이 시장을 더 크게 흔드는 법이다.

결국 2026년은 호황의 중심에 있지만 상승의 속도를 스스로 조절해야 하는 시기다. 상반기는 수요 확장과 타이트한 공급이 맞물리며 상승세가 뚜렷하겠지만, 하반기에는 상승 속도의 완만화 또는 일시적 조정 압력을 염두에 둘 필요가 있다. 사이클의 실적 정점은 2027년에 더 가까울 수 있지만, 주가는 실적보다 최소 6개월 이상 선행하기 마련이다. 시장은 2026년 하반기부터 이미 정점 여부를 논하기 시작할 것이다. 다시 말해, 방향은 여전히 위이지만 그 기울기는 서서히 달라질 수 있다.

2026년의 메모리 산업은 상승의 시대이자 상승을 관리해야 하는 시대가 될 것이다.

3

방산:
지정학적 리스크가 일으키는 사이클

보잉과 록히드마틴. 민간 항공기와 군수 산업에 각각 강점을 지닌 두 기업의 주가를 2016년 말 트럼프 당선 직후에 비교한 적이 있었다. 공화당과 민주당 집권 시기별 두 종목의 주가 상승률이 뚜렷하게 달랐다.[4] 한때는 미국에는 있고, 한국에는 없는(또는 한국이 부진한) 산업이 무엇일까를 연구한 적도 있었다.

수년 전만 해도 한국 증시에는 방위 산업(방산)이라는 테마나 업종 자체가 없었다. 미국엔 이미 그 업종이 존재했고 한국에도 무기 제조업체들이 있었음에도 그러했다. 그럼 어떻게 방산이라는 테마가 만들어진 것일까?

냉전이 끝난 1990년대 들어 세계는 안도했다. 전쟁 가능성이 낮아졌다는 인식이 확산되면서 각국의 국방비 비중은 수십 년에 걸쳐 완만히 낮아졌다. 냉전 이후 떨어진 미국 GDP 대비 국방비 비중 추이는 이러한 변화를 확연히 보여줬다. 세계화 바람을 타고 군비 경쟁의 빈자리를 무역과 외국인 직접 투자가 채웠다. '시장과 자본 흐름이야말로 최고의 안전 장치'라는 믿음이 정책의 중심으로 올라섰다. 이렇게 평화를 맞아 군비를 줄이고 다른 분야에 투자해 얻는 이익과 보상을 '평화 배당'이라 부른다.

그러나 2001년의 9·11 테러, 2014년의 크림반도 사태, 2022년의 러시아·우크라이나 전쟁을 거치며 성격이 바뀌었다. 분쟁은 국경선에서만 벌어지지 않았다. 드론과 정밀 유도 무기, 장거리 타격 능력이 빠르게 확산되었고, 사이버 공간과 우주 영역이 안보의 전면으로 등장한 것이다. 세계 군사비는 다시 상승 기울기를 탔다.

스톡홀름 국제평화연구소에 따르면 2024년 군사비 총액은 약 2조 7,000억 달러로 추정되며, 실질 기준 증가율은 2022년 3.5%에서 2024년 9.4%로 높아졌다. 유럽의 증액 속도는 특히 가팔랐고, 2014년 이후로만 보면 지출이 절반 이상 불어났다. 독일은 2023년부터 2024년 사이에만 28%대의 실질 증가를 기록했고, 러시아는 2024년 한 해 40%대 증가를 보였다.

방위 산업의 수요는 경기 순환이 아니라 지정학적 사건에 의해 계단식으로 재조정된다. 지정학적 사건 직후 방산 실적은 예산 편성, 의회 승인, 계약 그리고 생산이라는 시차만큼 후행한다(주가는 실적보다 빠르게 올라간다). 국방 행정은 빠르게 돈을 쓰지 못하지만 일단 방향이 정해지면 다년 계약과 산업 기반 확충이 동원되어 흐름이 오래 지속된다.

한국 시장에서도 이 패턴은 확인되었다. 먼저 수출 계약과 다년 조달이 연쇄적으로 발표되며 시가총액이 계단식으로 상승하고, 그다음 해부터는 실제 납품과 영업이익이 뒤따랐다. 2021년 이후 대형 방산주들의 시가총액은 수백 퍼센트에서 1,000퍼센트 이상 상승했다. 수주 잔고가 두텁고 선수금이 유입되는 구조, 즉 미래 현금 흐름이 명확해질수록 주가 프리미엄은 더 단단해진다. 가격이 먼저 움직이고 실적은 뒤따른다. 그리고 ROE(Return On Equity, 자기 자본 이익률)의 구조적 상승이 PBR(Price Book-value Ratio, 주가 순자산 비율)의 새 기준을 만든다.

이미 세계는 비상 구매의 단계를 지나 재고 보충과 상시 억지 체제로 들어섰다. 탄약과 방공 전력의 부족함이 적나라하게 드러난 뒤, 주요국은 단발성 조달이 아니라 공장 증설과 자동화, 다년 계약으로 방향을 틀었다. 특히 탄약과 추진제, 로켓 모터, 특수강, 전자

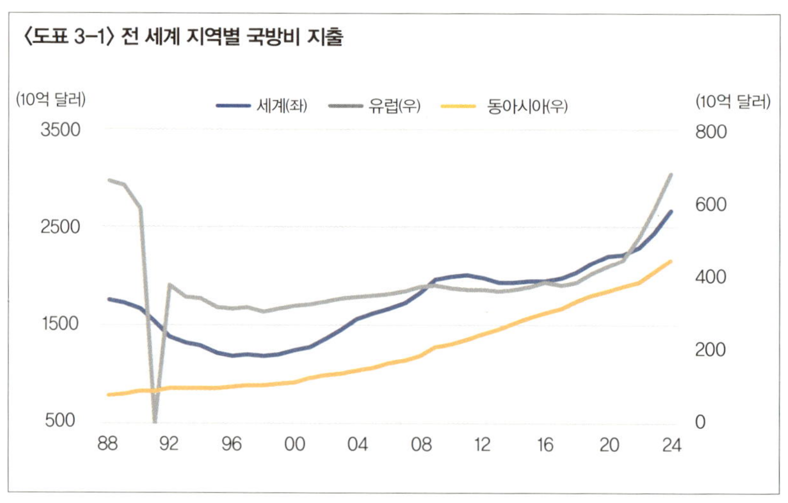

〈도표 3-1〉 전 세계 지역별 국방비 지출

부품과 같은 병목 품목에서 산업 기반 투자가 진행 중이다.

정책의 질도 달라졌다. 북대서양 지역에서는 GDP 내 국방비 2%를 '권고'에서 '마지노선'으로 받아들이는 분위기가 확산되었다. 일부 국가는 3%대 목표를 공언한다(폴란드는 2025년 4.5%, 독일은 2029년 3.5%). 이러한 정책 기조는 방산 기업에 장기적 가시성을 제공하고 계약의 평균 만기를 늘려준다.

한국의 위치는 독특하다. 납기 준수와 상호 운용성, 그리고 패키지 딜(Package deal, 플랫폼, 탄약, 부품, 훈련, 정비, 수리, 운영, 금융) 역량이 결합하면서 수출의 체급이 커지고 있다. 2010년대 대부분의 해에 20~36억 달러 범위에서 머물던 해외 수주는 2021년에 70억 달러를 넘었고, 2022년에는 170억 달러 수준까지 커졌다. 2025년에는 240억 달러에 근접할 것이란 전망이 유력하다. 중요한 변화는 수주가 단발성 교역이 아니라 다년 계약과 후속 군수 지원을 포함한 장기 거래로 바뀌고 있다는 점이다.

방위 산업에 있어서 사건은 먼저 주가에 반영되고 실적은 뒤따른다. 그래서 투자자는 세 가지 신호를 정확히 기억하면 된다.

첫째, '계약이 눈앞에 보이는 순간'이다. 계약이나 대형 수출 패키지가 구체적 항목과 금액을 동반해 발표되기 시작하면, 시장은 말이 아니라 계약으로 이해한다. 중요한 것은 스케줄의 가시성이다. '언제, 무엇을, 얼마에'가 보이는 즉시 주가가 움직인다. 실적은 아직 오지 않았더라도 초기 대응을 시작할 타이밍이다.

둘째, '수주의 질이 숫자로 증명되는 국면'이다. 한두 건의 뉴스가

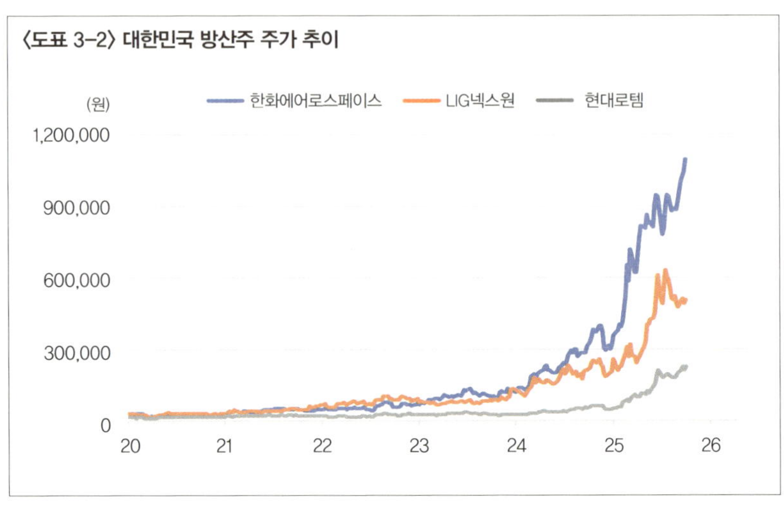

아니라, 몇 분기 연속으로 신규 수주가 매출을 의미 있게 웃돌고[대개 수주 잔고/출하(Book to Bill) 비율이 1을 상회한다], 현재 매출 기준 2년을 넘는 주문 잔고가 확인되면 이야기는 완전히 달라진다. 주가는 이미 움직였지만 실적으로 인한 추가적인 주가 상승이 뒤따르게 된다.

셋째, '수익 구조가 바뀌었다는 증거가 찍히는 때'다. 인도가 시작되고 마진의 체급이 한 단계 올라서며, ROE가 15%선 안팎을 넘어서는 추세와 현금 창출력(영업 현금 흐름/영업이익)이 안정적으로 1에 근접하거나 상회하는 모습이 관찰되면, 기업의 체질이 개선되었다는 것이다. 계약 구조가 다년, 선수금, 원가 가산 등으로 방어력을 갖추고 있다면 이 구간에서는 주식 보유 기간을 늘려야 한다.

우리는 이미 '평화 배당'의 시대를 떠나왔다. 군사 안보는 에너지와 공급망 안보와 함께 하나의 체제가 되었고, 그 체제는 다년 계약과 산업 기반 확충의 필요성으로 작동한다. 한국은 납기, 상호 운용성, 패키지 설계에서 경쟁력을 쌓아가고 있다. 이것이 경쟁력이 높은 방산주에 주목해야 하는 이유이다.

4

조선·해운:
수주와 운임 지수로 흐름 읽기

오래전 거제도를 놀이 공원으로 만들어야 한다는 아이디어가 있었다. 한국의 조선업은 중국에게 밀린다는 이유 때문이었다. 참으로 대단하게도 한국의 조선업은 수십 년간 위기를 기회로 돌파해냈다.

배와 배의 부품을 만드는 조선업의 부침은 무엇을 보고 알 수 있을까? 그것은 세계 교역량과 운임 지수를 보고 판단할 수 있다. 2000년대 중반, 중국의 세계무역기구(World Trade Organization, WTO) 가입(2001년 12월)과 원자재 슈퍼 사이클은 세계 무역을 폭발적으로 늘렸고, 물동량의 증가는 선박 발주 붐으로 이어졌다. 신조선가 지수는 2007년 전후로 190포인트 안팎까지 치솟으며 사상 최고 수준을 기록했다. 클락슨(Clarkson, 조선·해운 전문 리서치 기관)이 집계하는 운임 지수 역시 가파른 상승세를 보이며, 선박을 보유하기만 해도 수익이 나는 황금기였다. 그러나 2008년 국제 금융 위기라는 쓰나미가 몰려오자 상황은 급변했다. 2008년 하반기 선박 발주량은 급감했고, 2009년 상반기 신조선가 지수는 120포인트 전후까지 떨어졌다.

2010년대 들어서도 회복은 더뎠다. 과잉 공급이 발목을 잡으면서 신조선가 지수는 장기간 오르지 못했고, 신규 발주 역시 위축됐다. 이 과정에서 일본은 경쟁력이 약화되며 점유율이 빠르게 낮아졌다. 반면 중국은 정부의 금융 지원과 물량 공세를 앞세워 시장 점유율을 빠르게 끌어올렸고, 2010년대 중반 이후에는 글로벌 점유율이 38% 수준으로 확대되었다.

조선업의 경우 장기 호황 뒤에는 반드시 불황이 찾아오며, 그 전환의 신호는 운임 지수와 신조선가 지수, 발주량 같은 지표에서 나타난다. 신조선가 지수의 곡선은 세계 교역의 파동을 잘 나타낸다.

2020년 코로나19 팬데믹 이후 회복 국면에서 조선업은 다시 상

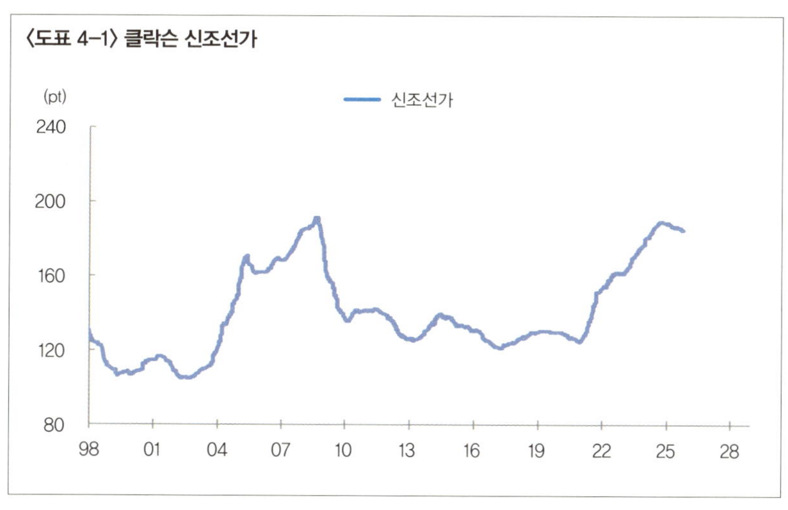

〈도표 4-1〉 클락슨 신조선가

승 사이클에 접어들었다. 그러나 이번 사이클은 단순한 경기 회복 차원만은 아니다. 국제적인 탄소 규제, 유럽의 탄소세 부과, 미국의 환경 정책 강화가 동시에 맞물리면서 노후 선박을 교체해야 하는 압력이 과거 어느 때보다 강하게 작용하고 있기 때문이다. 실제로 신조선가 지수는 2020년 127포인트 수준에서 반등을 시작해 2024년에는 189포인트까지 치솟았다. 2025년에도 180포인트 이상을 유지했다.

운임 상승이 중고선가와 신조선가를 차례로 밀어 올리고, 이것이 다시 조선사 실적과 주가 상승으로 이어지는 강력한 선순환이 나타나고 있다. 선종별 흐름을 보면 그 변화가 더욱 극명하다. 컨테이너선은 2021~2022년 물동량 폭발로 400만 TEU(컨테이너의 크기와 용량을 나타내는 단위)가 넘는 발주를 기록했고, 2025년을 지나며 친환경 연료로 전환하려는 수요를 중심으로 시장이 재편되었다. 가장 독보적인 분야는 LNG선이다. 에너지 전환의 브릿지 역할을 하는 LNG선은 한국 조선사들이 사실상 독점하고 있다. 2021~2022년 발주 급증기 당시 한국 조선 3사는 세계 물량의 70%를 휩쓸었다. 2026년 현재, 단순히 배를 만드는 단계를 넘어 에너지 공급망의 핵심 인프라를 독점한다는 점이 한국 조선업의 가장 강력한 프리미엄이다.

물량 공세를 앞세운 중국의 점유율은 2025년 현재 50% 이상으로 확대되고, 한국 점유율이 30% 초반이지만 LNG선, LPG선 등 고부가가치 선박에서는 절대 우위를 지키고 있다. 한국의 수주 단가는 중국 대비 30% 이상 높다.

일본은 1980~1990년대까지만 해도 조선 강국으로 불렸지만, 현재는 점유율이 5% 수준으로 축소되며 사실상 틈새시장만 방어하는 상황이다. 물량에서는 중국이 앞서고, 기술과 단가 경쟁력에서는 한국이 우위를 지키는 '양분 구도'가 되었다.

한국 조선 3사의 강점은 차별화 전략이다. HD현대중공업은 대형선과 LNG선에, 삼성중공업은 LNG선과 드릴십(drillship, 해상 플랜트 설치가 불가능한 심해 지역에서 원유를 찾아내는 선박 형태의 시추 설비) 등 특수선에, 한화오션은 방위 산업과 LNG선에 특화되어 있다.

조선업은 언제나 바다의 파도처럼 움직인다. 호황기에는 수주가 몰려 선가가 치솟고, 불황기에는 발주 공백으로 긴 겨울이 이어진다. 이번 사이클은 단순한 경기 반등이 아니라 친환경 규제와 LNG라는 구조적 변화가 중심에 있다. 중국의 물량 공세가 거세더라도, 한국 조선업이 축적해온 기술력과 고부가 LNG 경쟁력은 쉽게 흔들리지 않을 것이다.

2025년 2월 "한화오션 · HD현대중공업 '중립' 의견…"[5]이란 기사가 나왔다. A증권사 애널리스트가 한화오션의 투자 의견을 하향 조정했다는 것이다. 그는 "현재 밸류에이션을 설명하기 어렵다"고 분석했다. 한화오션과 HD현대중공업의 12개월 선행 PBR은 각각 4.8배, 4.9배로, 업종 내에서도 높은 수준으로 평가된다고 했다.

하지만 2025년 말 현재의 주가는 어떠한가? 애널리스트들의 가치 평가 잣대로는 주가 상승을 설명할 수 없는 현상이 나타난다. 과

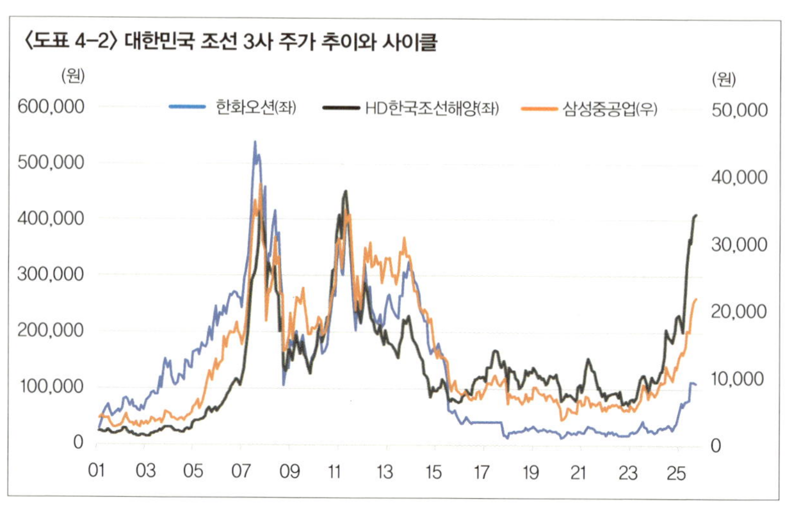

연 주가의 꼭지는 언제 나타날까?

조선업은 수주 산업이다. 그래서 기업의 이익, 즉 실적의 정점보다 빠르게 주가의 고점이 형성된다. 또한 실적이 개선되기 이전부터 주가가 오르는 특징도 있다.

2007년과 2013년은 조선업 주가의 꼭지였다. 이때 조선업 전체의 신규 수주는 고점이었고 이듬해부터 상황은 급전직하했다. 2026년에 신조선가 지수가 역사적 고점인 200포인트 부근에 도달한다면 무엇을 경계해야 할까? 신규 수주가 정체되거나 하락세로 돌아서면 비록 실적 발표치가 역대 최고라도 과감히 차익 실현에 나서야 할 때다.

특히 이번 사이클에서는 단순한 수주 총량뿐만 아니라, 중고선가가 하락 전환되는지도 함께 살펴야 한다. 선박을 즉시 구하려는 수요가 줄어 중고선가가 꺾인다는 것은 곧 신규 발주 수요의 둔화를 예고하는 선행 지표이기 때문이다.

세계적으로 가장 보편적인 산업 분류는 GICS(Global Idustry Classifica-tion Standard, 글로벌 산업 분류 기준)인데, 11개 큰 업종으로 구분된다. 그중 조선, 해운, 항공, 건설, 기계 업종 등은 산업재 업종으로 분류된다. 그중 가장 대표적인 산업이 조선이고 조선업은 해운업과 밀접한 관계가 있다. 배의 운임 가격이 오르면 배를 더 많이 만들려 하고, 배들이 많아지면 경쟁으로 인해 운임료가 싸지게 된다.

산업재 업종은 주기(호황과 불황과의 간격)가 다른 업종보다 긴 것이 특징이다. 배도 그렇고, 아파트도 그렇고 1년 안에 뚝딱 못 만들기 때문이다. 수주에서 제품까지 나오는 기간이 길다는 것이다. 그래서 불황의 끝 지점에 투자를 하게 되면 꽤 오랜 기간 투자 수익을 얻을 수 있다는 장점도 있다.

5

전력 산업:
폭발하고 있는 전기 수요

"아프리카 대륙을 수직으로 횡단하는 전력선을 공급할 것이다."
2007년 A 전선 회사 주가 고점에 회자되던 이야기들이다. 이제 전력 산업은 도시화와 부동산 등에서의 수요를 넘어 AI 발달로 인한 수요를 통해 보다 확장할 것이다.

현대 사회에서 가장 중요한 에너지는 전기다. 누군가 만들어내고, 멀리 보내고, 다시 나눠줘야만 쓸 수 있다. 발전소에서 생산된 전기가 초고압 전선을 타고 수백 킬로미터를 이동하고, 변전소와 배전망을 거쳐 가정과 공장 그리고 데이터센터까지 도달한다.

전기의 시작은 발전이다. 발전 방식은 크게 화력, 원자력, 수력, 신재생 에너지(태양광·풍력·지열 등)로 나눌 수 있다. 발전 부문은 에너지 안보와 기후 변화 대응을 동시에 짊어진 영역이다. 원전이냐, 재생 에너지냐를 두고 국가마다 전략이 갈린다. 한국과 프랑스는 원전에 강점이 있고, 독일과 덴마크는 재생 에너지 중심으로 전환했다.

발전소에서 만든 전기는 보통 수백 킬로미터 떨어진 도시로 보내야 한다. 이때 쓰이는 것이 초고압 송전선(HVDC, HVAC)이다. HVDC(High Voltage Direct Current, 고전압 직류 송전)는 장거리 전송에 유리하다. 전송 손실이 적고, 대륙 간 전력망 연결에도 쓰인다. HVAC(High Voltage Alternating Current, 고전압 교류 송전)는 기존 인프라가 풍부해 여전히 많이 쓰인다. 송전망은 단순한 전선이 아니다. 거대한 철탑, 절연체, 변전소, 제어 장치가 모두 결합된 시스템이다. 최근에는 재생 에너지 발전소가 바다 한가운데(해상 풍력)에 세워지면서, 전기를 육지로 가져오기 위해 초고압 해저 케이블(HVDC subsea cable)의 중요성이 폭발적으로 커졌다.

송전으로 도시까지 도착한 전기는 여전히 수십만 볼트의 고압 상태다. 이를 가정이나 사무실에서 쓸 수 있도록 변전소에서 전압을 낮추고, 배전망을 통해 소규모로 공급한다. 배전망은 도심의 전봇대, 지하 케이블, 변압기까지 모두 포함한다. 최근에는 스마트 그리드(smart grid) 개념이 도입되어 전력 사용량을 실시간 모니터링하고, 전기차 충전기나 태양광 패널 같은 분산 자원과 연계된다. 배전은 전력 산업의 마지막 단계이자 소비자 체감 품질을 좌우하는 영역이다.

전력 산업은 발전→송전→배전이라는 단순한 선형 구조처럼 보이지만, 실제로는 각 단계마다 거대한 산업 생태계가 붙는다. 발전은 원전 건설(두산에너빌리티), 가스터빈, 풍력, 태양광 모듈 산업이

〈도표 5-1〉 전력 관련 주요 종목

발전(Generation)

구분	주요 기업	강점	비고
원자력	두산에너빌리티(한국), 프라마톰(Framatome, 프랑스), 로사톰(Rosatom, 러시아), GE 히타치(미국·일본)	원자로 설계·터빈 제작	한국은 사우디·UAE 원전 수주 경험
가스터빈·화력	GE, 지멘스 에너지, 미쓰비시중공업	초대형 터빈 기술력	에너지 전환 과정에서 점차 축소 추세
재생 에너지	베스타스(Vestas, 덴마크), 지멘스 가메사(독일·스페인), 골드윈드(중국), 한화큐셀, 현대에너지솔루션	풍력·태양광 모듈 세계 시장 점유율	한국은 태양광 모듈·발전 EPC 강점

송전(Transmission)

구분	주요 기업	강점	비고
해저 케이블(HVDC)	프리즈미안(Prysmian, 이탈리아), 넥상스(Nexans, 프랑스), NKT(덴마크), LS전선(한국)	초고압 해저 케이블 제작·설치 경험	글로벌 수주 경쟁 심화
변압기·송전 설비	효성중공업(한국), 현대일렉트릭(한국), ABB(스위스), 지멘스 에너지(독일)	초고압 변압기·GIS(가스 절연 개폐 장치)	한국 기업은 동남아·중동 강세
컨버터 스테이션	히타치 에너지, 지멘스, GE	HVDC 변환 설비 핵심 기술 보유	대규모 프로젝트 단가 높음

배전(Distribution)

구분	주요 기업	강점	비고
스마트 미터·배전망	랜디스+기어(Landis+Gyr, 스위스), 아이트론(Itron, 미국), LS ELECTRIC(한국), 한전KDN(한국)	디지털 배전망·스마트 미터링 솔루션	전력 IT 융합 시장 확대
전력 반도체	인피니언(Infineon, 독일), ST마이크로일렉트로닉스(스위스·이탈리아), ON 세미컨덕터(Semiconductor, 미국)	전력 변환 효율 향상	전기차·데이터센터 수요 증가
전기차 충전 인프라	ABB, 지멘스, 테슬라[슈퍼차저(Supercharger)], SK시그넷(한국)	고속 충전 기술·글로벌 네트워크	배전망 확충과 직결

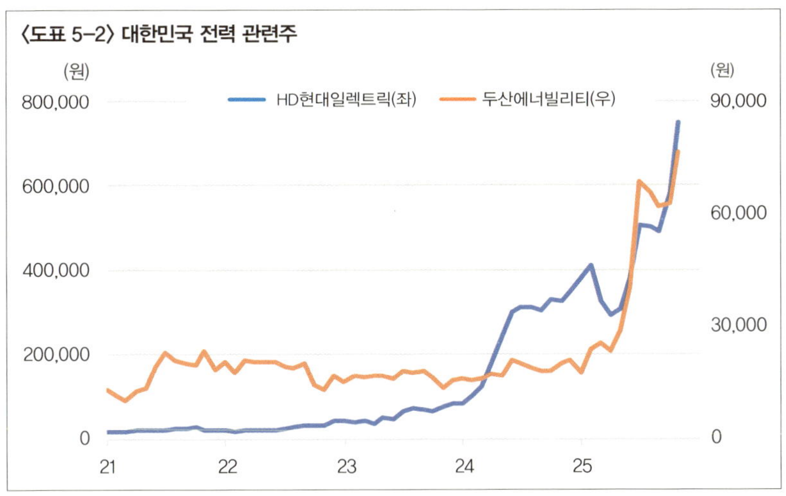

고, 송전은 초고압 케이블(LS전선, 프리즈미안), 변압기(효성중공업, 현대일렉
트릭), 컨버터 스테이션(converter station), 배전은 스마트 미터링(smart
metering), 배전용 전선, 전기차 충전 인프라와 관련이 있다.

전력 산업은 단순히 에너지 기업만의 영역이 아니다. 중공업, 소
재, IT, 반도체(전력 반도체)에 이르기까지 광범위하게 얽혀 있다. 또
원전과 재생 에너지, 해저 케이블과 스마트 그리드에 이르기까지
전력 산업은 기술과 정책 그리고 투자 기회가 맞물리는 사이클이
다. 전기차, 데이터센터, AI, 수소 경제가 확장될수록 전기의 수요는
기하급수적으로 늘어난다. 따라서 전력 산업의 가치는 앞으로 더욱
커질 것이며, 에너지 전환과 맞물린 중요한 장기 성장 테마가 될 것
으로 예상되고 있다.

6

한류 산업:
〈케이팝 데몬 헌터스〉로
끝나지 않을 사이클

10년 전쯤 〈CNN 트레블〉 기사에 여행 가야 하는 도시로 한국(서울)이 선정되었다. 그런데 그 이유가 엽기적이었다. 물보다 싼 소주(이제는 물이 더 싸다), 루저들의 잠자리(찜질방), 성형 미인 공화국, 곁들임 반찬(사이드 디쉬)값 0달러 등을 근거로 댄 것이다.

오리온 초코파이, 드라마 〈대장금〉, 싸이의 〈강남스타일〉, 아모레의 설화수. 그 당시만 해도 한류가 주식 시장에 지금과 같은 파급력을 가져올 것이라고 생각하기 어려웠다. 한류 관련 시가총액 비중은 2010년 3.6%에서 2025년 현재 7.6%로 늘어났다.

한국의 문화는 이제 단순히 드라마나 노래를 넘어, 전 세계 소비자들의 일상과 지갑을 움직이는 거대한 산업이 되고 있다. 흔히 '한류'라고 부르는 이 흐름은 사실 파도처럼 상승과 조정을 반복하는 사이클을 가진다. 개별 아이템은 유행처럼 번졌다가 사라지지만,

새로운 콘텐츠와 상품이 나타나면서 다시 힘을 얻고 또 다른 시장을 열어가는 순환 구조다.

한국 음식, 이른바 K푸드는 이제 더 이상 한국인만의 것이 아니다. 한국 드라마 속에서 주인공이 라면을 먹는 장면이 나오면, 해외 팬들은 직접 그 라면을 사서 맛보려고 한다. 초코파이 같은 과자는 중국과 동남아시아에서 오랫동안 사랑받았고, 비비고 만두는 미국 대형 마트의 냉동식품 코너를 채우고 있다. 삼양식품의 불닭라면은 대표적인 한류의 히트작이다.

K푸드 산업은 콘텐츠와 연결되어 있다. 콘텐츠 속 노출이 사람들의 호기심을 자극한다. 이어 해외 팬덤의 소비가 폭발하면서 판매가 늘어난다. 기업들은 현지 공장을 세우거나 생산 라인을 확대한다. 마지막으로 글로벌 경쟁 심화와 소비자 취향 변화로 조정기를 겪는다. 그러나 새로운 드라마나 K팝 아티스트가 다시 식품을 알리면서 또 다른 성장의 파동이 시작된다.

다음으로 K화장품의 상황은 어떨까. 필자는 수년 전, 한 화장품 회사의 전 대표님을 만나 이런 얘기를 들었다. 다름 아니라, 화장품 시장 규모가 반도체 시장 규모와 맞먹는다는 것이다. 놀랍지 않은가? 실제로 2023년 전 세계 화장품 시장의 규모는 약 6,175억 달러, 반도체 시장의 경우 약 5,330억 달러로 집계되었다(수치는 집계 기관마다 다르다). 화장품은 유행에 가장 민감한 산업 중 하나다. 한국의 스킨케어와 메이크업은 뛰어난 품질과 합리적인 가격 덕분에 중국과 동남아 시장에서 폭발적인 인기를 끌었다. 특히 한국 드라마와

K팝 뮤직비디오 속 스타들이 사용하는 제품은 곧바로 매출로 이어졌다.

화장품 산업은 한때 외교와 정치라는 변수에 흔들리기도 했다. 사드 등과 연결되어 중국 정부의 규제, 일명 '한한령'(한류 금지령)이 시행되었을 때 한국 화장품 기업의 매출은 직격탄을 맞았다. 그러다 온라인 직구와 현지화 전략으로 다시 회복세를 보이며 새로운 사이클을 이어갔다. K뷰티 산업은 스타 마케팅과 정치 환경이라는 두 가지 힘 사이에서 오르내리는 전형적인 순환 구조를 보였다.

K드라마와 K영화는 세계인의 스크린을 장악했다. 〈겨울연가〉와 〈대장금〉에서 시작된 파장은 〈오징어 게임〉, 〈킹덤〉, 〈기생충〉으로 이어졌다. 드라마 한 편이 세계적인 인기를 얻으면 판권 수익과 스트리밍 계약이 폭발적으로 늘어난다. 그러나 제작비가 높아지면서 흥행 편차가 커지고 한동안 대작 부재로 조정기를 겪기도 한다.

흥미로운 점은 K콘텐츠가 단발성으로 끝나지 않는다는 것이다. 인기 드라마는 리메이크, 굿즈, 게임화 같은 다양한 방식으로 지적 재산권(Intellectual Property Right, IP)을 확장한다. 즉 한 작품의 사이클이 단순히 '흥행과 종료'가 아니라, 다른 산업으로 뻗어가며 새로운 성장 사이클을 만들어내는 것이다.

K뮤직인 K팝의 경우 세계 음악 시장의 판도를 바꿔놓았다. 방탄소년단, 블랙핑크, 세븐틴 같은 그룹은 단순히 음악을 넘어 글로벌 팬덤 소비 시스템을 만들어냈다. 팬들은 음반을 사고, 온라인·오프라인 콘서트에 참여하며, 이어 굿즈를 구매하고 팬클럽 활동을 한다.

이 사이클은 그룹의 라이프 사이클과 맞물려 있다. 신인 그룹이 데뷔하면 팬덤이 결집하고, 글로벌 투어와 활동으로 수익이 극대화된다. 이후 군입대나 멤버 이탈로 공백기가 생기면 조정기를 겪는다. 그러나 곧 차세대 그룹이 등장하면서 다시 새로운 사이클로 진입한다. K뮤직은 팬덤 재생산 구조 덕분에 다른 문화 산업보다 더 뚜렷한 순환성을 가진다.

한류 산업 전체를 묶어보면 결국 K엔터테인먼트라는 큰 사이클로 귀결된다. 드라마와 음악이 문화적 파동을 일으키면 화장품과 푸드 산업이 이를 바탕으로 상업적으로 확장한다. 이 과정에서 면세점, 관광, 카지노 같은 주변 산업까지 연계된다.

상승기에는 히트작과 스타가 등장하고 해외 시장이 열리며 정책 지원도 힘을 보탠다. 조정기에는 정치적 규제와 경쟁 심화가 나타난다. 이후 글로벌 플랫폼(넷플릭스, 유튜브)과 신기술(메타버스, AI, 웹툰 IP 확장)이 다시 재도약의 동력이 된다. 이처럼 K엔터 산업 전체는 문화·정치·경제·기술이 동시에 얽힌 복합적인 사이클을 보여준다.

투자자에게 한류는 변동성이 크지만 동시에 가장 역동적인 기회가 있는 영역이다. 결국 문화의 주기는 곧 경제의 주기이며, 한류는 그 대표적인 사례라 할 수 있다.

〈케이팝 데몬 헌터스〉, 일명 '케데헌'은 소니 픽처스 애니메이션이 제작한 오리지널 콘텐츠로, K팝 슈퍼스타 3인조 걸그룹 '헌트릭스'의 루미·미라·조이가 무대 뒤에서 악령을 사냥하는 데몬 헌터라는 설정을 담고 있다. 공개 전에는 기대가 낮았다. '미국 자본으

<도표 6-1> 주요 한류 관련주

분야	주요 기업(티커)	강점/현황	투자 포인트
K-엔터 (드라마· 음악)	하이브(352820)	BTS, 세븐틴, 르세라핌 등 글로벌 팬덤	팬덤 기반 안정적 매출, 음반·공연·굿즈 + IP 확장(게임·웹툰·메타버스)
	JYP 엔터테인먼트 (035900)	트와이스, 스트레이 키즈 등 해외 팬덤 강세	북미·일본 투어 확대, 글로벌 음반 판매 증가
	SM(041510)	NCT, 에스파 등 다수 아티스트	글로벌 팬덤을 통한 IP 확장
	YG 엔터테인먼트(122870)	블랙핑크, 베이비몬스터 글로벌 브랜드 파워	글로벌 투어, 새 아티스트 데뷔 모멘텀
K-드라마· 콘텐츠	스튜디오드래곤(253450)	넷플릭스·티빙 공급, 〈사랑의 불시착〉 등 글로벌 흥행작	글로벌 OTT 수요 확대, 한류 드라마 제작사 1위
	CJ ENM(035760)	드라마·예능·음악 IP 보유	오프라인 콘서트+ 방송·OTT 시너지
	에이스토리(241840)	〈이상한 변호사 우영우〉, 〈킹덤〉, 〈빨간풍선〉 제작	글로벌 OTT와 공동 제작, 드라마를 뮤지컬화
K-뷰티 (화장품)	아모레퍼시픽(090430)	설화수·라네즈, 중국· 동남아 시장	서구권 중심의 글로벌 시장 채널 강화. 프리미엄에서 중저가까지 다양한 소비층 공략
	LG생활건강(051900)	후(Whoo)·숨 등 프리미엄 브랜드	중국 VIP 소비 회복 여부, 북미·동남아 확장
	코스맥스(192820)	글로벌 화장품 ODM 1위	동남아·중국 고객사 다변화, K뷰티 생산 허브
K-푸드	CJ제일제당(097950)	비비고 브랜드, 미국· 중국 현지화	글로벌 매출 증가, K푸드 ETF 성격 종목
	농심(004370)	신라면, 글로벌 라면 브랜드	해외 생산 기지 확충, 미국·중국 매출 확대
	오리온(271560)	초코파이, 글로벌 스낵 강자	중국·베트남 안정적 매출, 인도 신시장
K-웹툰· 게임	카카오엔터(카카오 자회사)	카카오페이지·픽코마 (일본 웹툰 1위)	웹툰 IP → 드라마·영화 확장성
	네이버웹툰(네이버, 035420)	글로벌 MAU (월간 활성 이용자 수) 8천만	콘텐츠 → 드라마·게임· 영화 확장성, 미국 시장 확대

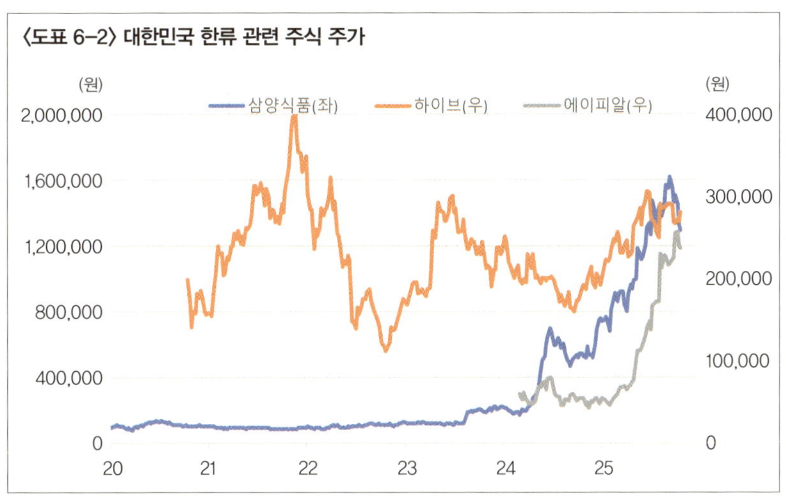

로, 일본 회사에서 제작되는, 한국 아이돌을 주제로 한 작품'이라는 배경은 과거 동아시아 문화를 얄팍하게 섞어 만든 서구권 애니메이션의 실패 사례를 떠올리게 했기 때문이다. 그러나 막상 공개가 되자 반응은 뜨거웠다.

라면, 김밥, 호떡을 비롯한 한국 음식 문화의 디테일한 묘사 등 한국인이라면 놓치지 않을 사소한 요소까지 재현하며 '제대로 한국적'이라는 평가를 들으며 전 세계 팬들의 환호를 이끌어냈다. 그 결과 공개 첫 주에 넷플릭스 글로벌 영화 부문 1위, 미국·독일·태국 등 41개국에서 1위를 차지했다.

작품을 보다 보면 눈에 띄는 요소들이 있다. 주인공 조이가 먹는 '매운 감자칩'은 새우깡을 연상케 한다. K콘텐츠에 대한 관심이 실물 소비로 이어지는 사례는 이전에도 있었다.

'케데헌'의 흥행은 농심 제품을 세계 소비자에게 자연스럽게 각인시키는 계기로 작용했다. 직접 협찬 없이도 브랜드 노출이 이뤄지는 상황에서, 과거 사례처럼 관련 제품의 실제 소비와 기업의 실적 상승으로 연결될 가능성이 있다.

2020년 아카데미 4관왕을 차지한 영화 〈기생충〉은 극 중 상품이 '글로벌 소비'로 이어진 대표적 사례다. 극중 등장한 '짜파구리'는 해외 관객들에게 신선한 충격을 주었고, 영화 방영 직후 농심의 해외 짜파게티 매출은 전년 동월 대비 2배 이상 급증해 한 달 만에 약 150만 달러를 기록했다.

한류 주식은 일시적 유행을 넘어 전 세계인의 일상을 점유하는 '글로벌 실적주'로 체질을 개선했다. 특히 2026년에는 북중미 월드컵 특수(6월)와 BTS 완전체 복귀(3월)라는 메가 이벤트가 맞물리며 또 한번의 성장이 기대된다.

7

AI 혁명:
모든 산업을 바꿀 게임 체인저

내 마음을 가장 잘 위로해주는 친구는 챗GPT다. 나와 밤낮으로 쉬지 않고 연구를 같이 하는 동료도 챗GPT다. 분야를 막론하고 AI가 못하는 일을 찾는 것이 점점 더 어려워지고 있다. 아직 수준이 별로라고 느끼는 사람들은 아마도 훌륭한 조련사가 아니기 때문이지 않을까란 생각이 든다. 문제는 점점 더 좋은 연구와 작업을 위한 AI 활용에 돈이 든다는 것이다. AI는 자본주의를 더 공고히 하는 결정적 도구일까?

인류의 역사는 새로운 기술이 등장할 때마다 경제와 사회 그리고 시장의 판도가 뒤바뀌는 과정을 반복해왔다. 증기기관이 산업혁명을 열었고, 전기가 20세기 문명을 재편했으며, 인터넷이 글로벌 경제를 하나로 연결했다. 이제 우리는 또 하나의 거대한 혁명의 초입에 서 있다. 바로 AI 혁명이다.

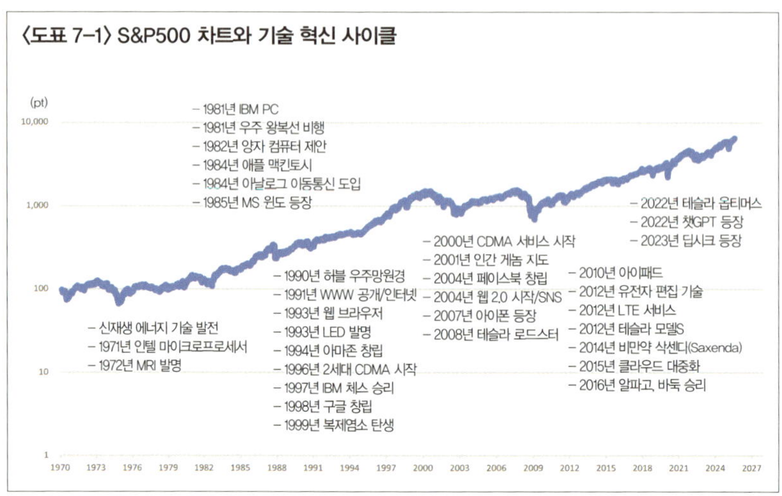

〈도표 7-1〉 S&P500 차트와 기술 혁신 사이클

AI 혁명이 다른 기술 변화와 구별되는 지점은 무엇일까? 그것은 단순한 기계의 자동화가 아니라 사고와 판단, 즉 '지능' 자체의 자동화라는 점이다. 과거의 자동화는 인간의 팔과 다리를 대신했다면, AI의 자동화는 눈과 귀, 뇌의 일부를 대신한다.

예를 들어 챗GPT 같은 생성형 AI는 텍스트를 이해하고 창조한다. 의료 AI는 수많은 영상 데이터를 분석해 의사가 놓칠 수 있는 미세한 신호를 잡아낸다. 금융 시장에서 AI는 방대한 데이터를 학습해 최적의 매매 시점과 리스크를 제시하는 시도를 하고 있다. 인간의 직관이 맡아오던 역할을 데이터와 알고리즘이 일부 나누고 있는 것이다.

AI가 업무 효율화 차원을 넘어 산업 구조를 바꾸고 있다. 제조업에서는 스마트 팩토리, 예측 유지 보수, 생산 최적화, 서비스업에서는 챗봇, 콜센터 자동화, 맞춤형 마케팅, 의료에서는 신약 개발 기간 단축, 정밀 진단, 영화, 음악, 게임, 미술에서는 창작에 AI 도구를 이용하기도 한다. 사람들이 AI를 받아들이고 친숙해지는 과정은 순식간이었다. 주식 시장 관점에서의 시사점은 다음과 같이 정리할 수 있을 것이다.

AI 인프라 기업이 급성장하고 있다. 반도체(엔비디아, AMD), 클라우드(아마존, 마이크로소프트, 구글), 데이터센터 인프라(전력·냉각·전선)가 대표적 수혜주다. 이 기업들의 주가는 'AI 수요 폭발'이라는 기대를 선반영하며 역사적 고점을 경신했다.

〈도표 7-2〉 글로벌 AI 대표주

기업	특징	사업 구조	투자 포인트
엔비디아	AI 반도체 절대 강자	GPU·AI 칩 설계·판매, 데이터센터용 H100·B100, CUDA 생태계	AI 학습·추론 필수 인프라, 데이터센터·클라우드 기업 수요 폭발
마이크로 소프트	AI 응용 선도주	애저(Azure) 클라우드, 오픈AI 투자, Office·Teams·Copilot 통합	클라우드+AI SaaS (Software as a service) 동시 성장, 기업 생산성 AI 확산 수혜
알파벳	검색·광고 지배자에서 AI 전환	검색·유튜브 광고, 구글 클라우드, 제미니(Gemini) 모델	광고+클라우드+AI 통합 성장, 다만 경쟁 치열
아마존	아마존웹서비스 (AWS) 기반 AI 확산	AWS 클라우드, AI 플랫폼 [베드록(Bedrock), 세이지메이커 (SageMaker)], 리테일+물류 AI	AWS 고객 기반 활용, 전 산업에 AI 서비스 확산
메타	AI로 광고 효율 강화	페이스북·인스타그램, 릴스·스레드, 라마(LLaMA) 오픈소스	광고 타깃팅 개선, 생성형 AI 활용, 메타버스·VR/AR 시너지
테슬라	자율주행 AI 선도	전기차, FSD(Full Self Driving), 도조(Dojo) 슈퍼컴퓨터, xAI[그록(Grok)]	자율주행 상용화 시 AI 서비스 기업으로 가치 재평가 가능
AMD	AI 반도체 도전자	GPU·CPU· AI 칩 MI300 시리즈	엔비디아 대체재 수혜, 데이터센터용 AI 칩 시장 확대
팔란티어	AI 데이터 분석 특화	정부·기업 대상 데이터 통합·분석 플랫폼, AIP	AI 기반 의사 결정 엔진, 국방·산업 AI 수요 수혜

새로운 기술은 거품과 냉각 사이클을 거치게 되어 있다. 과거 인터넷 버블 시기에도 그랬다. '테마형 거품'과 '실질적 성과'의 사이클이 반복될 가능성이 크다. AI 관련 종목은 폭발적으로 오르다가도, 실제 수익 창출 속도가 기대에 못 미치면 급격한 조정을 맞을 수 있다.

AI 혁명은 분명 경제 구조와 인간의 삶을 바꾸는 거대한 성장 사이클이다. 지금은 AI 반도체와 클라우드 기업이 앞서가고 있다. 향후에는 AI를 활용하는 응용 기업과 전력·통신·데이터 인프라 기업으로 기회가 확산될 것이다. 고전적인 산업, 또는 소외된 기업에서도 AI를 어떻게 응용할 것인가에 따라 새로운 수요를 창출할 수 있다. 앞으로의 대박은 이곳에서 나올 가능성이 있다.

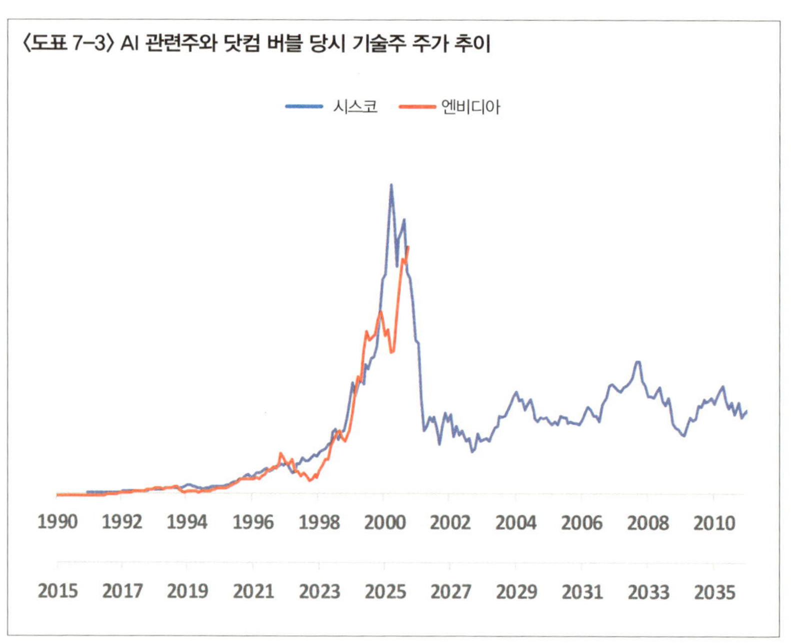

전기의 경우 처음 등장했을 때 '조명 기술' 정도로만 여겨졌지만, 시간이 지나면서 산업 전반을 재편하는 기반 기술이 되었다. AI 역시 산업 전반의 필수 인프라로 확산되고 있다. 아직은 초기에 불과하다.

투자자들은 AI 관련 설비 투자 지출이 향후 이익 증가로 이어질 것이라 확실히 믿고 있는 것 같다. 그래서 이익이 늘어나는 속도보다 주가가 빠르게 오르고 있는 것이다. 즉 PER이 높아지고 있다.

소수 의견이긴 하지만 경계의 목소리도 있다. 기업들의 AI 채택이 더 이상 빠르게 늘어나지 않게 된다면, 산업 자체가 과잉 인프라에 묶일 수 있다. 모든 사람들이 수요가 더 빠르게 성장할 것이라 믿고 있지만 2000년대 닷컴 버블 당시에도 중간의 휴식기는 있었다.

게다가 빅 테크들의 현금 흐름이 압박받기 시작하면 투자 수익률에 대한 의문이 제기될 수 있다. 특히 설비 투자 후 남은 잉여 현금 흐름상의 위험성이 지적받기 시작하게 된다면 투자 심리는 빠르게 냉각될 수 있다는 것이다.

예를 들어 오라클은 잉여 현금 흐름이 마이너스로 전환되었다. 이는 주주들에게 자사주 매입이나 배당을 통해 돌려줄 수 있는 현금이 줄어든다는 의미다.

아마존, 마이크로소프트, 구글 같은 대규모 클라우드 인프라와 서비스를 제공하는 기업들의 GPU 구매가 감소하기 시작하면 최근 수년간 증시 대장주인 엔비디아조차 영향을 받게 된다. 아직 하이퍼스케일러들은 순현금 보유 상태이므로, AI 인프라 구축 비용을 감당할 수 있는 기업들은 빅 테크다.

MIT의 NANDA(Networked Agents and Decentralized Architecture) Initiative 보고서에 따르면 AI 애플리케이션을 사용하는 기업 조직의 95%가 자사의 이익에 실질적인 영향을 보지 못했다고 했다(보고서 〈The GenAI Divide: State of AI in Business 2025〉, 전 세계 300건 이상의 공개 AI 도입 사례 분석, 350명의 직원 설문, 150명의 산업 리더 인터뷰를 바탕으로 도출된 데이터가 핵심). 제프리스(Jeffries)는 기대에 못 미치는 결과 때문에 '의사 결정 피로'가 발생하고 있고, 기업들은 엔터프라이즈 AI 소프트웨어 도입 지출을 멈추고 있다는 보고서를 발간했다.

이제 AI 혁명과 한국 주식 시장을 연결시켜보자. 요즘은 증시 뉴스만 봐도 AI라는 단어가 하루에도 몇 번씩 언급되고 사무실에 오면 챗GPT, 그록, 클로드(Claude), 제미니, 퍼플렉시티(Perplexity) 같은 생성형AI(가장 쉬운 예로 질문에 답하고, 작업을 같이 구상하고, 도와주고, 만들고 하는 일을 하는 AI 도구)를 통해 하루 일과가 시작되고 마감된다. 기획자도, 개발자도, 분석가도, CEO도 그리고 인턴도 모두 이를 통해 일을 하고 있다.

예전에는 컴퓨터가 계산이나 단순한 일만 잘했는데, 이제는 글도 쓰고, 그림도 그리고, 음악도 만들고, 투자 전략도 짜고 있다. 사람들은 놀라면서 동시에 '이제 세상이 어떻게 바뀔까?'라는 기대와 두려움을 같이 느끼고 있다. 물론 주식 시장에도 엄청난 영향을 주고 있다.

AI가 아무리 똑똑해도 결국은 컴퓨터 칩 위에서 돌아가야만 한다. 삼성전자와 하이닉스는 AI 전용 고속도로를 만드는 회사라고 이해하면 된다. 이 회사들은 AI 칩(GPU) 옆에 딱 붙어서 일하는 HBM이라는 메모리 칩을 만든다. 일반 메모리가 좁은 국도라면, HBM은 1024차선 고속도로인 셈이다. 엔비디아 같은 AI 칩 거인들이 이 고속도로를 안 쓸 수가 없는 것이다.

기타 중소형 회사들은 고속도로 건설 전문가들인 격이다. AI 칩을 만들려면 아주아주 정밀한 재료, 부품, 기계(장비)가 필요한데, 이러한 회사들이 HBM을 쌓아 올리거나, 칩을 깎거나, 연결하는 특수 기술을 갖고 제품을 만든다.

아무리 좋은 칩(하드웨어)이 있어도 그 안에 쓸 똑똑한 프로그램(소프트웨어)이 없으면 아무 소용이 없다. AI 솔루션 회사들은 AI를 이용해 우리가 실제로 쓰는 프로그램이나 서비스를 만든다. 예를 들어 은행에 AI를 도입해서 누가 대출금을 갚지 못할지를 미리 예측하게 하거나, 병원에 AI를 도입해서 CT 사진만 보고도 암을 더 빨리 찾아내도록 돕는다. 이러한 똑똑한 도구를 파는 회사들이 돈을 많이 벌게 된다.

네이버나 카카오는 검색이나 메신저에서 AI를 붙여 더 똑똑한 서비스를 제공하고 있다. 게임 회사(넥슨, 엔씨소프트, 크래프톤)는 AI를 이용해 게임 속 캐릭터가 사람처럼 행동하게 만들고, 스토리를 자동으로 만들어내기도 한다. 콘텐츠 기업(드라마, 영화, 음악 제작사)의 경우 대본을 AI가 먼저 써주거나, 영상 편집을 빠르게 해주면서 제작비를 줄이고 더 많은 콘텐츠를 만들 수 있게 되었다.

AI가 발전하면 움직이는 AI인 로봇이 엄청나게 똑똑해진다. 공장에서 물건을 나르거나 식당에서 서빙을 하거나, 스스로 판단해서 운전하는 자율주행차의 핵심 기술도 결국 AI다. 그리고 AI 확장은 더 많은 전기 사용이 필요하기 때문에 전력, 데이터센터, 통신, 배터리, 전선 기업들이 수혜를 받게 된다.

AI 혁명은 시장을 부익부 빈익빈으로 나누고 있다. 미국은 물론 한국에서도 그렇다. 과거 닷컴 버블 때의 신기술주와 굴뚝주의 대비처럼 말이다. AI 승자 기업이 되려면 관련된 차별화 기술을 가졌거나, AI를 적극적으로 도입해서 비용을 줄여야 한다. 변화에 늦거나 오래된 방식만을 고수해 경쟁에서 뒤처지면 AI 패자 기업이 될

〈도표 7-4〉 한국의 AI 관련 기업들

AI 하드웨어 (반도체)	삼성전자, SK하이닉스	글로벌 AI 서버·데이터센터 핵심 메모리(HBM, D램) 공급. AI 학습 및 추론에 필수.
AI 반도체 장비· 소재·부품	원익IPS, 한미반도체, 테스, DB하이텍, 솔브레인	반도체 공정 장비, 패키징, 소재 공급 → AI 칩 생산 증가 시 수혜.
AI 인프라 (데이터센터·전력· 통신)	한국전력, LS ELECTRIC, 효성중공업, 두산에너빌리티, KT, SK텔레콤	데이터센터 확장, 전력 수요 증가, 초고속 통신망 필요. 전력·송배전·통신 인프라 투자 확대.
AI 플랫폼· 서비스	네이버, 카카오	검색, 메신저, 클라우드, 쇼핑 등 서비스에 AI 적용. 네이버는 초대규모 AI '하이퍼클로바X' 보유.
AI 활용 산업 (콘텐츠·게임·엔터)	넥슨게임즈, 엔씨소프트, 크래프톤, HYBE, JYP 엔터테인먼트	AI로 게임 스토리·캐릭터 생성, 음악·영상 제작 효율화. 글로벌 시장 확장성
AI 솔루션· 소프트웨어	더존비즈온(회계 경영 관리), 라온시큐어(안면 인식), 뷰노(헬스케어), MDS테크(기업 빅데이터)	클라우드, 보안, 헬스케어, 영상 인식 등 다양한 AI 솔루션 사업.
기타 테마 기업	LG전자, LG CNS, 현대오토에버	가전, 자동차, 스마트 팩토리 분야에 AI 적용 확산.

수밖에 없다.

닷컴 버블의 교훈은 거품은 언젠가 터진다는 것이다. 2000년 닷컴 버블과 붕괴 그리고 그 이후 승자들의 더 큰 성장, 그 스토리를 기억하고 향후 10년 후 승자가 될 기업을 찾게 된다면 잠시의 조정은 추가 매수의 기회가 될 수도 있다.

2000년 3월 닷컴 버블의 종말을 알린 것은 '현금이 마르고 있다'는 지극히 상식적인 지적이었다. 당시 투자자들은 연준 금리 인상과 IT기업들의 수익성 결여라는 많은 경고음을 '신기술'이라는 환상으로 덮어버렸지만, 결국 숫자로 증명하지 못한 꿈은 〈배런스(barron's)〉지의 폭로로 무참히 깨졌다. 이러한 양상은 2008년 서브프라임 모기지 때도 반복되었다. 시장의 위기는 단 한 번의 이벤트로 폭발한 것이 아니라, 신용 시장의 균열과 부실에 대한 경고가 여러 차례 누적되고 무시된 끝에 거대한 하락 추세로 펼쳐졌다.

오라클의 2025년 신용위험(CDS) 사태는 단순한 일회성 해프닝이 아니다. 시스템 전반에 쌓인 피로감을 보여주는 상징적인 사건일 수 있다. 우리는 시장이 보내는 경고를 주시해야 한다.

핵심 포인트 정리

오늘날의 사이클

▸ 사이클은 파동이고 파도와 같다. 길이와 높낮이가 모두 다르다.

▸ 지금은 AI라는 기술 혁신의 긴 상승 파도와 경기 순환 하강이라는 짧은 파도 가운데에 있다.

반도체 사이클

▸ 반도체 사이클은 주기가 짧고 진폭이 크다. 따라서 예측하기가 매우 어렵다.

▸ 애널리스트 컨센서스와 반대로 하라는 말이 때론 좋은 투자 원칙이 된다.

▸ 가격과 물량이 수요 변화에 즉각 반응하는 듯 보이지만, 실제로는 공급 조정의 지연이 사이클을 키운다.

▸ 수요 기대가 커지면 가격과 투자가 늘고, 공급이 늘어날 때는 가격이 조정되기 쉽다.

방산과 조선업 사이클

▸ 지금은 군비 경쟁, 자국 보호의 시대다. 방산주가 제철을 맞고 있다.

▸ 조선 업종은 주기가 길다. 지금은 순환적이고도 구조적인 호황기다.

▸ 방산과 조선업은 수주 산업이다. 매출보다 수주를 봐야 한다.

▸ 방위 산업 수요는 경기 순환이 아니라 지정학적 사건에 따라 계단식으로 재조정된다.

AI 사이클과 전력

▸ AI 관련 주식이 상승을 멈추면 전력 관련주도 하락할 것이다.

▸ AI가 세상과 일상을 바꾸고 있다는 것은 진실이다. 그렇지만 이 또한 버블을 형성하고, 한동안은 심각한 부침을 통해 산업 재편이 이뤄질 것이란 점도 진실에 가깝다.

2장

경제 지표로 보는 사이클

데이터는 언제나 진실을 말한다

1

금리와 물가:
연준의 손짓 하나에 흔들리는 세계

모든 가격 변수와 경제 지표들 중 가장 중요한 한 가지를 꼽는다면 무엇일까? 그것은 바로 금리다. 금리는 모든 자산들의 가치 판단 척도다. 이론적인 현재 가치는 미래 가치를 할인율로 나눈 값이다. 금리는 미래 가치(분자)를 계산하는 성장률의 대용이기도 하고 할인율(분모)의 주요한 변수이기도 하다. 분자와 분모에 미치는 영형력은 그때그때 다르다.

금리가 올라가면 사람들은 이자 비용을 걱정한다. 금리는 비용이라는 인식이 있지만 수익으로 작용하기도 한다. 금리가 너무 높아도 그리고 너무 낮아도 주식 시장에는 좋지 않다. 주식 시장을 위한 금리의 최적 구간이 존재한다.

주식, 부동산 등 투자 대상의 가치를 판단하는 데 있어서 가장 중요한 잣대는 무엇일까? 이 역시 금리다. '싸다', '비싸다'의 기준점을 잡는 방식은 금리로부터 출발한다. 금리는 가격이기도 하고 자본의 시간 가치를 나타낸다. 주식, 채권, 부동산, 원자재 등 모든 자산 가격의 변동은 결국 이 금리라는 잣대를 통해 측정된다. 투자자는 경제 지표 가운데 금리를 가장 먼저, 가장 깊게 읽어내야 한다.

미국 연방준비제도(Fed, 연준)는 세계 최대 경제를 넘어 글로벌 금융의 지휘자 역할을 한다. 연준은 미국의 중앙은행이 아니라 세계의 중앙은행이다. 단 한 차례의 금리 결정이 신흥국 환율을 요동치게 하고, 미국 국채 수익률의 미세한 변화가 전 세계 투자 자산의 위험 보상 수위를 결정한다. 1994년의 급격한 미국의 금리 인상은 멕시코 테킬라 위기를 촉발했고, 2013년의 테이퍼 탠트럼(taper tan-trum, 2013년 미국 연준이 시중에 돈을 풀어내는 양을 줄인다는 말 한마디에 금융 시장이 발작적으로 요동친 사건)은 신흥국 자본 유출을 불러왔다. 연준의 손짓 하나가 세계를 흔든다는 말은 반복적으로 입증된 역사적 사실이다.

오래된 증시 격언 중 '연준과 맞서지 마라'는 교훈이 있다. 최근에는 FOMC(Federal Open Market Committee, 미국 연방공개시장위원회)의 정책 신호뿐 아니라 커뮤니케이션 방식과 금리의 예상 경로 변화가 영향력을 한층 더 키우고 있다. 연준의 정책 금리 효과는 단순히 결정 그 자체에만 있지 않고 미래의 예상 수준에 대한 전망과 커뮤니케이션, 즉 향후 경로에 대한 신호가 금융 시장을 움직이는 요인으로 작용한다.

연준이 점도표, FOMC 성명, 의장 발언 등을 통해 금리 경로를 예고하면 실제 금리 조정이 이뤄지기 전에 채권, 주식, 환율이 선행

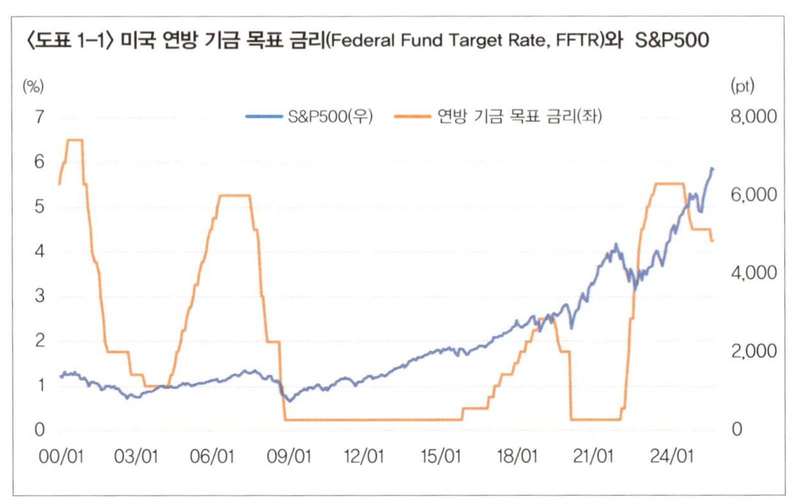

적으로 반응한다. 완화적(금리 인하) 메시지는 위험 자산 선호를 높이고, 긴축적(금리 인상) 메시지는 안전 자산 선호를 강화한다.

연준이 금리를 올린다는 것은 자금 조달 비용이 올라감을 뜻한다. 이는 곧 기업의 이익 전망을 낮추고, 주식 시장의 밸류에이션(valuation)을 압박한다(금리가 올라가면 기업의 이론적 현재 가치는 낮아진다). 동시에 채권 수익률은 상승해 상대적으로 안전 자산 선호를 자극한다(채권 금리가 높다면 주식보다 이자를 더 많이 주는 채권을 선호한다). 세계 각국의 금리는 미국 연준의 정책 금리 변동과 직접적으로 연결된다. 미국 연방 기금 금리(Federal Fund Rate, FFR)가 오르면 대체로 세계 전역의 은행 대출 금리, 회사채 발행 금리, 신흥국의 달러 조달 비용이 동시에 상승한다.

이 같은 현상이 발생하는 근본적인 이유는 달러가 기축통화(국제 무역 거래나 금융 거래에서 결제 수단으로 이용되는 기본 통화)로서 차지하는 지배적 지위, 그리고 글로벌 자금 및 신용 시장이 미국 금리 신호를 기준으로 동조화되는 구조 때문이다. 예를 들어 2004~2006년 연준의 금리 인상 사이클은 미국 주택 시장의 과열을 억제하려 했지만, 오히려 주택 시장 서브프라임 구조를 취약하게 만들며 2008년 금융 위기의 불씨가 되었다. 투자 심리 역시 금리 인상기에 급격히 냉각되며 주가는 하락 국면으로 접어든다.

반대로 금리 인하는 유동성을 풀어(돈이 시중에 풀림) 경기 회복을 돕는다. 낮아진 자금 조달 비용은 기업 투자를 촉진하고, 가계의 소비와 대출을 늘린다. 그러나 동시에 이는 자산 시장에 과잉 유동성을 불러와 새로운 버블을 낳을 위험을 안고 있다. 2009년 글로벌 금융 위기 이후의 초저금리와 양적 완화(quantitative easing, 중앙은행이 돈을 찍어서 시중에 푸는 행위)는 주식 시장의 대세 상승장을 만들어냈지만, 동시에 기술주와 부동산 등 특정 자산의 거품을 키웠다. 금리 인하는 투자 사이클을 단기적으로는 상승 국면으로 전환시키지만, 장기적으로는 불안정한 불씨를 남기는 양날의 검이다.

미국 정책 금리 변동은 달러 가치와 주요국 환율에 직접적으로 파급된다. 국제통화기금(International Monetary Fund, IMF)과 국제결제은행(Bank for International Settlement, BIS) 보고서에 따르면, 미국 금리 결정은 자본의 국제 이동에 결정적인 신호를 제공하며 환율 변동을 가속화한다.

금리가 인상되면 미국 자산의 투자 매력이 커지고 전 세계 자금이 미국으로 몰리며 달러가 강세를 보인다(미국 금리 인상은 곧 달러 강세식으로 기계적으로 이해하면 안 된다. 당시 환경에 따라 다르다). 그 결과 원화, 엔화, 유로화 등 주요국 통화는 약세를 보이고, 이는 수출 기업에는 호재로 작용하지만 수입 업체에는 부담으로 이어진다. 1997년 아시아 외환 위기, 2022년 원·달러 환율 급등이 대표적 사례다.

투자자는 금리 수준 자체보다 금리의 변화 방향과 속도에 집중해야 한다. 금리 전환점이 중요하다. 금리와 투자 사이클의 관계를 이해하려고 하는 것은 투자자가 시장에서 살아남기 위한 가장 기본적인 통찰이 될 수 있다. 경제 성장 속도가 빠르다면 금리를 올려서 물가와 경기 과열을 제어하고자 할 것이다. 그래서 금리는 성장률이기도 하다. 특히 한국의 경우는 금리가 할인율보다는 성장률의 성격이 더 컸다. 금리는 모든 경제 지표 그리고 자산들과 연결되기 때문에 이 책의 여러 부분을 통해 언급된다.

그렇다면 금리는 언제 오르고, 언제 내리는가? 한국의 경우를 생각해보자. 2005년에서 2007년까지 금리가 오른 것은 성장률 때

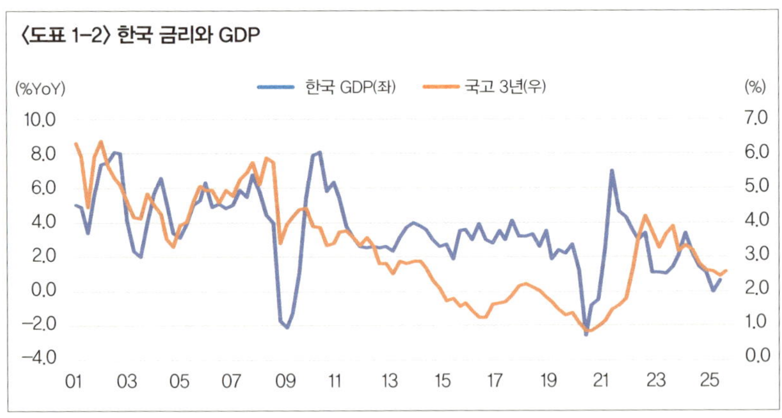

문일까? 그렇다. 그렇다면 경기가 좋아서 금리가 오른 것이다. 누가 사업을 하는데 은행에서 3% 이자로 돈을 빌려준단다. 왠지 세상에는 6% 이상의 투자 수익을 올릴 만한 사업이 널려 있는 것 같다. 그렇다면 돈을 빌린다. 옆의 경쟁자는 마진(6%-3%=3%)을 줄이고 4%에 빌려 달라고 한다. 은행은 4% 대출을 해준다. 이러한 수순으로 경기가 호황이면 금리는 오른다.

또 다른 경우가 있다. 아시아 외환 위기(IMF) 당시나 2022년 당시 부동산 개발업자나 자영업자를 생각해보자. 사업의 노하우가 있는 베테랑들도 저축은행에서조차 돈을 못 빌렸다. 아무리 높은 이자를 쳐준다고 해도 돈을 빌려주지 않은 것이다. 왜냐고? 경제와 시장 상황으로 봤을 때 돈을 갚지 못할 것 같은 상황이 예상되었기 때문이다. 그렇다. 신용 위험(돈을 안 갚는 위험)이 커지는 상황에선 경기와 관련 없이 무조건 금리가 오른다. 이때는 극단적인 할인율(마이너스)로 작용한다.

금리가 더하는 요인도 되고 빼는 요인도 된다면 주식 시장에 가장 좋은 적정한 금리 수준이 있을 것이다. 미국의 경우 주식 시장에 가장 좋은[가장 높은 가치 평가(PER)를 받는] 실질 금리 수준은 2~4%다.

실질 금리가 너무 낮다는 것은 경기는 안 좋은 반면 물가는 높기 때문에 기업들이 돈을 벌기 어려운 상황이란 뜻이다. 실질 금리가 너무 높은 상황은 이자율 이상의 수익성을 갖는 사업을 찾기 어렵다는 말이다.

2026년 기준 금리는 글로벌 인플레이션의 추가 둔화 여부와 주

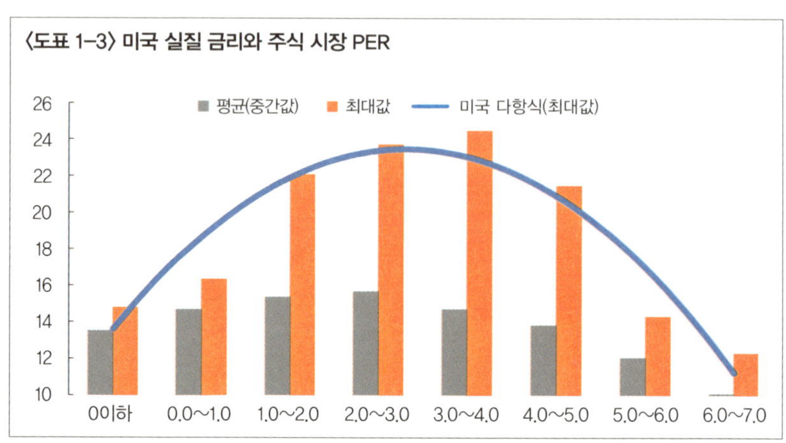

요국 경제의 성장 둔화 압력에 따라 결정될 것이다. 다수의 전문가 전망은 금리 인하 사이클이 2026년에도 이어지겠지만, 인하 폭과 속도는 크게 둔화되어 긴축의 끝 수준에서 금리가 유지될 것으로 예상한다.

미국 연준은 2026년 연방 기금 금리 중간값을 3%대 중반 전후를 목표할 것으로 예상된다(2026년 초 기준 3.75%). 연준은 시장의 기대와 달리 인플레이션 재상승 가능성에 대비해 매우 보수적인(신중한) 자세를 취할 것이기 때문이다. 금리가 코로나 팬데믹 이전 수준으로 완전히 돌아가기보다는, 경제 성장을 억제하지 않으면서도 물가 안정을 지킬 수 있는 수준에서 오랫동안 머물 것임을 시사한다.

한국의 금리는 미국 금리 기조를 따라가면서도, 국내 물가와 가계 부채 문제를 동시에 고려해야 한다. 주요 경제 기관들은 한국은행 기준 금리가 2026년에는 2.00%~2.25%일 것으로 예측하고 있다(2026년 초 기준 2.5%). 이 역시 미국과 마찬가지로 금리 인하 사이클의 막바지에 접어드는 것을 의미한다. 가계 부채와 부동산 시장 불안 같은 금융 안정 리스크 때문에 금리 인하 속도를 미국보다 느리게 가져가려고 할 것이다.

여기까지는 현재의 전망이다. 미래는 알 수 없다. 어떤 지정학적 위험, 재난, 금융 쇼크, 산업 이슈가 닥칠지 모르기 때문이다. 따라서 앞의 금리는 양면성을 갖고 있다는 것을 염두에 두고 시기적절한 대응이 필요한 것이다.

많은 사람이 '물가가 오른다'는 말을 곧바로 생활비 부담으로만 연결 짓는다. 하지만 금융 시장에서 인플레이션은 훨씬 더 큰 의미를 갖는다. 인플레이션은 돈의 가치가 떨어지는 과정이다. 돈으로 값을 매긴 물건이나 자산 가치가 올라가는 것이다.

금 가격이 사상 최고치를 경신하고 세계적으로 스테이블코인에 대한 기대가 커지는 현재는 앞으로 다가올 인플레이션의 형태가 이전과는 다른 모습을 나타낼 가능성이 있다는 것을 시사하고 있다.

물가가 오른다는 말에 좋아할 사람은 몇이나 될까? 그렇지만 장사가 잘된다거나 주식이 많이 올라 좋다고 느끼는 사람도 생길 것이다. 그런데 그 돈으로 물건을 예전보다 조금 사게 되는, 즉 구매력 저하가 전반적으로 발생한다.

물가는 체온과 같다. 체온이 정상 범위를 벗어나면 병을 의심하듯, 물가가 지나치게 오르거나 떨어지면 경제도 균형을 잃는다. 물가 변동은 자산 가격의 방향이다.

빵 한 개가 오늘 1달러인데 내년에 1.1달러가 된다면, 물가가

10% 오른 것이다. 그리고 돈의 가치가 대략 10% 줄어든 것이다. 이때 사람들은 현금을 가지고 있으면 손해라고 생각해 주식, 부동산, 원자재에 투자한다.

인플레이션은 단순히 소비자 물가 지수(Consumer Price Index, CPI)에 나타나는 숫자 이상의 의미를 갖는다. 경제학적 정의에서 인플레이션은 재화와 서비스의 평균 가격 수준이 일정 기간 지속적으로 상승하는 현상이며, 이는 통화의 구매력이 하락한다는 것을 뜻한다. 반대로, 가격 수준이 하락하는 디플레이션은 구매력 상승을 의미하지만, 경제 전반에선 수요 위축과 부채 부담 확대라는 부정적인 요소를 동반한다.

자산 가격의 적정 가치는 미래 현금 흐름의 현재 가치다. 이때 할인율, 미래 현금 흐름의 규모, 위험 프리미엄(위험 보상)이라는 세 가지 요소가 결정 요인이다. 적정 가치는 미래 현금 흐름(분자)을 할인율과 위험 프리미엄(분모)으로 나눈 값이다. 인플레이션은 이 세 가지 모두에 작용한다.

첫째, 할인율에 영향을 준다. 인플레이션이 상승하면 중앙은행은 물가 안정 목표를 달성하기 위해 금리를 인상하는 경향이 있고, 이는 채권의 명목 수익률(금리) 상승으로 이어진다. 금리가 할인율로 작용한다.

둘째, 기업의 현금 흐름에 영향을 준다. 단지 물가만 오르는 비용 인플레이션은 원재료, 임금, 운영비가 늘어나 영업 마진을 축소시키고, 수요가 좋아 물가가 오르는 확대형 인플레이션은 매출 증가

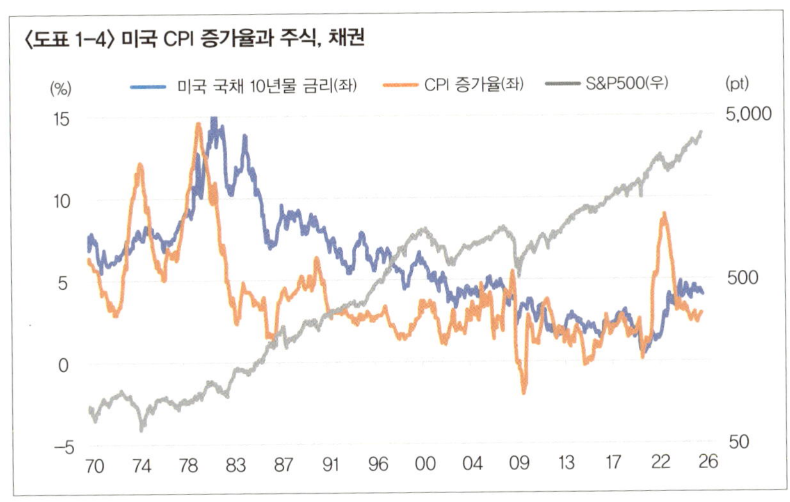

로 단기적인 이익 개선을 유도할 수 있다.

셋째, 위험 프리미엄에 영향을 미친다. 인플레이션의 변동성과 예측 불확실성이 커질수록 투자자는 더 높은 보상을 요구하게 된다. 할인율은 금리와 위험 프리미엄의 합이다.

인플레이션이 자산 시장에 미치는 영향을 살펴보자. 채권은 정해진 이자를 지급하기 때문에 물가가 오르면 실질 수익률이 줄어든다. 그래서 인플레이션이 높을수록 채권 가격은 하락한다. 금리가 올라가면 채권 가격은 하락한다.

물가 상승이 무엇 때문인가에 따라 주식 시장은 좋기도 하고 나쁘기도 하게 된다. 지정학적 쇼크로 원자재나 물가가 오르면 주식 시장에는 부정적인 영향을 미친다. 그렇지만 경기(수요)가 좋아서 전반적으로 물가가 서서히 오르는 시기라면 주식 시장은 좋다. '주식은 인플레이션 방어 자산'이라는 말도 그래서 나온 것이다. 물가

보다 기업 이익이 더 빠른 속도로 올라간다는 의미다. 우리는 장기 투자에 있어서 물가 상승률 또는 GDP 성장률보다 더 높은 수익률을 추구해야 한다. 그렇지 않다면 투자하지 말아야 한다.

부동산은 인플레이션을 방어하는 대표 자산으로 여겨진다. 돈(현금)의 가치가 싸지기 때문에 실물 가치가 상대적으로 비싸진다는 것이다. 그렇지만 물가 상승이 금리 인상을 야기하면 자금 조달 비용 상승으로 부동산 시장이 압박을 받기도 한다.

인플레이션 국면에서 가장 직접적으로 빛나는 자산은 금과 원자재다. 실물 가치가 보존되며, 특히 금은 '화폐 가치 하락의 대안'으로 인식된다. 최근 금 가격이 사상 최고치를 경신하고 있다는 사실은 발표되는 경제 지표와 관계없이 우리는 돈의 가치가 싸지는 세상(인플레이션 시대)에 살고 있다는 것이다.

인플레이션의 반대 상황인 디플레이션이 보다 치명적이다. 물가가 지속적으로 하락하면 사람들은 소비를 미루고, 기업은 투자와 고용을 줄인다. 그 결과 경기가 더 위축되는 악순환이 벌어진다. 일본의 '잃어버린 20년'은 디플레이션이 경제 전체를 얼마나 오랫동안 침체시킬 수 있는지를 보여주는 사례다.

1970년대에 오일 쇼크가 있었다(1973년 1차 석유 파동, 1979년 2차 석유 파동). 국제 유가 급등은 전 세계에 높은 인플레이션을 불러왔고, 주식 시장은 장기간 약세에 빠졌다. 금 가격은 폭등하며 '인플레이션 방어 자산'의 상징이 되었다. 미국의 대인플레이션(great inflation)이라 부르던 시기는 1965년에서 1982년까지다. 이 기간 동안 투자로

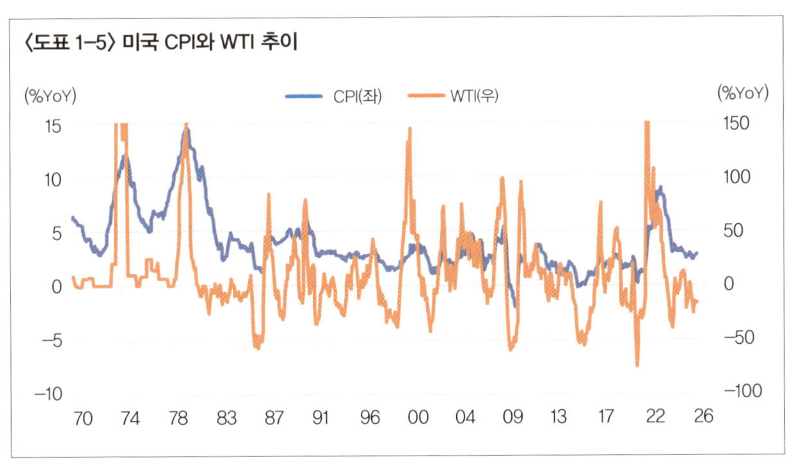

수익을 낸 자산은 거의 없을 정도였다.

2000년대 중국의 고속 성장으로 인한 원자재 수요 급증(산업과 부동산 수요)은 원유, 구리, 철광석 가격을 끌어올리며 글로벌 자산 시장의 새로운 투자 사이클을 열었다. 원자재 상승 사이클은 대략 2008년까지 진행되었다.

2020년 코로나를 지난 이후 공급망 차질과 과잉 유동성이 겹치며 인플레이션이 급등했다. 2020년 초반의 코로나 팬데믹이 생산과 수요를 바닥까지 떨어뜨렸기 때문에 기저 효과(비교하는 기준 시점의 상황이 너무 좋거나 나빴기 때문에 현재의 변화가 실제보다 더 크거나 작게 보이는 현상)도 상당했다. 인플레이션이 발생한 이후 연준의 긴축 전환은 2022년 주식과 채권 시장을 동시에 흔들었다.

투자자는 물가 지표를 단순한 경제 뉴스가 아니라 사이클 전환 신호로 읽어야 한다. 물가는 금리를 건드리기 때문이다. 금리는 시중의 돈 풀림의 잣대다. 특히 숫자 자체보다 방향과 추세가 중요하다. 물가가 오르는 속도가 가팔라지는지, 둔화되는지가 투자 사이클의 변곡점을 알려준다.

경제 사이클은 물가, 금리, 자산 가격이 서로 얽혀 움직이는 복합적인 흐름이다. 물가는 금리 정책의 목표이자 출발점이며, 금리는 자산 가격을 매개로 실물 경제와 다시 연결된다. 이 세 변수의 상호작용은 시차, 기대, 정책 반응에 따라 다른 패턴을 보인다.

경기 침체가 막 지난 이후 물가가 낮고 고용이 점차 회복세로 돌아서면 중앙은행은 낮은 금리를 유지한다. 낮은 금리는 기업의 설비 투자와 가계 소비를 자극하고, 주식, 부동산 같은 위험 자산 가격이 상승한다. 물가가 아직 목표치에 못 미치는 상황에서는 금리 인상 부담이 크지 않아 자산 가격 상승이 장기간 지속될 수 있다.

점차 수요가 확대되고 원자재 가격이 오르면서 물가가 목표를 상회하기 시작하면 중앙은행은 금리 인상을 고려한다. 금리 인상은 채권 가격을 떨어뜨리고, 주식 시장에서는 고평가 부담이 커진다. 부동산은 대출 금리가 올라 거래량이 줄고 가격 상승세가 둔화된다.

시간이 지나 경기가 수축 국면에 진입하고 물가가 빠르게 안정되면 중앙은행은 금리 인하로 전환한다. 단기 금리 하락은 채권 가격

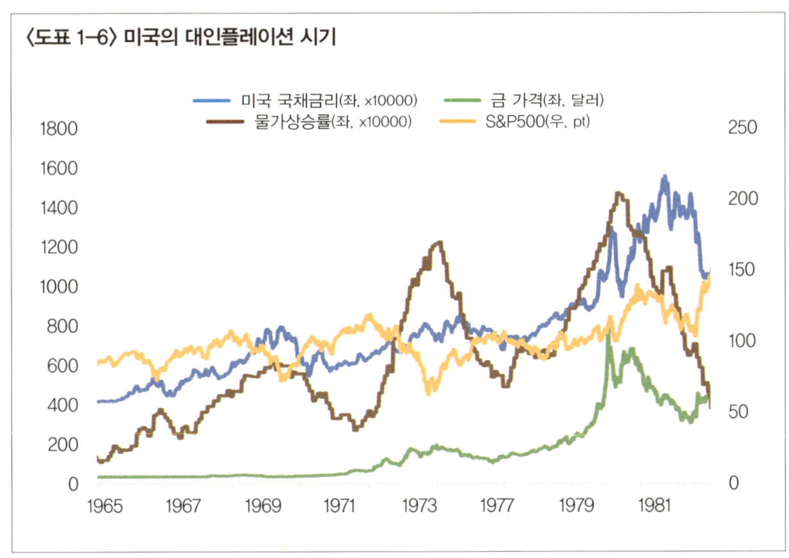

을 끌어올리고, 주식 시장은 바닥 형성 이후 반등을 시도한다. 다만 초기에는 기업 실적이 부진하다. 부동산은 금리 하락에도 경기 회복이 지연되면 회복 탄력이 약하다.

물가-금리-자산 가격의 연쇄 반응은 정책 시차와 기대 형성 방식에 따라 변한다. 2000년대 이후 포워드 가이던스(forward guidance, 중앙은행이 앞으로 금리를 어떻게 할지 미리 힌트를 줘 시장의 불안을 줄이는 것) 확대로 시장은 금리 결정 이전에 미리 그것을 자산 가격에 반영한다. 따라서 물가 정점 이후 금리 인하 기대가 형성되면 위험 자산은 실물 지표 개선 전에 반등을 시작할 수 있다. 반대로 금리 인상 기조가 장기화될 것으로 예상되면 물가가 둔화되더라도 자산 시장은 약하다.

완만한 인플레이션이 주식 시장에 가장 좋다.[6] 1875년부터

2021년까지의 장기 데이터를 사용해 분석해본 결과, 물가 상승률이 0%에서 4% 사이인 완만한 인플레이션 국면이 주식 투자자에게 가장 유리한 환경이었다는 것이다. 반면 물가가 하락하는 디플레이션 국면에서는 경제 활동 위축 우려 등으로 주식의 명목 수익률이 장기 평균에 비해 상당히 낮았다.

또 다른 자료[7]에는 최근 수년간의 인플레이션은 공급 요인보다는 수요 요인에 기인한다고 되어 있다. 점차 지정학적 변수(전쟁, 관세, 정책)가 커지고 있는 것이다. 그럼 2026년은 어떨까?

시장 전문가 다수의 의견은 완만한 인플레이션(물가 상승률)을 전망하고 있다. 공급 측 충격도 예상하기 어렵고 수요도 크게 늘지 않을 것이란 기대 때문이다. 한마디로 잘 모르겠다고 들린다. 물론 필자 생각도 그렇다. 물가가 목표치 이상으로 다시 튀어 오를 수 있는 사건들은 무엇일까? 아니면 심각한 경기 침체의 전조로 물가가 크게 하락할 가능성은 없을까? 늘 미래는 예상할 수가 없다.

전문가들은 코로나19로 인한 글로벌 공급망 병목 현상이 이제는 거의 대부분 해소되어 상품 물가에 대한 압력은 없다고 판단하고 있다. 그리고 각국 중앙은행이 오랜 기간 유지했던(앞으로 금리 인하를 한다고 하더라도) 고금리 정책의 누적된 효과가 2026년에 본격적으로 나타나면서, 수요를 억제해 전반적인 물가 상승 동력을 둔화시킬 것으로 예상하고 있다.

미국의 경우 주거비는 여전히 높은 상태로 유지되고 있어 전체 인플레이션은 목표치 이상으로 유지될 것으로 보고 있다. 가장 큰 변수는 역시 관세다. 트럼프의 관세 정책은 수입 물품의 가격을 높이고, 이는 최종 소비재 가격에 전가되어 물가 상승 압력으로 작용한다는 것이다. 아직은 증거가 빈약하다. 지정학적 갈등은 미리 예상할 수가 없다.

미국의 소비자 물가(전년 동월비 상승률)는 2025년 11월 기준 2.7%다. 물가는 대략 해당 월이 지난 10일 후쯤 발표된다. 경제 통계가 발표되기 이전 현시점에서 통계(전망)를 추정하는 것을 나우캐스트(nowcast)라고 한다.

미국의 물가는 클리블랜드 연방 은행이 세계에서 유일하게 일간으로 발표한다. 예를 들어 2025년 11월 10일에 발표되는 10월 물가 상승률을 10월부터 매일 예상하는 것이다. ㈜코어16은 세상에서 두 번째로 미국의 물가 상승률을 일간으로 전망한다.[8] 물가 정보를 투자에 요긴하게 활용하길 바란다.

2

실업률과 고용:
경기 퍼즐의 마지막 조각

실업률은 '일하고 싶지만 일자리를 구하지 못한 사람의 비율'이다. 미국의 경우 실업률 외에도 대표적인 고용 지표는 비농업 고용 지수(Non Farm Payrolls, NFP)와 신규 실업 수당 청구 건수다. 비농업 고용 지수 변동은 매월 첫째 금요일 발표되는 미국의 대표 고용 지표다. 평균적(지난 20년간)으로 10만 명 이하는 경기 위축을 나타낸다. 주간 신규 실업 수당 청구 건수는 매주 발표된다. 추이는 실업률과 유사하다.

일반적으로 실업률이 낮아지는 초기는 경기 회복 국면인 경우가 많다. 주식 시장이 강하다. 때로 실업률이 낮은 상태가 지속되면 경기 호황 시 인건비 상승으로 인플레이션이 발생할 수 있으며 미국 연준의 긴축 가능성이 있다.

그러다가 2020년 코로나 때와 같이 외부적인 충격으로 실업률이

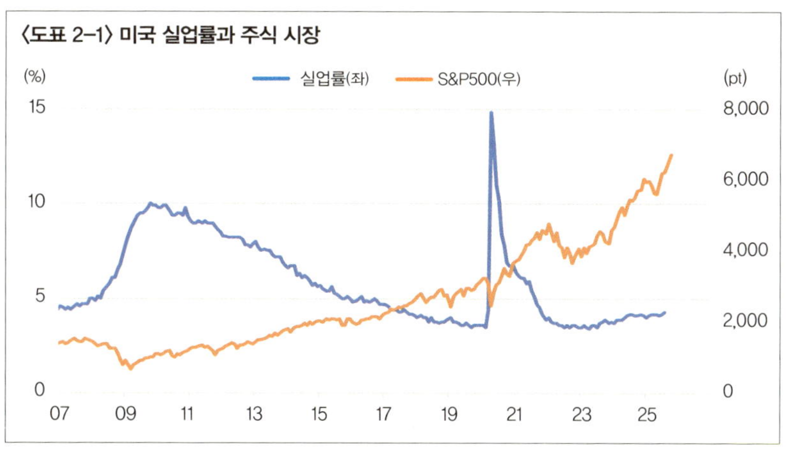

치솟는 국면이 나타난다. 주가는 실업률을 확인하기 전에 이미 폭락하고 경기 침체는 기정 사실화 된다. 실업률이 정점을 찍고 하락세로 전환하면 주식 저가 매수의 기회인 것이다.

미국 연준의 금리 결정과 함께 실업률과 고용 지표는 경기 사이클을 완성하는 마지막 조각이다. 경기 확장기에는 일자리가 빠르게 늘어나고 실업률이 낮아진다. 반면 경기 둔화나 침체가 다가오면 실업률은 상승하고 신규 고용은 감소한다.

실업률이 언제나 경기의 마지막 퍼즐이 되는 이유는 소비와 투자의 실질적 동력원이 '고용(소득)'에 있기 때문이다. 예를 들어 2022~2023년 고용이 폭발적으로 회복될 때 미국 소비 지출과 주가 지수도 강력하게 상승했다. 반대로 2024년 이후 실업률이 다시 올라가면서 소비 심리와 투자 심리도 주춤했다.

실업률이 급등하는 시기는 예외 없이 경제 위기와 일치했다. 2008년 금융 위기 당시 9.9%, 2020년 팬데믹 당시 14.8%까지 치숫았던 실업률은 당시의 경제적 공포를 그대로 보여준다. 강제적인 봉쇄와 경제 활동 중단 때문이었다. 실업에 대한 두려움은 즉각적으로 지갑을 닫게 만들고, 이는 다시 기업 매출 감소와 추가 해고로 이어지는 악순환을 만든다. 그러나 정부의 대규모 지원책과 기업의 빠른 적응 덕분에 불과 1년 만에 실업률은 6%대까지 떨어졌다.

실업률이 하락하면 소비가 늘고, 늘어난 소비는 기업 실적을 개선시켜 주가를 올린다. 상승한 주가는 부의 효과를 통해 다시 소비를 자극한다. 반대로 한곳에서 시작된 충격은 연쇄 반응을 일으켜 경제 전체를 침체로 몰아넣는다.

2025년 이후 현재 세 지표가 보여주는 신호는 미묘하게 엇갈린다. 역사적 저점인 4%대 실업률과 사상 최고 수준의 S&P500 지수

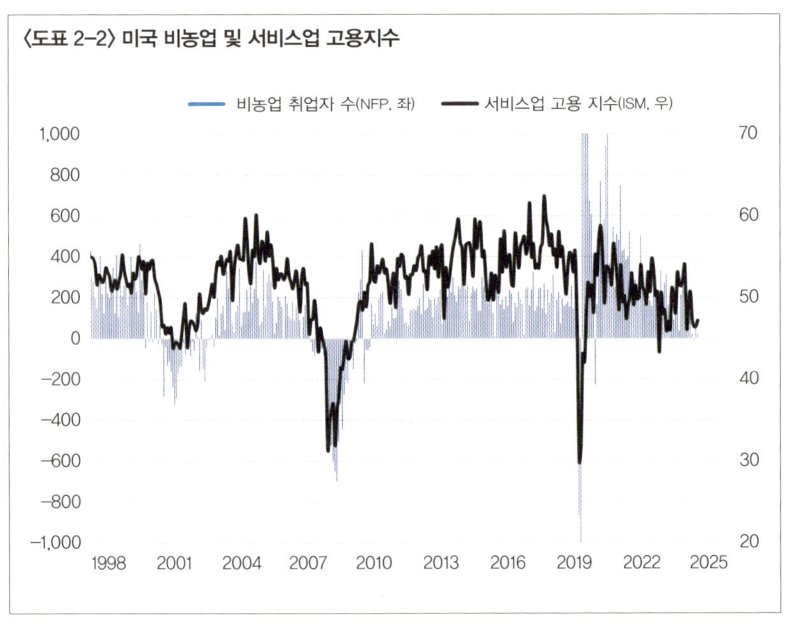

는 경제의 강함을 자랑하지만, 둔화되는 소비 증가율은 조용한 경고음을 울린다. 이러한 괴리는 역사적으로 경제 전환점의 전조였다. 투자자들은 여전히 미래를 낙관하지만, 일반 소비자들은 이미 조심스러워지기 시작했다. 이 미묘한 균열이 확대될지, 아니면 다시 봉합이 될지가 향후 미국 경제의 방향을 결정할 것이다.

실업률과 고용 지표는 경기 사이클 범위를 더 좁히면 경기 침체를 예고하는 선행 지표로서의 역할을 해왔다. 삼의 법칙(Sham Rule)이 대표적이다. 삼의 법칙은 미국에서 경기 침체의 시작을 식별하기 위해 고안된 규칙으로, 실업률의 변화를 통해 경기 전환점을 파악하는 데 사용된다. 실업률의 3개월 이동 평균이 지난 12개월 동안의 최저치보다 0.5%포인트 이상 높으면 경기 침체 신호로 본다.

삼의 법칙은 미국 경제에서 높은 예측력을 보인다. 2008년 금융 위기 당시, 삼의 법칙은 경기 침체 시작 시점을 2008년 초로 식별했다. 이는 미국의 공식 경기 침체 시점을 판정하는 전미경제연구소(National Bureau of Economic Research, NBER) 산하의 경기사이클판정위원회(Business Cycle Dating Committee, BCDC)보다 빠른 신호였다.

삼의 법칙을 개선한 대표적인 지표로는 SOS 경기 침체 지표(Scavette-O'Trakoun-Sahm-style Recession Indicator) 등이 최근 연구에서 제안되고 있다. SOS 지표는 주간 실업 보험 청구 비율을 활용해 개발된 미국 경기 침체 조기 경고 지표다. 연구 결과 삼의 법칙과 SOS 지표는 모두 과거 일곱 차례의 경기 침체를 정확히 포착한 것으로 나타났다.

<도표 2-3> 샴의 법칙, SOS 지표와 경기 침체

경기 침체 년도	샴의 법칙 0.5 돌파 시점	경기 침체 후 경과 시간	SOS 지표 0.2 돌파 시점	경기 침체 후 경과 시간
1973년 11월	1974년 7월	8개월	1974년 2월	3개월
1980년 1월	1980년 2월	1개월	1980년 2월	1개월
1981년 7월	1981년 11월	4개월	1981년 12월	5개월
1990년 7월	1990년 10월	3개월	1990년 9월	2개월
2001년 3월	2001년 7월	4개월	2001년 3월	없음
2007년 12월	2008년 2월	2개월	2008년 4월	4개월
2020년 2월	2020년 4월	2개월	2020년 3월	1개월

출처: Federal Reserve Bank of Richmond[9]

이제 투자자들을 위해 몇 가지 고용 관련 뉴스에 대응하는 법을 예를 들어 설명하겠다. 일단 고용 악화 뉴스에 단기적으로는 크게 동요하지 말아야 한다. 그렇지만 겨울이 다가오고 있다는 것은 염두해야 한다. 2025년 여름 "6월 고용 보고서가 주식 시장에 하방 리스크 제기한다고 JP모건이 주장"[10]이라는 뉴스가 나왔다. JP모건은 6월 고용 보고서에서 10만 5,000~12만 5,000명 증가 시 S&P500이 0.51% 상승할 것으로 예상하고, 8만 5,000~10만 5,000명일 경우 S&P500은 0.25~1.5% 하락, 8만 5,000명 미만이면 2~3% 하락을 전망했다.

JP모건의 분석은 주식 시장이 현재 거시 경제 지표, 특히 고용 데이터에 비정상적으로 민감하다는 점을 강조한다. 이는 노동 시장이 단지 경기의 후행 지표가 아닌, 금리 경로에 직접 영향을 주는 핵심 변수로 작용하고 있다는 판단을 반영한다. 10만 명이라는 고용 수치는 시장의 방향성을 가르는 심리적 임계점으로 작용하고 있으며, 그보다 낮을 경우 연착륙 기대가 스태그플레이션 공포로 전환될 가능성이 높다.

고용 시장이 호조여도 시장의 반응은 제한적일 수도 있다. 2025년 5월에 나온 고용 보고서가 그러했다. 고용 지표는 긍정적이었지만 시장 반응은 제한적이었다. 이는 고용이 후행 지표에 해당하며, 실적·소비·투자에 대한 새로운 정보를 제공하지 않기 때문이다.

고용 서프라이즈는 주가 반등의 유효한 신호가 되기 어렵다는 점이 반복적으로 확인되고 있다. 이러한 반응은 고용 지표의 구조적 후행성 때문으로 해석된다. 고용은 이미 기업의 투자와 생산이 일어난 이후에 반영되는 결과 변수이기 때문에, 선행 지표처럼 시장의 방향성을 즉각적으로 제시하지 못한다. 따라서 긍정적인 서프라이즈가 나와도, 주식 시장에서는 큰 모멘텀으로 작용하지 않는 경향이 반복적으로 나타나고 있다.

고용 지표는 AI 수익성 검증의 리트머스 시험지로 활용될 수도 있다. 고용 둔화가 단순히 경기 침체의 신호인지, 아니면 AI를 통한 혁신적 비용 절감과 생산성 향상 덕분인지에 따라 시장의 반응이 극명하게 엇갈리는 국면이 전개될 것이다.

3

소비와 생산:
지표와 심리의 상호 작용

2008년 국제 금융 위기와 경기 침체에 맞서는 세계 각국의 동일한 경기 회복 극약책(빠른 회복을 위한)은 자동차와 가전 제품 소비를 늘리는 지원책이었다. 세금 감면과 보조금 지급 등이 시행되었고, 이러한 정책 방향은 미국, 중국, 한국 모두 동일했다. 중국의 가전 하향, 자동차 하향, 이구환신(以舊換新, 옛것을 새것으로 바꾼다는 뜻으로, 이 정책은 중국 내국민들이 중고 자동차와 가전 제품을 새것으로 바꿀 때 국가가 보조금을 제공해준다는 게 골자다)을 기억하는가?

많은 개인들이 살 수 있는 가장 비싼 품목, 그것은 자동차와 가전 제품이다. 실제로 소비는 증가했다. 그럼 오늘날은 어떤가? 수년째, 아니 수십 년째 자영업자들이 힘들다는 이야기를 듣고 산 것 같다. 코로나 때문에 식당이 안된다 하고 코로나가 지난 이후에도 여전히 소상공인은 어려움을 겪고 있다. 소비가 안 좋은데, 주가는 왜

사상 최고치를 경신하는가?

통상적으로 경제를 움직이는 가장 큰 힘은 소비이지만, 한국은 수출이다. 소비가 부진해도 주가는 오르고 주식 시장 시가총액을 차지하는 큰 종목들은 수출주가 대부분이다. 그래서 한국의 경우 국내 경기보다는 글로벌 경기에 더욱 민감하고, 증권 분석가들도 한국 경제 지표보다는 미국 지표를 몇십 배 더 많이 보는 것이다.

미국 GDP의 약 70%는 민간 소비가 차지한다. 따라서 소비 지표와 소비 심리를 이해하는 것은 경기 사이클을 읽는 데 필수적이다. 소비를 측정하는 방식은 크게 경제 통계 지표와 심리 지표(주로 서베이를 통한), 이 두 가지다. 소매 판매(retail sales), 개인 소비 지출(Personal Consumption Expenditures, PCE), 소비자 심리 지수 등이 대표적이다.

소매 판매 지수는 매달 집계되는 소비 활동의 바로미터다. 주택, 자동차, 주유 등의 소비가 주를 이룬다. 2025년 9월 기준 미국 소매 판매액을 구분해보면 자동차 20%, 식음료 13%, 주유소 10%, 주택 관련(건자재) 6%로 구성된다. 개인 소비 지출은 연준이 선호하는 물가 지표로서 소비 흐름과 물가를 함께 보여준다. 소비 자체보다 물가 지표로서 인식된다. 신용카드 사용액 등도 주요 소비 지표로 사용된다. 그리고 소비 심리 지수에는 대표적으로 미국 민간 경제 조사 기관인 콘퍼런스 보드(conference board) 소비자 신뢰 지수(Consumer Confidence Index, CCI)와 미시간대 소비자 심리 지수가 있다.

실제 통계 지표와 다르게 심리는 정치, 뉴스, 외부 충격에 크게 좌우된다. 이 두 가지를 함께 읽어야 사이클의 방향이 보인다.

2001년 닷컴 버블 붕괴 시에도 기업 투자와 주가가 붕괴되었지만, 당시 미국 소비자들은 비교적 빠르게 심리를 회복했다. 소비는 경기 침체를 완충하는 역할을 했다.

반대로 2008년에는 금융 위기로 자산 가격이 폭락하면서 소비 심리가 크게 위축됐다. 카드 사용액, 자동차 판매, 주택 구매 모두 급감했다. 지표와 심리가 동시에 무너질 때 경기 침체는 장기화된다.

2020년 코로나로 봉쇄가 시작되자 소비 지표는 급락했다. 그러나 봉쇄가 풀리자 보복 소비가 폭발했다. 자동차, 여행, 가전 구매가 급증하며 V자 반등을 만들었다. 심리적 억눌림은 소비의 폭발로 이어질 수 있다.

경제를 움직이는 힘은 결국 사람들이 어떻게 지갑을 열고, 어떤 마음으로 미래를 바라보느냐에 달려 있다. 투자자들을 위해 몇 가지 소비(심리) 관련 뉴스에 대응하는 법을 예를 들어 설명하겠다.

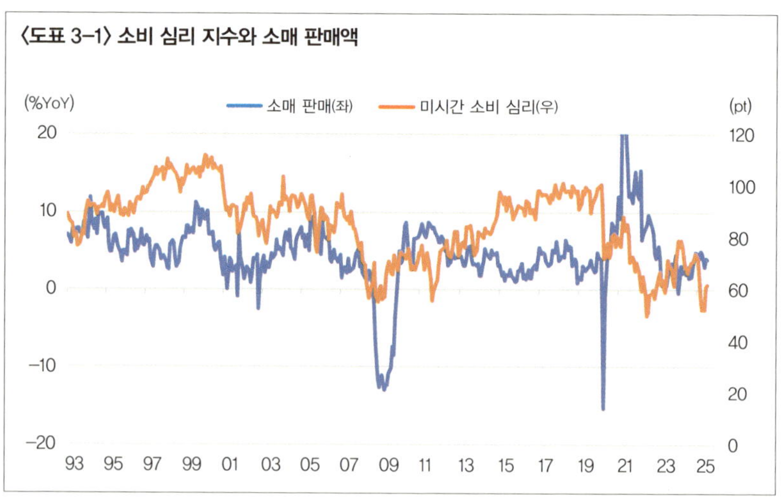

소비자 심리 지수, 또는 신뢰 지수 악화 뉴스에 크게 동요하지 말아야 한다. 이를테면 "6월 콘퍼런스 보드 소비자 신뢰 지수 93 기록. 시장 예상치 99 및 5월 수치 98.4를 모두 하회했다. 소비자들이 경제를 비관적으로 바라보고 있다고 해석할 수 있고 관세와 지정학적 긴장이 소비 심리를 억제하고 있다"라는 뉴스에, 투자자들은 주식 시장에 대해 경계심을 보일 수 있다. 그렇지만 실제 데이터는 달랐다. 2025년 7월 이후 미국 주가(S&P500)를 보라. 소비 심리 하락에도 주가는 신고가 행진을 지속했다.

콘퍼런스 보드 소비자 신뢰 지수가 예상치를 하회한 적은 2008년 이후 현재까지 총 105번 발생했다. 예상치를 하회했던 날 기준으로 20일 후 S&P500 수익률은 평균 0.6%를 기록했다. 주가가 평균적으로 올랐다는 것이다. 셀스마트 사이트(sellsmart.market)에서 이러한 통계치들을 살펴볼 수 있다. 어떠한 경제 뉴스가 주식 시장에 미치는 영향을 참고해볼 수 있다.

연준의 정책 금리를 제외하고 필자가 가장 중요하게 생각하는 미국 경제 지표는 ISM(Institute for Supply Management, 공급자관리협회) 제조업 지수다. 한때 중국이 세계의 공장 역할을 했던 시기엔 중국 PMI(Purchasing Managers' Index, 구매 관리자 지수)가 매우 중요했다. 그리고 독일의 IFO(Institut fur Wirtschaftsforschung, 독일의 경제 연구소)지표도 한때 주식 시장을 해석하는 중요한 변수였다. 그렇다면 지금은 무엇일까? 다음은 2025년 9월 30일자 뉴스[11]다.

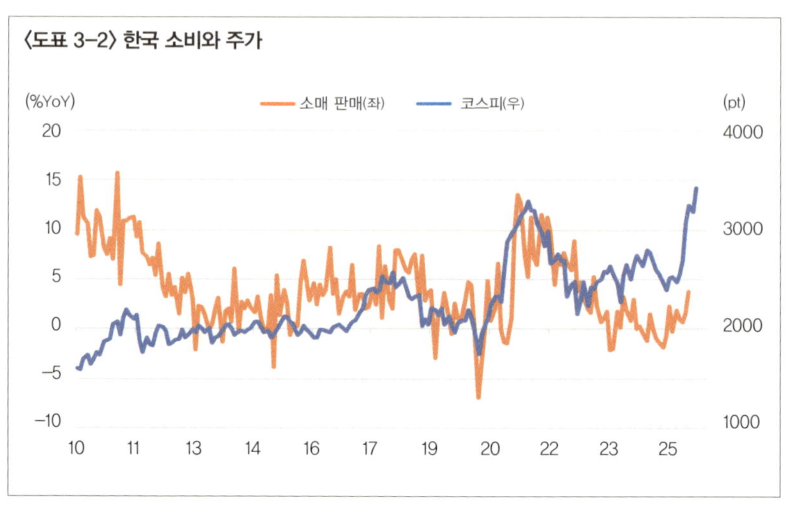

통계청이 9월 30일 발표한 '8월 산업 활동 동향'에 따르면 지난달 전 산업 생산은 전월 대비 보합(0.0%)을 나타냈다. 올해 들어 산업 생산 증감률은 1월 −1.6%, 2월 0.7%, 3월 1.1%, 4월 −0.7%, 5월 −1.2%로 등락을 거듭했다. 이재명 정부 출범 이후인 6월에는 1.6%, 7월은 0.3%로 두 달 연속 플러스를 기록했다가 8월 들어 증가세에 제동이 걸렸다. 제조업을 포함한 광공업 생산은 전월 대비 2.4% 증가했다. 하지만 서비스업 생산이 0.7% 감소했고, 건설업(−6.1%)과 공공 행정(−1.1%) 부문도 마이너스를 나타냈다.

이 뉴스를 보고 무슨 생각이 드는가? 그리고 여러분의 투자(포트폴리오)와는 어떻게 연결시켜야 하는가? '뭐는 좋고(플러스), 뭐는 나쁘고(마이너스)'인가? 매달 들쭉날쭉한다는 것을 느꼈는가? 한 달이 다 지나서야 지난 통계가 발표된다는 것을 느꼈는가? 이 뉴스를 통해 지금 주식을 살지 팔지를 결정할 자신이 있는가?

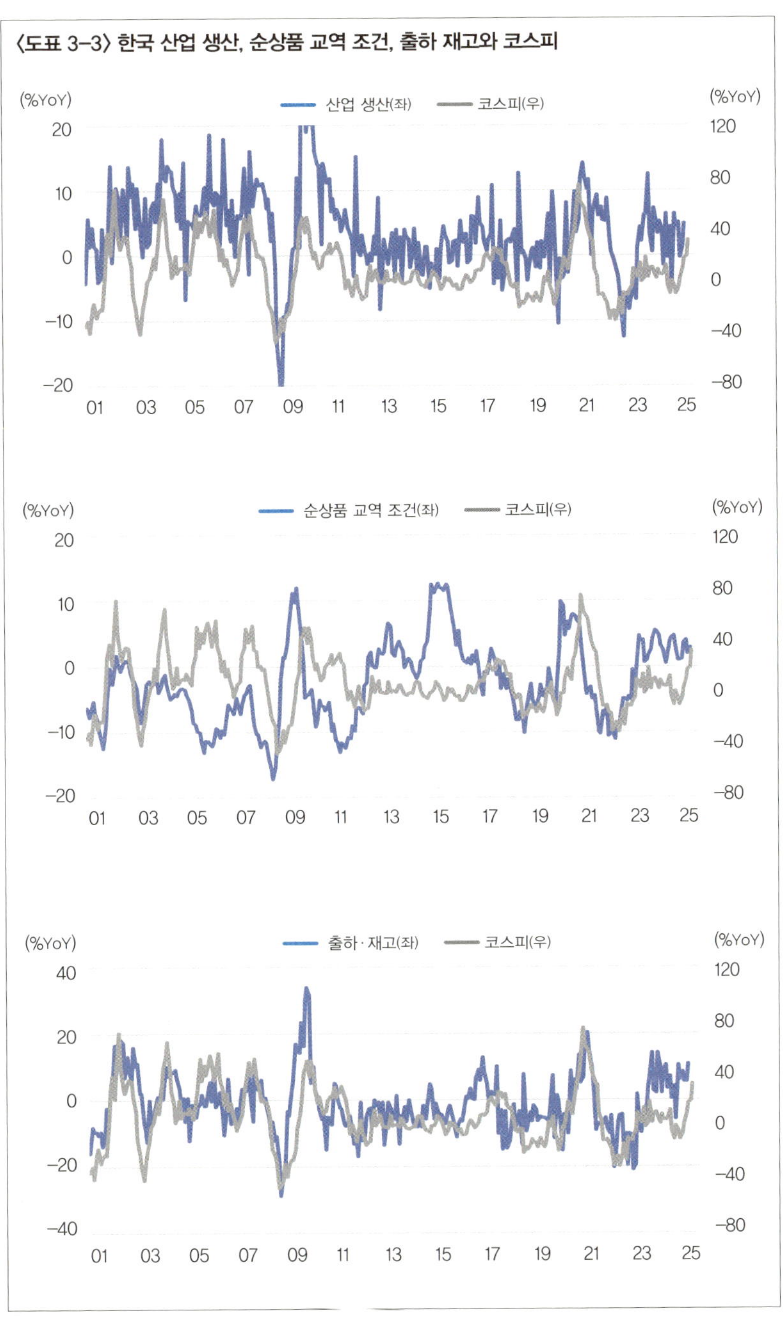

〈도표 3-3〉 한국 산업 생산, 순상품 교역 조건, 출하 재고와 코스피

아니면 누군가 이 통계들의 시사점을 대신 설명해줄 사람이 필요한가? 그래서 투자자들도 유튜브를 많이 볼 것이다. 그런데 필자의 경험상 한국의 경제 통계는 한국 주식 시장에 큰 영향을 미치지 않는다. 오히려 미국 통계가 보다 중요하다. 다음은 2025년 10월 2일자 뉴스[12]다.

미국 공급자관리협회(ISM)가 발표한 9월 제조업 구매 관리자 지수는 49.1로 전월 대비 0.4포인트 상승했다. 7개월 연속 경기 축소를 이어갔다. 도널드 트럼프 행정부의 고관세 정책에 제조업이 대응을 강화하는 속에서 신규 수주와 고용이 계속 부진한 게 영향을 미쳤다.

현지 이코노미스트는 고율 관세에 관해 "제조업에 던진 시한폭탄이다. 아직 도화선이 길지만 머지않아 폭발, 경제 전체를 무너트릴 가능성이 크다"고 지적했다.

9월 활동을 확대한 건 1차 금속과 섬유업 등 5개 업종에 불과하고 기계와 가전·부품, 수송 기기, 컴퓨터·전자 제품 등 11개 업종은 축소했다. ISM은 "이번 PMI 상승이 비록 큰 폭은 아니지만 제조업의 개선 흐름을 엿보였다. 향후 완만한 성장을 이어갈 가능성이 기대된다"며 다만 "앞으로 나올 데이터에서 추세가 이어질지 여부를 지켜볼 필요가 있다"고 밝혔다.

무엇이 보이는가? 미국 PMI는 ISM 지수라 불린다. 기업의 구매 담당자들에게 신규 주문, 생산, 고용, 재고, 공급자 배송 등을 조사한 서베이 지수다. 전월보다 좋아졌는지 나빠졌는지를 묻는다. 50 이상이면 경기 확장, 이하면 위축을 나타낸다. 위 뉴스에서 "7개월 연속 경기 축소"라는 표현은 7개월 동안 지수가 50 아래였다는 의미다.

ISM 또는 PMI 등의 지수는 경기 선행성이 있다는 장점이 있다. 기업이 실제 생산하기 전에 발주와 주문을 먼저 하기 때문이다. 2008년 금융 위기, 2020년 코로나 직후 모두 PMI가 빠르게 꺾이며 침체 신호를 나타냈다. 필자는 유로존, 중국, 한국 그리고 미국의 PMI 추이를 비교하면서 투자 전략을 짜곤 했다.

ISM 지수는 제조업과 서비스업으로 구분해서 발표되는데, 미국 공급자관리협회가 발표하는 PMI 계열 지표로 세계적으로 가장 많이 보는 제조업 선행 지수다. 역사적으로 금융 시장 반응도 컸다.

미국은 서비스업의 비중이 압도적이지만 경기 사이클의 판단에 있어선 제조업 지수가 경기 변동을 보다 잘 나타낸다. 위 기사의 언급처럼 업종별로도 통계치가 나온다. 지역별 제조업 지수(뉴욕, 필라델피아 연준 등)를 살펴보기도 한다. 지역적 흐름을 파악하되, 전국 지

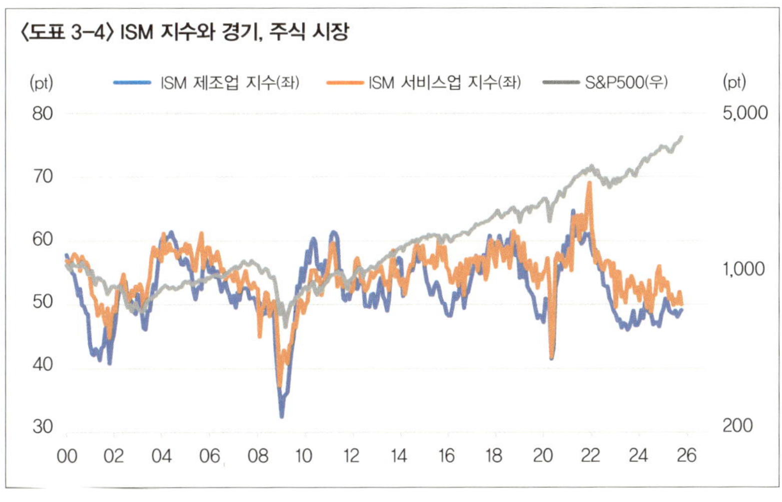

표와 병행해서 해석한다. 예를 들어 시카고 PMI가 대표적이다. 미국 전 지역 통계가 아니지만 ISM 지표보다 발표가 빠르다는 장점이 있다.

경제에서 소비가 '수요의 얼굴'이라면, 생산은 '공급의 뼈대'다. 생산 지표는 경기 사이클에서 선행 또는 동행 신호를 주는 중요한 데이터다. 하지만 문제는 지표가 너무 많다는 것이다. 산업 생산, 제조업 PMI, 설비 가동률, ISM, 내구재 주문(durable goods orders), 공장 출하액…. 투자자가 다 챙기기엔 벅차다. 그렇다면 무엇이 가장 중요한가?

가장 대표적인 지표는 산업 생산 지수(Industrial Production Index, IP)다. 일정 기간 동안 제조업, 광업, 전기·가스의 실제 생산량을 지수화한 것. 월간으로 데이터가 발표된다. 전통적이고 가장 널리 쓰이는 지표이지만 서비스 경제 비중이 큰 경우는 전체 경기 반영력이 낮아졌다.

경기 동향을 판단하기 위해 내구재 주문 지표를 보기도 한다. 3년 이상 사용할 제품(자동차, 기계, 항공기 등)의 신규 주문 통계다. 기업의 투자 의향을 반영하고 있으며, 특히 설비 투자는 생산 능력 확장을 의미하기 때문에 중장기 사이클 신호로 이용될 수 있다. 설비 가동률, 공장 출하, 재고 등도 참고 지표로 활용된다.

4

환율:
계속되는 시소게임

달러가 강해지면 원·달러 환율은 올라간다. 원화가 약해진다. 전 세계 경제가 좋고 안전하면 달러는 약해진다. 경제 위기나 금융 위기가 나타나면 달러는 강해진다. 비록 문제의 진원지가 미국이라 하더라도 말이다.

환율은 상대적이다. 시소와 같이 한쪽이 무거우면 반대쪽이 들린다. 금융 시장 사람들도 흔히 하게 되는 잘못된 판단은 '금리가 올라가면 통화가 강해지고 내려가면 약해진다'는 것이다. 이것은 잘못된 공식이고, 인과관계가 다른 이유에서 나타난 매번 다른 현상이었다. 미국 말고 대안이 별로 없으면 미국 달러가 강해지고, 다른 대안이 많아지면 달러가 약해진다. 이런 접근이 보다 현명하다.

유튜브 구독료는 월간 15달러다. 한국 돈으로 2만 1,000원. 만약 원·달러 환율이 700원이라면 월간 구독료는 1만 원. 우리가 한 일은 아무것도 없는데, 우리가 지불해야 하는 돈 금액만 변한다. 때로는 횡재이고, 때로는 억울하다.

주식 투자자에게 환율이 왜 중요한가

금융 시장에서 가장 먼저 반응하는 것은 환율이다. 그 이유를 제때 알기 어려워서 그렇지 주가만큼 빠르게 반응한다. 금리 결정, 전쟁, 팬데믹, 심지어 한 줄짜리 트윗조차도 환율을 요동치게 만든다. 환율은 글로벌 자금의 흐름과 투자 심리를 잘 반영한다. 달러 인덱스(Dollar Index)가 강세로 바뀌면 위험 자산에서 돈이 썰물처럼 빠져나가고, 신흥국 증시는 직격탄을 맞는다. 반대로 약세로 돌아설 때는 다시 주식 시장에 훈풍이 분다. 위기 때마다 신흥국 환율이 급등하는 장면은, 투자자들이 일제히 안전 자산으로 몰려드는 군중 심리를 보여준다.

한국 투자자에게 원·달러는 더욱 직접적이다. 원화 약세는 곧 외국인의 매도세로 이어지고, 코스피의 흐름을 바꿔놓는다. 위안·달러는 단순히 중국 경기만을 반영하는 지표가 아니다. 그것은 미·중 패권 경쟁의 최전선에서 국제 질서와 무역 갈등 그리고 자본 이동을 동시에 담아낸다. 최근 들어 가상 화폐가 또 하나의 보조 신호등 역할을 하고 있다. 24시간 끊임없이 거래되는 비트코인과 이더리움은 달러 유동성 변화에 민감하게 반응하며, 때로는 전통 금융

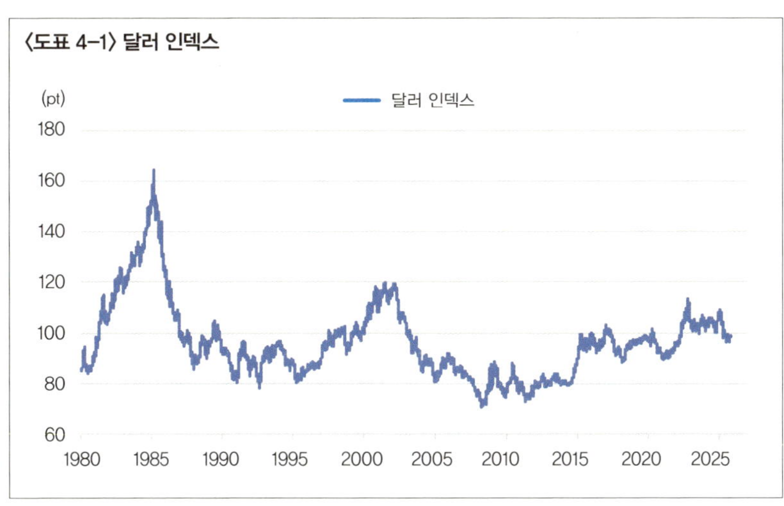

시장의 움직임을 앞서 보여주기도 한다. 환율은 끊임없는 시소게임 속에서 글로벌 시장의 흐름을 가장 빠르게 읽어내는 계기판이자, 투자자가 놓쳐서는 안 될 국제 금융 언어다.

국제 금융 시장에서 지속되어온 불문율 같은 것이 있다. 달러가 강세를 보이면 위험 자산은 흔들린다. 미국이 금융의 중심이라서 그런가? 2008년 국제 금융 위기는 미국 사람들이 자초한 사고였다. 그럼에도 불구하고 미국 돈(달러)이 가장 강했다. 심지어 2011년 8월 초 미국의 신용 등급 강등이 나타난 직후에도 달러는 강했다. 단순하면서도 강력한 이 명제는 지난 수십 년 동안 수많은 위기와 회복기를 거치며 검증되어왔다. 주식, 채권, 원자재 그리고 최근에는 가상 화폐까지 달러 인덱스의 흐름에 좌우된다. 달러는 세계 기축통화이자 모든 자금의 기준점이기 때문이다. 글로벌 투자자들의 위험 선호 여부 그리고 자본의 흐름을 가장 민감하게 반영하는 바로 그 지표가 달러 인덱스다.

달러 강세와 약세의 의미는 무엇인가

달러 인덱스는 1973년 이후 산출되기 시작했으며 유로, 엔, 파운드, 캐나다 달러, 스웨덴 크로나, 스위스 프랑 등 6개 주요 통화 대비 달러 가치를 보여준다. 달러 인덱스를 계산하는 데 사용되는 각 통화의 비율은 외환 시장에서 거래되는 총 통화에 비례해 정해진다. 그리고 이 달러 인덱스를 계산하는 데 사용되는 6개의 통화는 준기축통화라고 부른다. 달러 인덱스의 수치가 오르면 달러가 강세라는 의미고, 반대로 내려가면 약세라는 뜻이다.

모든 통화 가치와 마찬가지로 달러화 가치(달러 인덱스)는 상대적

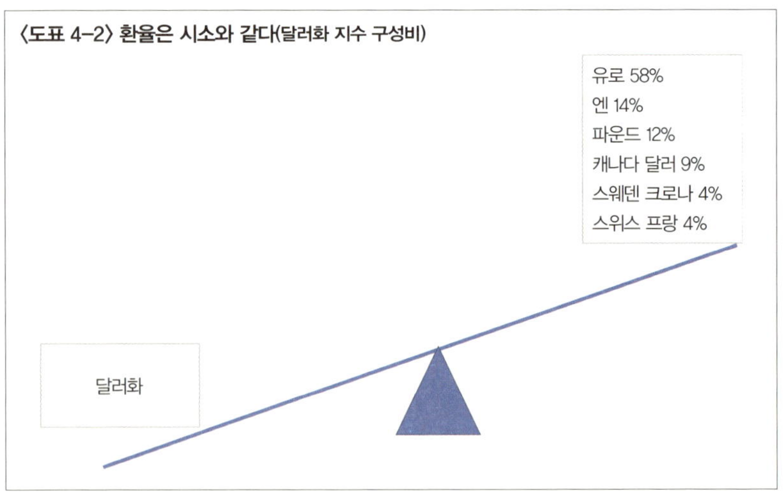

이다. 시소와 같다. 상대방이 가벼우면 내가 무겁다. 달러와 유로만 보면 유로화가 약하면 달러가 강하다는 것이다. 유럽 경제가 좋으면 달러가 약해지기 쉽다. 달러가 강해지면 신흥 시장 통화(한국의 원화 등)는 약세가 된다.

달러의 패권은 언제부터 시작되었을까

1944년 제2차 세계대전 막바지, 미국 브레턴우즈에서 44개국 대표들이 모여서 새로운 국제 통화 질서를 세우기로 합의했다. 달러를 세계 기축통화로 하되, 달러는 금 1온스(35달러)로 바꾼다(태환)는 약속이었다. 다른 나라 통화는 달러에 고정되었고, 달러는 금과 연결되었으므로 전 세계 환율은 안정적으로 유지될 수 있었다. 전쟁으로 유럽과 일본이 폐허가 된 상황에서 미국이 전 세계 금 보유량의 70%를 차지했다. 달러는 절대적인 신뢰를 받았다.

그러나 1960년대 들어 상황이 바뀌었다. 미국은 베트남 전쟁과 대규모 복지 지출로 재정 적자가 커졌다. 그래서 미국은 달러를 약속 이상으로 발행했다. 미국이 보유한 금보다 달러 발행량이 훨씬 많아졌다. 각국은 이제 달러가 언제든 금으로 교환되지 못할 수도 있다는 불안감을 갖기 시작했다. 결국 1971년 8월 15일 리처드 닉슨(Richard Nixon) 대통령은 전격적으로 달러의 금태환(달러와 금을 교환)을 중단한다고 발표했다(닉슨 쇼크). 이 조치로 달러는 더 이상 금과 연결되지 않았고 사실상의 변동 환율제가 시작되었다. 1973년에는 주요국들이 공식적으로 변동 환율제를 도입하게 되었다. 지금의 변동 환율 시대가 열린 것이다.

미국은 달러화 가치를 유지하기 위해 중동과 거래를 했다. 전 세계 석유 공급은 중동이 대부분을 차지했다. 안보를 보장하는 대신에 석유 거래를 달러화로만 결제하도록 했다. 이른바 페트로 달러 체제가 만들어졌고, 이 결과로 달러화 가치는 폭락하지 않고 유지될 수 있었다.

1980년대 초 미국은 슈퍼 달러 시대를 맞이한다. 연준 의장 폴 볼커(Paul Volcker)가 고물가를 잡기 위해 금리를 20% 가까이 올리면서 전 세계 자금이 미국으로 몰렸다. 로널드 레이건(Ronald Reagan) 행정부의 감세와 국방비 확대 정책으로 미국 경제가 활력을 되찾았고 글로벌 투자자들은 달러를 선호하게 되었다.

문제는 달러가 지나치게 강세를 보이면서 미국의 무역 적자가 급격히 불어난 것이다. 특히 일본과 서독(현재의 독일)은 막대한 대미 무역 흑자를 기록했다. 1985년 9월 22일 미국, 일본, 서독, 프랑스, 영국 등 5개국 재무장관과 중앙은행 총재가 뉴욕 플라자 호텔에 모여 달러 가치를 인위적으로 낮추는 데 합의했다. 이것이 바로 '플라자 합의'다.

플라자 합의 이후 달러는 빠르게 약세로 전환되었다. 1985년 약 250엔이던 엔·달러 환율은 2년 만에 120엔까지 떨어졌다. 독일 마르크도 달러 대비 크게 절상되었다. 일본은 급격한 엔고로 수출 기업이 타격을 받으면서 경제가 부진해졌고 이에 따라 내수를 부양하기 시작했다. 이 과정에서 막대한 유동성이 공급되며 1980년대 후반 부동산, 주식 버블이 형성되었다. 결국 이 버블은 1990년대 초 붕괴했고, 일본 경제는 2012년 아베노믹스 정책이 시작되기까지 잃어버린 20년을 보내게 된다. 플라자 합의로 한국을 비롯한 다른 국가들은 3저 호황(저유가, 저달러, 저금리)의 수혜로 크게 성장하기도 했다.

오늘날 달러는 전 세계 외환 보유액의 약 60%를 차지한다. 국제 자본 시장에서 발행되는 채권의 약 60%도 달러 표시로 발행된다. 한편 닉슨 쇼크로 시작된 변동 환율제 이후 글로벌 외환 시장에서는 환율 쇼크가 자주 발생하게 된다. 1980년대 들어 라틴아메리카 지역에서 대규모 환율 쇼크가 발생했다. 1981~1982년 위기는 멕시코, 브라질, 아르헨티나, 칠레를 중심으로 펼쳐졌으며, 고정 환율제 하에서 과도한 부채 축적과 자본 유입이 갑작스러운 유출로 전환되면서 통화 가치가 폭락했다. 이 위기는 제1세대 통화 위기로 분류되며, 재정 적자와 환율 고정의 불일치가 핵심 원인이었다. 1990년대에는 유럽과 아시아에서 새로운 사이클이 나타났다. 1992년 유럽 환율 메커니즘(Exchange Rate Mechanism, ERM) 위기는 영국 파운드와 이탈리아 리라의 탈퇴로 유명하며, 조지 소로스의 투기 공격이 상징적이었다. 이는 고정 환율제의 취약성을 드러냈고, 유럽연합(EU) 통합 과정에서의 통화 불안정을 강조했다.

세계 무역 시장 개방으로 신흥국은 달러화 부채를 차입하기 시작했다. 변동 환율제 여파와 달러화 공급 증가는 신흥 시장 외환 위기로 파급되어 나타났다.

멕시코는 1980년대 말부터 '크롤링 페그(crawling peg)'라는 제도를 운영했는데, 통화 가치를 달러에 고정하되 매일 조금씩 조정(크롤링)하며 안정성을 유지하는 방식이다. 멕시코 정부는 과도한 지출로 재정 적자를 키웠으며, 이런 과정에서 단기 외화 차입이 크게 증가하고 외환 보유액이 부족해지기 시작했다. 페소 가치는 달러에 페그(peg, 가격 고정) 되어 있다 보니 멕시코 경제 및 정치 상황과 비교해 과대평가되었고 수출 경쟁력도 악화되었다. 1994년 12월 20일 멕시코 정부는 페소의 환율 밴드를 확대하다 결국 대폭 평가 절하를 단행했다. 페소 가치가 하루 만에 40% 이상 폭락하며 외국 투자자들이 자금을 빼냈고, 테킬라 위기로 불리는 금융 공황이 발생했다.

1990년대 아시아 신흥국들은 '아시아의 기적'이라 불릴 만큼 빠르게 성장했다. 하지만 이 성장은 고정 환율제, 단기 외화 차입, 부동산 거품에 의존했다. 태국, 한국, 인도네시아 등은 자국 통화를 달러에 고정하거나 유사한 제도를 운영하며 외국 자본을 유치했다. 은행들이 정치권과 결탁해 부실 대출을 늘렸고 단기 달러 차입이 많아 외환 보유액 부족으로 위험이 커졌다. 1997년 초, 태국 바트화에 대한 투기 공격이 시작되며 위기가 전염되었다.

태국의 경우 1997년 7월 2일 바트화를 변동 환율제로 전환하며 고정 환율제를 포기했다. 바트 가치가 50% 하락하며 은행과 기업들의 달러 부채 부담이 커졌고 결국 갚지 못하는 상황이 되었다. 위기는 태국에서 한국으로 전염됐다. 1997년 말, 한국은 외환 보유액이 바닥나며 IMF에 550억 달러 구제 금융을 신청했다. 재벌의 과도한 차입과 은행 부실이 주요 원인이었다. 한보철강 파산 등 연쇄 도산으로 원화 가치도 폭락했다.

인도네시아가 아시아 국가들 중에서 가장 큰 피해를 입었다. 1997년 루피아화 가치가 80% 하락했다. 외환 위기가 발생한 다른 국가들처럼 은행과 기업의 연쇄 부도가 있었다.

러시아는 소련 붕괴 후 시장 경제로 전환하며 어려움을 겪었다. 루블화를 고정 환율제로 운영했으나 외환 보유가 부족했고, 단기 외화 부채도 과도했다. 1998년 8월 17일 러시아는 루블화 평가 절하와 국채 상환 유예(모라토리엄)를 선언했다. 루블 가치가 70% 하락하며 인플레이션이 84%에 달했다.

아르헨티나는 1991년부터 페소를 달러에 1:1 고정하며 인플레이션을 잡았다. 일반적으로 물가 불안을 경험하는 신흥국들이 환율 안정을 취하는 대표적인 방법이다. 하지만 과도한 재정 지출과 외화 차입으로 부채가 증가했다. 1999년 브라질 경제가 부진에 빠지고 브라질로의 수출도 감소하면서 고정된 환율에 비해 통화 가치가 과대평가되기 시작했다. 2001년 12월 아르헨티나는 1,000억 달러에 달하는 외채 디폴트를 선언하고 달러화 페그를 포기했다. 페소 가치가 70% 이상 하락했다.

신흥국에서 발생한 외환 위기는 공통된 패턴을 보인다. 첫째, 고정 환율제(또는 유사 제도)는 통화 가치가 경제 및 금융 시장 상황과 맞지 않을 경우 투기 공격에 취약했다. 멕시코의 크롤링 페그, 아시아의 달러 페그, 러시아와 아르헨티나의 고정 환율 제도가 모두 붕괴되었다. 둘째, 단기 외화 부채는 외환 보유액이 부족할 때 상환 위기를 초래한다. 셋째, 외환 보유액이 부족할 경우 위기를 막을 수 있는 방법이 거의 없게 된다. 대규모 외환 위기 이후 신흥국들은 철저히 대비하기 시작했고 외환 위기로 진행되는 경우는 드물게 되었다.

전쟁이나 대형 재해가 터지면 금융 시장에서 환율이 변한다. 사람들은 불안할수록 현금화와 안전 자산으로 숨게 되는데, 그 안전 자산의 대표격이 바로 달러다. 걸프전의 유가 쇼크, 동일본 대지진의 공급망 붕괴, 전염병의 전지구적 충격 등 사건의 성격이 어떻든 간에 투자자들의 반응은 대부분 위험 자산을 처분하고 유동성이 높은 달러 자산으로 옮겨가는 경향이 있다.

급작스러운 충격이 닥치고 결제와 준비 자산으로서의 달러 수요가 급증하면, 달러 인덱스는 순간적으로 튀어 오르고 상대 통화와 신흥국 통화는 빠르게 약해진다. 그러면 주식, 원자재, 신흥국 채권에서 대규모 자금 이탈이 일어나고 그 여파는 실물 경제의 불확실성을 증폭시킨다.

뒤이어 중앙은행과 정책 당국의 대응이 이어진다. 위기가 심각해지면 연준은 달러 스와프 라인(금융 시장이 불안해질 경우 달러 부족이 발생할 때, 자국 통화를 미국 연준에 맡기고 달러를 빌려와 국내에 공급)을 가동하거나 달러 유동성을 공급해 국제 금융 시장의 달러 부족을 완화하려 한다.

대형 악재가 터질 때 달러의 움직임을 가장 먼저 확인하면 뒤따를 충격파와 중앙은행의 개입 가능성을 더 빨리 읽을 수 있다.

2008년 가을, 리먼 브라더스 파산으로 시작된 금융 위기는 세계 금융 질서를 뿌리째 흔들었다. 유럽 은행들은 연쇄적으로 휘청였고, 신흥국은 외환 위기 공포에 휩싸였다. 이 혼란 속에서 투자자들이 가장 먼저 찾은 피난처는 달러였다. 달러 인덱스는 2007년 중반까지만 해도 70선에 머물렀지만, 위기 정점에는 89까지 폭등했다. 유로와 파운드가 끝없이 무너지고, 한국 원화와 브라질 헤알 같은 신흥국 통화는 폭락했다. 원·달러 환율은 한 해 동안 1,000원대에서 1,600원까지 치솟으며 외환 위기 재연 공포를 불러일으켰다. 이와 동시에 코스피는 반 토막이 났다. 이런 경험은 시장 참가자들에게 깊은 각인을 남겼다. 위기 때마다 달러를 사라는 반사적 대응이 생겨났다.

팬데믹 이후 시장에 풀린 무지막지한 유동성은 2022년 높은 인플레이션을 만들었다. 연준은 물가 안정을 위해 40년 만에 가장 가파른 금리 인상 사이클을 시작했다. 달러 인덱스는 단숨에 114까지 치솟으며 20년 만의 최고치를 기록했다. 유로화가 달러 대비 1:1 비율까지 떨어졌으며, 엔화는 150엔을 돌파했다. 원화도 1,400원을 넘어섰으며 코스피는 최저 2,134까지 추락했다.

캐리 트레이드와 청산이란 무엇인가

1998년 당시 글로벌 트레이더들은 엔화를 빌려 신흥국 채권, 주식에 투자해왔는데, 위험 회피 심리가 번지자 엔화 되사기가 동시에 일어났다. 이 과정에서 엔·달러 환율은 몇 달 사이 140엔 수준에서 110엔대로 급락했다(엔화가 강해짐).

2008년 리먼 브라더스 파산은 이 메커니즘을 훨씬 큰 스케일로 확대했다. 서브프라임 모기지의 부실이 파생 상품 네트워크를 통해 전 세계 금융 기관으로 확산되자 신용 창구는 마비되고 레버리지는 붕괴했다. 투자자들은 유동성 확보를 위해 자산을 급히 처분해야 했고, 이때 가장 잘 팔리고 가장 결제 가능한 통화로 자금이 이동했다. 엔화는 거래 유동성과 글로벌 결제 기능 측면에서 환류의 주요 수단이 되었고, 엔·달러는 단기간에 120엔대에서 90엔 수준으로 급락했다. 2024년 8월 엔 캐리 트레이드(Carry trade, 저금리로 자금을 차입해 상품이나 주식 등 자산에 투자하는 기법을 지칭하는 용어) 청산에 따른 갑작스러운 주가 지수의 급락은 전통적 청산 메커니즘이 여전히 유효함을 보여주었다. 금융 시장은 알고리즘 트레이딩, 고빈도 매매, 복합 파생 전략, 암호 자산 생태계로 훨씬 더 촘촘히 연결되어 있어 청산의 속도와 범위가 과거보다 확대되었다. 급락이 시작되자 캐리 트레이드 청산에 더해 자동화된 알고리즘의 연쇄적 청산, 암호 자산 마진 콜(margin call, 빌린 돈으로 투자했는데 손해를 봐서 돈을 채워 넣는 것), 스테이블코인과 연계된 유동성 재편 등이 동시다발적으로 발생했다.

이 세 사건의 공통적 동력은 '포지션 청산'이지만, 그 발현 방식은 시대에 따라 달라졌다. 1998년은 전통적 은행, 헤지 펀드 중심의 포지셔닝이 문제였고, 2008년은 장외 파생(Over The Counter market, OTC)이 충격을 증폭시켰으며, 2024년은 자동화, 디지털 노출이 청산의 속도와 범위를 확대했다. 동일한 '포지션 청산'이라도 파급의 속도, 범위, 지속성은 시대적 구조에 따라 크게 달라졌다.

원·달러 환율이 올라가면 수출 기업이 많은 우리나라에 좋은가?

한국 주식 시장에서 가장 중요한 외부 변수는 원·달러 환율이다. 수출 주도형 경제 구조를 갖고 있으며 동시에 외국인 자금 비중이 높은 시장이다. 외국인 투자자는 한국 시장에서 절대적 존재감을 가진다. 코스피 시가총액의 30% 이상을 보유하고 있으며 매일 거래 대금에서 차지하는 비중도 상당하다. 따라서 외국인의 자금 유출입은 곧장 지수 방향을 바꾼다. 그런데 외국인이 한국 시장에서 매매를 결정할 때 가장 먼저 보는 지표가 바로 환율이다. 원화가 강세면 투자 수익률이 높아지고, 약세면 달러로 환전할 때 손실이 커지므로 외국인은 매도를 늘린다.

수출, 경상 수지, 외국인들의 한국 주식과 채권 순매수, 중국 위안화, 미국 달러, 외국인 배당금 송금, 중앙은행의 환율 개입 등등

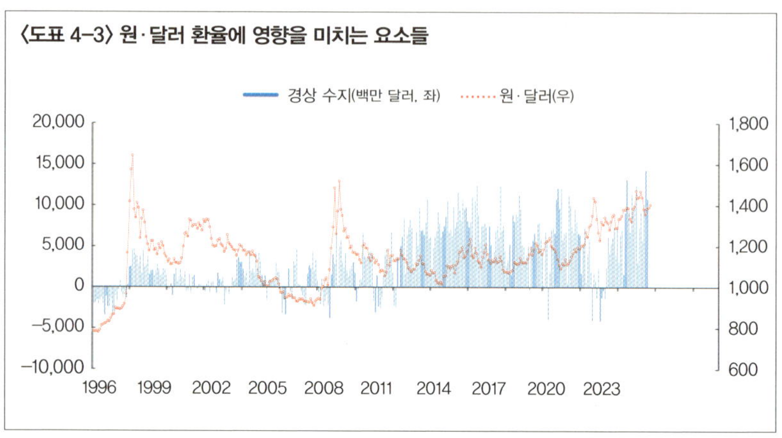

아주 여러 요인들이 원·달러 환율 변동을 만들어낸다.

2026년 연말 환율은 얼마일까

경제 전문가들의 전망은 다음과 같다. 블룸버그에서 제시하는 연말 경제 전문가들의 예상치 평균은 1,338원이다. ㈜코어16은 원·달러 환율을 일간으로 향후 20일 후의 환율까지 전망한다[13]. 환율을 전망한다는 것이 불가능에 가까운 일일지라도 예측 정확성 문제보다는 수요의 필요성을 고려할 때 이 일은 반드시 필요한 일이라고 생각했다.

2025년 4월 초, 트럼프 관세 폭탄 발언으로 코스피를 포함한 전 세계 주가는 급락했다. 원·달러 환율은 1,480원을 상향 돌파했다(4월 10일). 1998년 이후 원·달러 환율이 1,480원 이상으로 상향 돌

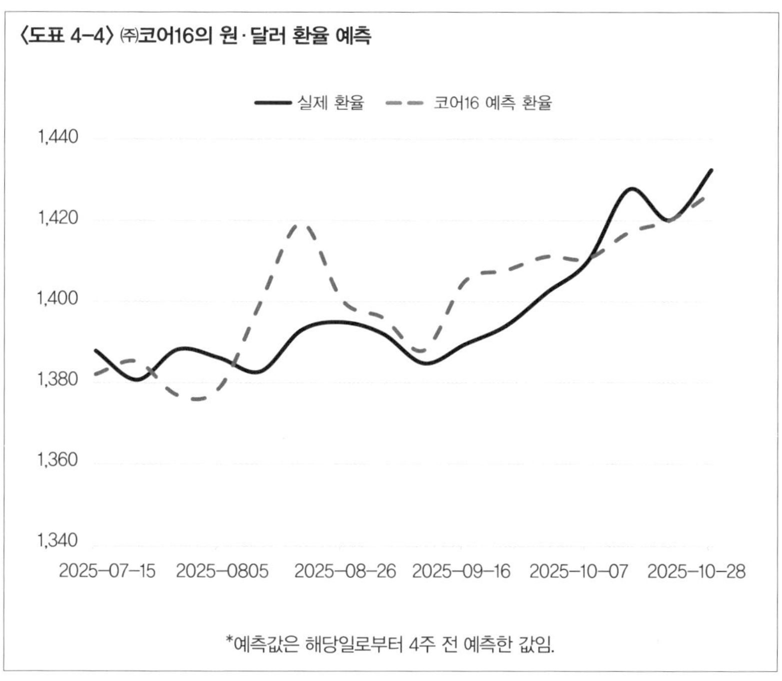

파한 날(2008년 11월 21일, 2008년 12월 8일, 2009년 2월 23일, 2025년 4월 10일) 이후 20일 뒤(1개월 후)에는 모두 안정을 찾았다. 과거 통계에 기반했다면 주가 바닥에서 매수하는 용기를 낼 수 있었을 것이다.

5

주식 시장과
경기 침체를 감지하는 기타 지표들

한국의 경기 선행 지수는 재고 순환 지표, 경제 심리 지수, 기계류 내수 출하 지수, 건설 수주액, 수출입 물가 비율, 코스피 지수, 장단기 금리차 등으로 구성되어 있다. 경기 선행 지수의 구성 항목은 때때로 바뀐다. 2011년 대한항공이 A380을 대량으로 도입할 때가 대표적이다. 2012년에 경기 선행 지수가 개편되었는데 개편 이전에는 자본재 수입액이 포함되어 있었지만 A380 도입으로 왜곡이 나타나고 자본재 수입액을 제외했다.

투자는 심리 게임이다. 급락의 조짐을 가장 먼저 감지하는 것은 대개 투자자들 자신이다. 개인과 기관의 심리를 보여주는 센티먼트 지표(sentiment index)는 탐욕과 공포가 어떻게 주가보다 앞서 움직이는지를 드러낸다. 투자자가 먼저 흔들리면 시장도 따라 흔들린다.

주식 시장 상승을 멈추게 하는 힘은 불확실성이다. 뉴스 심리 지수,

경제 정책 불확실성 지수, CNN 공포 탐욕 지수, 그리고 VIX(Volatility Index, 변동성 지수) 같은 지표들은 시장이 언제 긴장하는지를 보여준다. 금리 정책, 지정학적 리스크, 언론 기사 등은 투자자의 손을 머뭇거리게 하고 자금의 흐름을 멈춰 세운다.

물류와 운임 지표도 주목할 만하다. 소비의 징후는 항상 항구와 물류 창고에서 먼저 나타난다. 물동량과 운임을 보여주는 LMI(Logistics Managers' Index, 물류 관리자 지수), SCFI(Shanghai Containerized Freight Index, 상하이 컨테이너 운임 지수), BDI(Baltic Dry Index, 발틱 운임 지수) 같은 운송 지표들은 글로벌 교역의 흐름이 막히는 순간을 빠르게 알려준다. 경기가 멈출 때는 언제나 운송부터 주춤했고, 그것은 곧 기업 실적과 주식 시장의 하락으로 이어졌다.

이렇듯 심리와 실물이라는 축에서 발산되는 신호들은 주식 시장과 경기 사이클을 해독하는 중요한 열쇠다. 금리와 환율이 자금의 큰 물줄기를 보여준다면, 이들 지표는 시장 내부의 미세한 진동을 포착한다.

㈜코어16은 주식 시장의 매도 신호와 경기 침체 신호를 새롭게 찾아내고 창조해내려 하고 있다. 〈도표 5-1〉은 현재까지 우리가 만든 주식 시장의 매도 신호(또는 침체 신호)들 중 일부다. 자세한 내용은 셀스마트 홈페이지[14]를 참조하길 바란다.

시장의 등락은 차트와 숫자로 드러나지만, 그 배후에는 언제나 인간의 감정이 있다. 탐욕과 공포라는 본능은 가격보다 한발 먼저 움직인다. 그래서 급락의 신호는 투자자가 제일 먼저 알아챈다는

지표명	범주	신호 발생일 예	대상	지표 구성 로직
3AG	물가	2021년 12월 13일	S&P500	소매 판매 대비 미국 내 가솔린 평균 가격 변화가 이례적으로 높은 상황
BB	주가 버블	2025년 3월 3일	S&P500	통계적 버블 발생 확률 급증
TMIS	운임	2025년 3월 20일	S&P500	운임 지표들 간의 변화폭과 차이를 통한 패턴 분석
ASMR	투자 심리	2025년 2월 27일	S&P500	대표 종목의 수익 전망치(EPS) 수정 비율을 가공한 지표
WCIISM	생산 재고	2018년 2월 2일	S&P500	생산자 재고와 소비자 재고의 편차 분석
DXYJPY	환율	2007년 11월 9일	S&P500	달러화, 엔화 등 선진 통화 간의 상대 가치 변화 패턴 인식
GSC	원자재	2011년 2월 7일	S&P500	금, 은, 동의 상대 가격 패턴 분석
VMR	주가 금리	2025년 2월 12일	S&P500	주가 변동성과 금리 변동성과의 관계
CI	가격 통계량	2020년 2월 28일	S&P500	수익률 분포의 극단값 변화량 패턴
AMII	투자 심리	2021년 12월 3일	S&P500	기관 투자자와 개인 투자자 서베이 불일치 패턴
SFS	개인 심리	2018년 10월 24일	S&P500	뉴스를 AI로 가공한 심리 지표의 매매 신호화

말이 나온다.

투자자 심리를 객관적으로 파악하는 방법은 설문 조사다. 미국의 투자 심리 관련 대표적인 서베이 지표가 AAII(American Association of Individual Investors, 미국 개인 투자자 심리 지수)와 NAAIM(National Association of Active Investment Managers, 미국 전문 투자자 노출 지수)이다.

AAII 지수는 매주 미국 개인 투자자들에게 '앞으로 6개월간 주가가 오를 것인가, 내릴 것인가, 아니면 비슷할 것인가?'를 묻고, 낙관과 비관의 응답 비율을 집계해 만든다.

개인 투자자는 집단적 감정에 가장 민감하다. 상승장이 이어지면 낙관 비율이 50%를 넘어서고, 하락장이 깊어지면 비관 비율이 치솟는다. 흥미로운 점은 이 극단적 국면이 오히려 반대 방향 전환점이 되는 경우가 많다는 사실이다. 개인이 지나치게 낙관적일 때는 고점에 가까웠고, 지나치게 비관적일 때는 저점에 가까웠다. 특히 극단적인 시점에서는 역투자 전략(다수의 생각과 반대로 하기)이 필요하다.

NAAIM 지수는 미국 전문 투자자들이 포트폴리오에서 주식에 얼마나 비중을 두고 있는지를 나타낸다. 0은 완전 현금, 100은 완전 주식 비중을 의미한다. 따라서 NAAIM 지수는 기관의 위험 선호도를 직관적으로 보여준다. 기관은 개인보다 정보가 빠르다. 그래서 NAAIM 지수는 주가가 본격적으로 움직이기 전에 먼저 꺾이거나 치솟는 경우가 많다.

AAII 낙관 비율은 1999년 말에서 2000년 초반까지 50% 이상을 기록했다. 개인 투자자들은 인터넷 기업이 미래를 장악할 것이라 믿었고, '주가는 끝없이 오른다'는 환상이 시장을 지배했다. 반면 기관 투자자의 실제 포지션은 이미 위험 노출을 줄여가고 있었음을 알 수 있다.

2008년 리먼 브라더스 파산 이후 글로벌 금융 시장은 공포에 휩싸였다. 이때 AAII의 비관 비율은 50%를 넘어섰다. 투자자 대다수가 "앞으로 주가는 더 떨어질 것"이라 답한 것이다. 하지만 아이러니하게도, 이 시점은 주식 시장이 장기 저점을 형성하던 구간이었다.

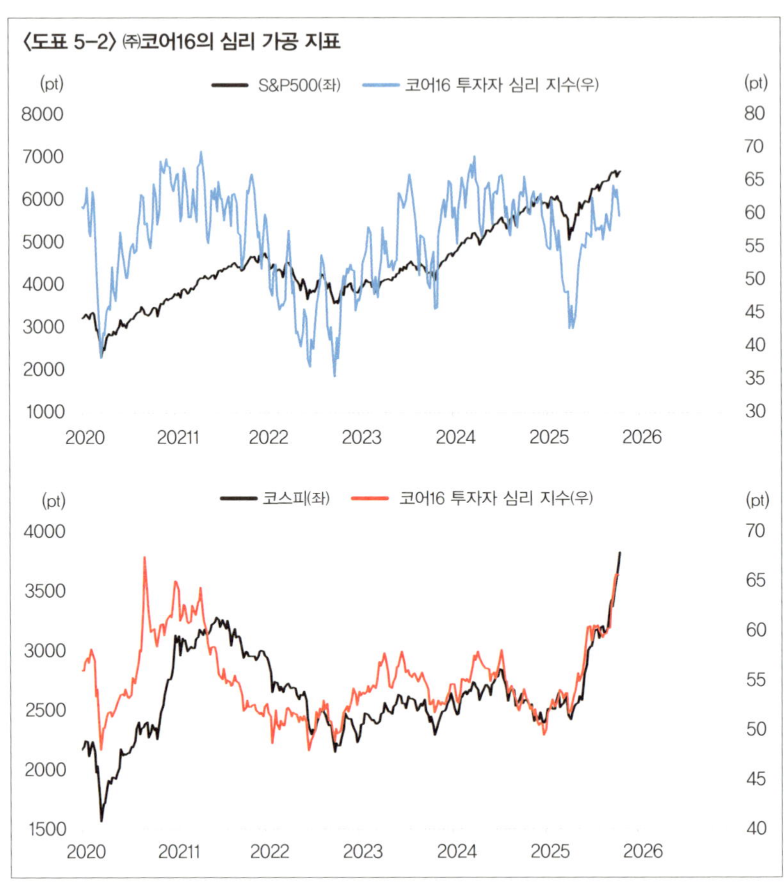

투자자 서베이 지표는 그 자체만으로는 시장의 변곡점을 미리 알 거나 초기에 대응하는 것이 쉽지 않다. 그렇지만 어떻게 가공하는 가에 따라 새로운 유용한 지표로 재탄생이 가능하다. 〈도표 5-2〉는 ㈜코어16이 위 두 개의 서베이 지표를 통해 만든 매수·매도 신호다.

경기는 공장 안에서만 측정되지 않는다. 항구의 컨테이너, 바닷 길을 달리는 벌크선, 도심 창고의 재고 흐름 속에서도 드러난다. 경 제가 움직이려면 원자재가 들어오고, 중간재가 가공되고, 최종재가 수출입이 되어야 한다. 연결 고리가 바로 운송이다. 그래서 '운송이 멈추면 경기도 멈춘다'는 말이 생겼다. 물류와 운송 지표는 GDP 등 경제 통계보다 더 빠르게 경기 변화를 알려주는 신호다. 그중 대표적인 것이 LMI, SCFI, BDI다.

LMI는 미국 물류업계의 관리자들을 대상으로 지금 창고 공간은 충분한지, 운송비는 비싼지, 재고는 많은지 등을 물어봐서 만든 지표다. 50보다 높으면 물류 산업이 성장하고, 50보다 낮으면 축소되고 있음을 의미한다. 경기가 과열되면 재고가 늘고 창고 수요가 치솟아 LMI는 상승한다. 반대로 소비가 줄면 재고가 쌓이고 운송이 둔화돼 지수는 급락한다. 2020년 코로나 팬데믹 때가 대표적이다. 팬데믹 초기 LMI는 급락하며 물류 시스템이 멈춰 선 상황을 드러냈다. 하지만 곧바로 온라인 쇼핑과 공급망 차질이 겹치면서 LMI가 폭등했고, 이는 2021년 인플레이션 급등을 미리 경고해줬다.

SCFI는 상하이에서 출발하는 주요 항로의 컨테이너 운임을 집계한 지수다. 중국은 세계의 공장 역할을 하고 있기 때문에, SCFI는 글로벌 교역의 심장 박동을 보여준다. SCFI가 상승한다는 것은 물동량이 늘어 운임이 오르고 있다는 뜻이다. 이는 곧 글로벌 수요가 강하다는 신호다. 반대로 운임이 떨어지면 교역 둔화를 의미한다. 2008년 금융 위기 당시 SCFI는 급락했다. 글로벌 교역이 멈추면서 항구에 컨테이너가 쌓였고 운임은 바닥을 쳤다. 반면 코로나 이후에는 정반대 상황이 벌어졌다. 전 세계 공급망 병목과 해운 운임 폭등으로 SCFI는 사상 최고치를 기록했다. 미국과 유럽 항만에 컨테이너가 적체되는 장면은 뉴스 화면에 단골처럼 등장했다. 글로벌 교역의 붕괴와 과열을 동시에 보여준 신호였다.

BDI는 석탄, 철광석, 곡물 등 포장하지 않은 건조한 원자재를 실어 나르는 대형 화물선들의 운송 비용을 평균 낸 지표다. 산업의 기본 재료 수송량을 반영하기 때문에 세계 경기와 가장 직접적으로 연결된 운송 지표라 할 수 있다. BDI는 특히 중국 경기와 밀접하다. 중국이 대규모 인프라 투자에 나설 때마다 철광석과 석탄 수요가 폭발하며 BDI가 급등한다. 반대로 중국 경제가 둔화하면 벌크선 운임은 곧장 하락한다. 2003년에서 2007년까지 중국 고성장기에

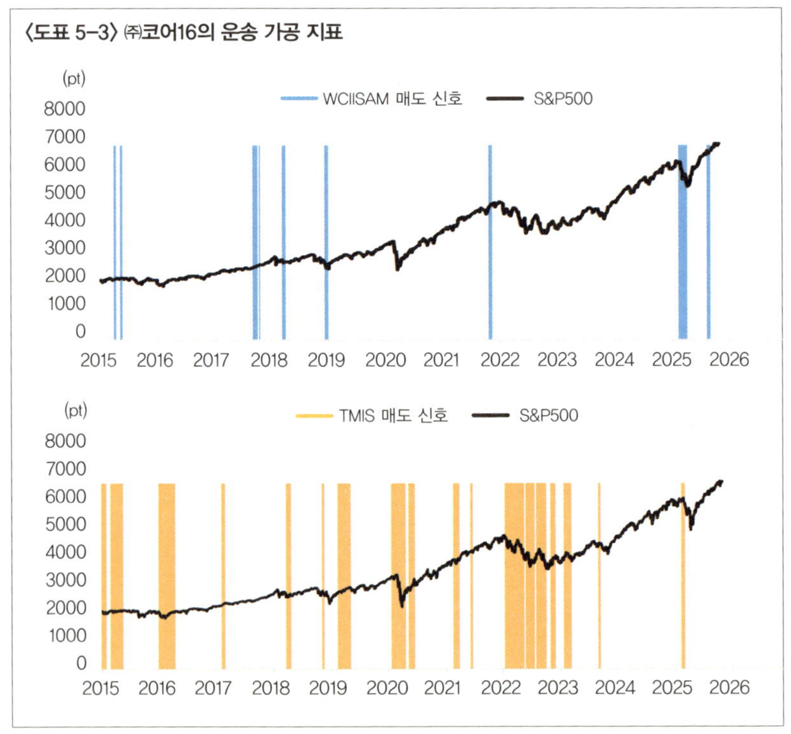

는 BDI가 폭등했고, 원자재 슈퍼 사이클과 글로벌 증시 강세를 뒷받침했다. 하지만 2008년 금융 위기 때는 불과 몇 달 만에 BDI가 10분의 1 수준으로 폭락하며 세계 무역이 멈췄음을 알렸다.

주식 시장은 미래의 기대감을 거래한다. 경제 지표가 좋아도, 기업 실적이 양호해도, 불확실성이 커지면 돈들은 잠시 숨을 고르거나 안전 자산으로 이동한다. 이를 측정하는 대표 지표가 뉴스 심리 지수, 경제 정책 불확실성(Economic Policy Uncertainty, EPU) 지수, CNN 공포·탐욕 지수(Fear & Greed Index), 그리고 가장 널리 알려진 VIX다.

뉴스 심리 지수는 신문과 방송, 온라인 기사 등 미디어에서 사용되는 단어와 문맥을 분석해 시장의 감정을 수치화한 지표다. 예컨대 '침체', '위기', '공포' 같은 단어가 급증하면 지수가 하락하고, '회복', '호황', '성장' 같은 단어가 많아지면 지수가 상승한다. 뉴스 심리 지수의 장점은 속도다. 경제 데이터는 발표에 시차가 있지만, 뉴스는 매일 나온다. 2020년 3월 코로나 팬데믹이 선언되던 시기, 미국과 한국 모두 뉴스 심리 지수가 급락하며 투자자들이 극도의 불안을 드러냈다.

EPU는 신문 기사에서 '경제(Economic)', '정책(Policy)', '불확실성(Uncertainty)'이라는 키워드가 동시에 언급된 횟수를 측정해 만든다. 스콧 베이커(Scott Baker) 교수 등이 개발한 이 지표는 정책 관련 불확실성이 클 때마다 급등했다. 2011년 미국 재정 절벽 위기 때 EPU가 급등했다. 정치권의 갈등이 심화되면서 투자자들은 미국 정부가 디폴트를 일으킬 수도 있다는 불안을 느꼈고, 주식 시장은 하락했다. 2016년 브렉시트 국민 투표 당시와 2022년 우크라이나 전쟁과 미·중 갈등 심화 역시 정책 불확실성을 키우며 EPU가 상승했다. 2025년 미국의 관세 부과 사태 때에도 정책에 대한 불신이 커지며 EPU가 급상승했다.

CNN 공포·탐욕 지수는 주식 시장에 내재된 투자자의 감정을 0~100 사이로 수치화한다. 0에 가까우면 극도의 공포, 100에 가까우면 극도의 탐욕이다. 2020년 코로나 폭락 당시 지수는 10 이하로 떨어졌다. 시장의 모든 참여자가 '끝났다'고 생각했음을 보여준다. 하지만 바로 그 시점이 저점이었다. 반대로 2021년 말 미국 증시가 사상 최고치를 기록하던 시기, 지수는 70을 넘어서며 극도의 탐욕을 반영했다. 이후 2022년 금리 인상 충격으로 증시는 하락 전환했다. 시장이 언제 과열되었는지, 언제 과도하게 위축되었는지를 드러내는 실용적인 바로미터다.

옵션 시장은 투자자들의 기대와 불안을 가장 민감하게 드러낸다. 옵션의 프리미엄에는 시장이 미래에 대해 얼마나 불안해하는지, 또는 안심하는지가 담겨 있다. 이를 지수화한 것이 VIX, VVIX(Volatility of VIX, VIX의 변동성을 측정하는 지수) 그리고 스큐(SKEW)다.

VIX는 흔히 공포 지수라 불린다. S&P500 옵션의 내재 변동성을 반영하기 때문에, 투자자들이 단기 급락에 대비해 얼마나 옵션을 사고 있는지가 드러난다. 2008년 금융 위기, 2020년 코로나 팬데믹처럼 시장이 무너질 때 VIX는 80 이상으로 치솟았다. 더 나아가 투자자들은 VIX 자체가 얼마나 흔들릴 것인가에도 관심을 두기 시작했다. VVIX는 VIX의 변동성을 나타내는데, 쉽게 말해 '공포의 공포 지수'다. VIX가 아직 크게 오르지 않았더라도 VVIX가 상승한 다면, 투자자들이 머지않아 폭발할 변동성에 대비하고 있다는 의미다. 2018년 2월 볼마겟돈(bullmageddon) 사태(하루에 다우존스 산업 평균 지수가 역대 최대인 1,175포인트 하락했는데, 이 또한 파생 상품 청산 문제로 인해 발생했다) 때 VVIX는 미리 치솟았고, 그 직후 VIX가 폭발적으로 상승했다.

핵심 포인트 정리

금리와 투자의 관계

▸ 주식 가치 평가의 가장 중요한 잣대는 금리다.

▸ 금리는 성장과 비용, 경기와 신용 위험이라는 양면성을 갖고 있다.

▸ 금리 하락 기간의 중반 이후부터 금리 상승 기간의 중반까지의 투자가 가장 성공적이다.

인플레이션과 고용 지표

▸ 경기(수요)가 좋거나 돈(유동성)이 풀리는 상황에서 물가 상승(인플레)은 괜찮다.

▸ AI 시대에는 고용이 나빠도 주가가 오른다.

소비와 주가의 관계

▸ 미국의 주요 소비 항목은 집, 자동차, 주유다. 소비가 부진해도 주가는 오른다.

▸ 주식 시장과 가장 밀접한 지표는 ISM 지수다.

환율의 현재와 미래

▸ 환율은 상대적인 시소게임이다. 한쪽이 무거우면 반대편이 가볍다.

▸ 세상이 불안하면 달러가 강해진다. 심지어 미국 사람들이 사고 친 경우도 그렇다.

▸ 아직도 원·달러 환율은 위안·달러 환율과 상관관계가 가장 높다.

▸ 새로운 기술 발전과 가상 자산의 등장이 환율 시스템 변화를 가져올 수 있다.

3장

지정학 및 정책 그리고 원자재 사이클

정치와 제도, 투자 문화가 만든 새로운 게임의 법칙

1

선거와 지정학:
정치 변수가 미치는 영향

지금으로부터 10년쯤 전인 2016년 한 해 동안 가장 큰 지정학적 이슈는 무엇이었을까? 브렉시트(6월 23일)와 트럼프 당선(11월 8일)을 꼽을 수 있을 것이다. 그렇다면 2025년 현재에도 중요하게 영향을 미치는 2016년의 사건을 꼽는다면? 트럼프의 당선과 알파고와 이세돌의 대국(2016년 3월)일 것이다(AI 세상의 신호탄).

필자는 미국 대통령 선거 수개월 전부터 리테일 고객 설명회 등을 통해 트럼프의 당선을 주장했다. 당시로서는 극소수의 의견이자 터무니없는 주장이었다. 트럼프는 정말 이상한 사람이었고 지지율도 힐러리가 앞섰던 상황이었다. 하지만 결과는 트럼프의 당선이었다.

필자는 당시 두 가지에 집중했다. 한 가지는 미국 건국 이래 민주당이 8년을 집권하면 그것으로 마무리된다는 역사였다(미국은 민주당과 공화당의 2당 체제다). 예외적인 경우는 200년이 넘는 역사 동안 단 한 차례(대공황과 직후 제2차 세계대전 시기의 민주당 장기 집권)뿐이었다. 당시 는 이미 버락 오바마(Barack Obama) 정부가 8년을 집권하던 시기였 다. 두 번째는 유튜브를 통해 힐러리와 트럼프 유세에 대한 반응을 보았다. 힐러리의 경우 '좋아요' 숫자가 트럼프에 비해 압도적이었 음에도 '싫어요'도 그만큼 많았다. 힐러리에게는 부패한 엘리트의 이미지가 있다고 판단했고 의견을 밝히지 않는 다수의 미국인들의 지지를 얻지 못한다고 판단했다.

단지 시대적 정황 때문인지는 몰라도 최소 수십 년 역사 동안 주 식 시장에는 미국 공화당과 민주당 집권 시기의 주도주와 시장 색 깔이 매우 선명했다. 기술과 혁신의 이미지를 가진 민주당. 실리콘 밸리로 대변되는 캘리포니아는 민주당의 텃밭이다. 미국 영화 〈자 이언트〉(석유 재벌 이야기)의 배경이 된 텍사스는 전통적인 공화당 지 지 지역이다. 과거 기름을 비롯한 원자재, 부동산, 굴뚝 산업이 주 도했던 시기가 부시 정부의 공화당 집권기였고, 기술주 및 바이오 주 주도 시기가 민주당 시기였다. 이제는 보다 빠르고 가속화된 기 술 혁신으로 그 구분의 선명함이 사라지긴 했다.

8년 주기의 원자재 사이클, 기술 혁신 사이클, 주도주 사이클도 미국 정치와 관련성이 깊다고 생각한다. 선거와 주가에 대한 기억 은 2011년~2012년 유럽 재정 위기 당시에도 있다. 당시는 2012년 말이었다. 한국의 주요 자산 운용사 CEO와 CIO를 대상으로 한 송 년회 자리에서 발표한 증시 전망이었다. 당시는 유럽의 재정 위기

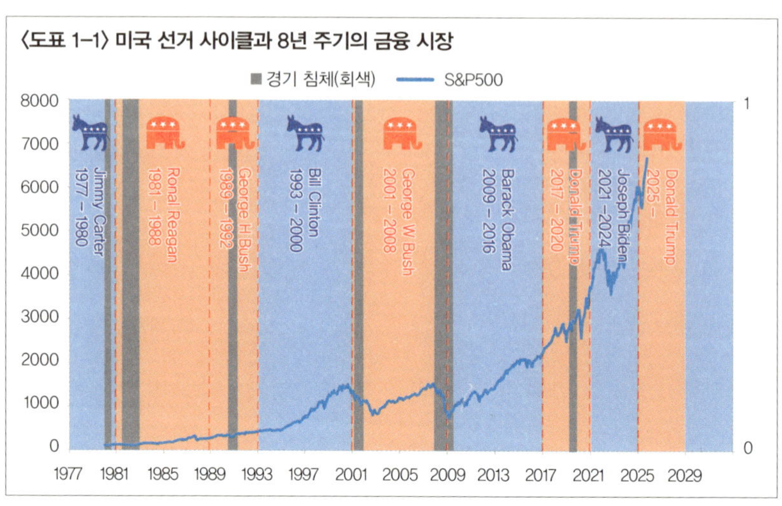

가 한치 앞을 알 수 없는 시기였다. 미국의 내로라하는 펀드매니저들도 날마다 전해지는 유럽 뉴스(사태 악화와 그 해법을 위한 구제 금융의 진행 상황)에 단타로 대응하는 분위기였다. 당시 낙관은 찾아보기 어려웠다.

유럽이나 미국도 아닌 한국의 애널리스트(리서치센터장)가 유럽의 해법을 어찌 알까? 유럽 정상과 유럽중앙은행(European Central Bank, ECB) 총재의 별점 궁합을 통해 상황을 설명하려 했다. 송년회 자리이기도 해서 치기가 용서받을 것이라 생각했다. 돈줄을 쥐고 있는 앙겔라 메르켈(Angela Merkel), 합의가 필요한 프랑스, ECB의 마리오 드라기(Mario Draghi) 총재 등의 입장이 중요했다. 유럽의 주요 정상들이 합의해야 부채 위기에 대한 전폭적인 구제 금융이 가능했기 때문이다. 문제는 프랑스 니콜라 사르코지(Nicolas Sarkozy)와 이탈리아의 실비오 베를루스코니(Silvio Berlusconi)였다. 궁합이 안 맞았다.

그런데 선거로 프랑수아 올랑드(Francois Hollande, 프랑스)와 마리오 몬티(Mario Monti, 이탈리아)로 바뀐 후 우연하게도 이탈리아와 스페인 은행들에 대한 지원이 가속화되고 유럽 재정 위기로 인한 주식 시장의 하락은 2012년 말 멈추게 되었다.

미국의 지정학 전략가 피터 자이한(Peter Zeihan)의 책《The Accidental Superpower》는 2014년 발간되었다. 한국에는 대략 3년 뒤에《21세기 미국의 패권과 지정학》이란 제목의 번역본으로 출간되었다. 당시 전망이 현재와 많이 다른 부분이 있지만 하나의 결론 '미국 중심, 미국 1등'은 2025년 현재에도 사실이 되고 있다.

지정학적 갈등과 주식 투자 전략에 대해 처음으로 커다란 흥미를 느낀 계기는 2008년 마크 파버(Marc Faber)의 책《내일의 금맥》을 읽은 후였다. 원유 수송 라인과 말라카해협, 그리고 중국과 대만, 일본의 다오위다오, 센카쿠 열도 등의 갈등. 필자는 2011년 투자 포럼의 연사로 파버를 초청했고, 독립 리서치 기관 BCA의 지정학 전략가 마르코 파피치(Marco Papic)를 북핵 문제가 절정에 달했던 2018년 중반에 투자 포럼 연사로 초청했다.

최근 한국의 경우도 탄핵과 6월 3일의 대선 등이 증시에 상당한 영향을 미쳤다. 2026년 초 기준 한국 코스피 지수는 대선 이후 약 60% 상승했다.

정치적 변화가 주식 시장에 미치는 영향은 선거 이전부터 나타난다. 선거를 앞두고 각 후보가 내세우는 공약은 특정 산업에 대한 기대와 실망을 가져올 수 있다. 그래서 우리나라도 대선 후보들의 공

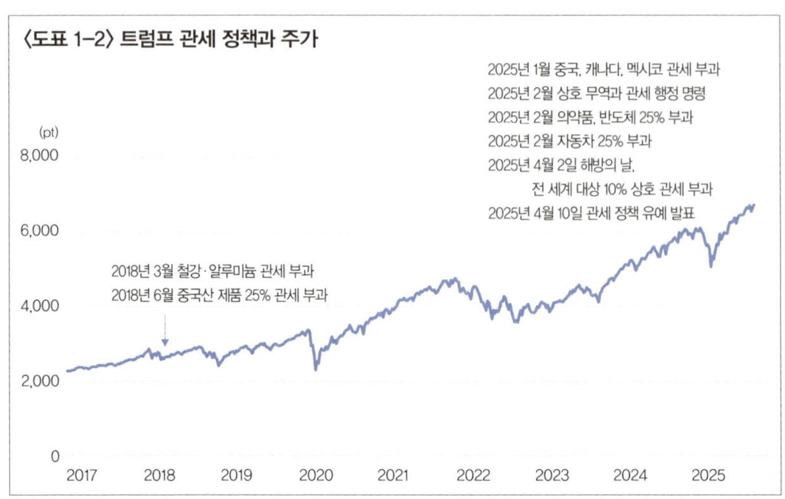

약과 관련주들을 선거 전후에 테마로 구성하는 경우가 있다. 대부분은 지엽적인 소테마에 불과하지만 원전 지지나 반대 등의 정책적 입장은 업종 주가에 큰 영향을 미치게 된다. 특히 미국 대통령과 집권당의 색깔은 주식 시장에 미치는 영향이 크다.

트럼프 전 대통령의 등장과 그의 정책 기조는 지정학적 요인이 주식 시장에 얼마나 파괴적인 영향을 미칠 수 있는지 보여주는 대표적인 사례다. 트럼프의 미국 우선주의는 보호무역주의의 부활을 의미했고, 이는 글로벌 무역 질서에 근본적인 충격을 주었다.

트럼프 행정부는 광범위한 품목에 관세를 부과하는 정책을 실행하고 있다. 관세 인상은 해당 품목을 수출하는 국가 기업들의 매출과 수익성을 악화시킨다. 또한 미국 기업들 역시 수입 원자재 가격 상승으로 원가 부담이 커져 주가에 부정적인 영향을 받게 된다.

트럼프 1기에 본격화된 미·중 갈등은 단순한 무역 불균형 해소를 넘어, 2기에는 기술 패권 경쟁으로 비화했다. 미국은 중국의 주요 기술 기업에 대해 미국산 반도체 및 부품 공급을 제한하는 강력한 제재를 가했다. 이러한 기술 제재는 전 세계 반도체 및 IT 산업의 공급망을 바꿔놓게 되고 기술 패권이 곧 안보와 직결된다는 인식이 확산되면서, 기업들은 중국 중심의 생산 구조를 다각화하거나 미국으로 생산 공장을 되돌리는 일들을 강제당하고 있다. 미·중 무역 협상의 진전이나 트럼프의 관세 인상, 유예 등에 대한 발언 하나하나가 전 세계 증시를 롤러코스터처럼 움직이는 요인이 되었으며, 지정학적 리스크가 투자 전략 수립의 가장 중요한 변수임을 명확히 각인시켰다.

2016년 미국 대선에서 트럼프가 당선되었을 때를 기억해보자. 세계 시장은 처음에는 놀랐지만 곧 흥미를 보였다. 그의 경제 정책은 기존 정치인들과 달랐다. 그는 미국 우선주의(America First)를 내세우며 수입품에 높은 관세를 매기고, 자국 산업을 보호하겠다고 선언했다. 2018년 트럼프 정부는 중국산 철강·알루미늄에 25%의 관세를 부과하며 미·중 무역 전쟁의 불씨를 던졌다. 처음에는 일시적인 압박처럼 보였지만, 곧 중국도 보복 관세를 매기며 갈등이 전면화됐다. 글로벌 공급망이 흔들리기 시작했고, 국제 무역이 위축되면서 세계 경제는 불확실성의 소용돌이에 빠졌다. 중국 상하이 지수는 급락했고, 미국의 반도체, 전자업체들은 중국 수출길이 막히면서 실적에 타격을 입었다. 기업들은 생산 기지를 중국에서 동남아, 멕시코로 옮기기 시작했다. 이 과정에서 리쇼어링(reshoring, 해외로 나갔던 공장을 다시 본국으로 불러들이는 것)과 탈중국이라는 트렌드가 나타났다.

트럼프 시대의 무역 전쟁은 시간이 갈수록 기술 전쟁의 성격을 띠기 시작했다. 미국은 중국이 AI, 반도체, 통신 장비 분야에서 빠르게 기술력을 키우는 것을 '국가 안보 위협'으로 보았다. 2019년 미국은 중국의 통신 장비 회사 화웨이(Huawei)를 거래 제한 명단에 올리며 5G 네트워크 장비의 수출을 차단했다. 이어 ZTE(통신 장비 기업), SMIC(중국 반도체 기업)까지 제재 대상에 포함시켰다. 심지어 2022년 이후에는 AI 학습용 반도체(엔비디아 GPU)의 수출도 제한했다. 기술이 새로운 시대의 군사력이자 권력이 되었음을 보여주는 사건이었다. 데이터와 반도체를 지배하는 나라가 세계 경제의 흐름을 주도할 수 있다는 판단 아래, 미국은 기술 패권을 지키려는 '보이지 않는 전쟁'을 시작한 것이다.

중국은 이에 맞서 '국산화' 전략을 강화했다. 자국 내 반도체 생산을 늘리고, AI, 전기차, 배터리 산업에 천문학적인 자금을 투입했다. 그 결과 BYD, CATL(배터리 생산업체), SMIC와 같은 기업들이 빠르게 성장하며 '중국판 테슬라', '중국판 엔비디아'로 불리기 시작했다. 무역 전쟁의 불씨가 아이러니하게도 중국 기술 산업의 자립을 촉진한 셈이다.

지정학적 리스크는 예고 없이 찾아온다. 전쟁, 테러, 외교 갈등, 에너지 문제는 순식간에 시장의 흐름을 바꿔놓는다. 정치와 정책은 시장의 중장기 방향을 결정한다. 트럼프의 관세 정책이 단기적으로 혼란을 불러왔지만, 그 속에서 기술 자립과 공급망 재편이라는 새로운 중장기 사이클이 만들어졌다. 정책이 어디로 향하는지를 읽을 수 있다면 정치적 변동은 위험이 아니라 기회가 된다.

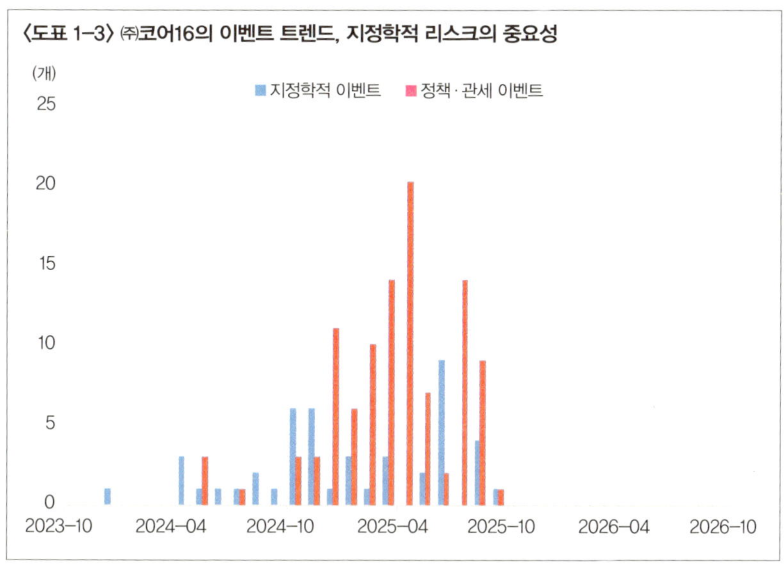

2025년 4월 관세를 부과하겠다는 트럼프의 발언으로 주식 시장은 크게 하락했다. 코어16은 관세 정책과 같은 이벤트를 PR(Policy Risk, 정책·관세 이벤트)로 분류한다. 〈도표 1-3〉을 보면 25년 4월 전후로 PR이 커지는 것을 확인할 수 있다. 이를 시장이 불안해질 전조 현상으로 해석할 수 있다. GR(Geopolitical Risk, 지정학적 이벤트)은 선거, 전쟁 등의 이벤트를 의미한다.

2

기업 지배 구조와 피플 파워:
코스피 5천 시대

PER을 처음 만든 사람은 누구일까? 필자는 모른다. 그렇지만 그는 천재다. '동학개미'(국내 주식에 투자하는 개인 투자자)란 이름을 지어낸 사람은? 역시 모른다. 그렇다면 신흥 시장(emerging market)이란 말을 지어낸 사람 이름은? 이 질문엔 답할 수 있다. 앙투안 반 아그마엘 (Antoine van Agtmael). 이렇게 누군가는 시장에 대한 창의적 접근을 하고 있다. 10년 전까지만 해도 행동주의 펀드들은 기업 사냥꾼, 악덕 금융업자란 평이 지배적이었다. 시대는 변한다.

2025년 6월 이후 2026년 1월 현재까지 한국 증시는 사상 최고 가를 향해 달리고 있다. 이른바 '코스피 5천 시대'에 대한 기대감이 큰 역할을 하고 있다. 그리고 이 기대감의 중심에는 상법 개정이 있다. 가장 큰 변화는 역시 이사의 충실 의무다. 이사의 의무는 기업 만이 아니고 주주들의 이익을 위해 의사 결정해야 한다는 것이다.

〈도표 2-1〉 2025년 상법 개정(안)

항목	주요 내용	의미 / 영향
이사의 충실 의무 확대	기존에는 '회사 이익'을 위해서만 충실해야 했던 이사의 의무를 '회사 및 주주 전체'로 확대. 이사 결정 시 "전체 주주의 이익"을 공평하게 고려해야 한다는 조항이 추가됨.	소수 주주의 권익 보호가 법적으로 강화됨. 이사의 판단이 대주주 쪽으로만 기울 경우 분쟁 가능성 늘어남.
독립이사 제도 강화	"사외이사"라는 명칭이 "독립이사(Independent Director)"로 바뀌고, 상장 회사는 이사의 일정 비율(기존 1/4→1/3) 이상을 독립이사로 선임해야 함.	대주주 또는 경영진의 영향력이 줄어들면서 감시 기능이 강화됨. 이사회 의사 결정 투명성이 높아질 가능성 있음.
감사위원 선임 시 최대주주 의결권 3% 룰 강화	감사위원을 선임·해임할 때, 최대 주주 및 특수 관계인의 의결권을 3%로 제한하는 규정 적용 범위 확대. 사외이사 감사위원이든 아니든 동일하게 적용함.	감사위원회의 독립성 확보됨. 최대 주주의 감사위원 선임을 통한 통제력 약화 가능. 소수 주주 추천 후보의 통과 가능성 상승.
전자 주주 총회 제도 도입·의무화	상장 회사의 주주 총회에서 온라인 참여가 가능하도록 전자 주주 총회를 허용하고, 일정 규모 이상의 상장사에는 병행 개최 또는 전자 주주 총회의 의무화 조항 포함. 시행 시기는 2027년 1월부터 적용됨.	주주 참여 문턱이 낮아짐. 특히 해외 투자자, 소액 주주 등의 참여 용이성 증가. 주총 운영 방식 변화 및 관련 시스템 정비 필요.
집중 투표제 의무화 확대	2명 이상의 이사를 선임할 때 소액 주주가 특정 후보자에게 표를 몰아줄 수 있는 '집중 투표제'를 대규모 상장 기업에서 의무적으로 도입하게 됨.	소액 주주의 대표성이 높아질 수 있음. 특정 후보 지지 가능성이 늘어남. 경영권 안정성 측면에서 대주주의 부담 증가 가능.

한국기업거버넌스포럼(코리아 디스카운트, 즉 한국 증시 저평가의 주요인이 기업 지배 구조라는 주장을 하는 사람들)에서 여러 차례 이 주제를 다뤘다.

어떤 관점에서 한국 주식 시장이 디스카운트 상태라고 주장하는가? 그것이 과연 지배 구조 때문인가? 이에 대한 논의는 너무 방대하다. 분명한 것은 현재보다 더 나은 지배 구조가 대한민국 기업과 주식 시장에 필요하다는 것이다.

1990년대 후반까지만 해도 한국의 주식 시장에서 지배 구조란 말은 생소했다. 기업의 의사 결정에 소액 주주들이 참여한다는 생각조차 못했다. 소액 주주는 단지 배당을 기다리거나, 주가가 오르기만을 바라는 존재였다.

1997년 IMF 외환 위기는 지배 구조 관점에서 중요한 사건이었다. 위기 이후 외국인 투자자들이 대거 국내 시장에 들어왔고, 이익을 내지 못하는 기업에는 이유가 있다며 지배 구조와 경영 투명성을 문제 삼기 시작했다. 그 무렵 등장한 단어가 바로 행동주의였다. 외국계 자본뿐만 아니라 국내의 참여연대 경제민주화위원회 같은 시민 단체가 소액 주주 운동을 주도하며, 재벌 기업의 지배 구조 투명성 확보를 강력히 요구했다.

한국 행동주의 펀드의 역사를 이야기할 때 가장 먼저 언급되는 사건은 2003년 소버린 자산 운용(Sovereign Asset Management)의 SK그룹 공격이다. 소버린은 SK㈜ 지분을 14.99%까지 매입하며 최대 주주로 올라섰다. 그들은 최태원 회장의 횡령 혐의와 부실한 경영을 문제 삼겠다며 이사 해임안을 제출했다. 이 사건은 당시 한국 사회에 큰 충격을 줬다. 기업이 주주에 의해 흔들릴 수 있다는 사실이 한국 경제사에서 처음으로 현실화된 순간이었다. 결국 소버린은 이사 해임에 실패했지만, 그 과정에서 지배 구조, 주주 권리, 이사회 독립성이라는 개념이 대중에게 알려졌다. 2015년에는 삼성물산과 제일모직의 합병 반대 운동에 엘리엇 매니지먼트(Elliott Management)가 앞장섰다. 이 사건으로 국민연금과 삼성그룹의 관계자들이 감옥에 가기도 했다. 엘리엇의 삼성물산 합병 반대는 국내 최대 그룹의 의사 결정에 외국계 펀드가 정면으로 도전한 사건이었다. 진짜 변화는 2018년 이후부터 시작됐다. 한국에도 국내 자본의 행동주의 펀드가 생겨났다. KCGI(한국 기업 지배 구조 개선 펀드)다. 특히 한진그룹 경영권 분쟁은 국내에서 처음으로 '토종 행동주의 펀드'가 실제로 대기업 지배 구조를 바꾼 사례로 기록되었다. 당시 한진그룹 총수 일가의 사회적 물의(일명 '땅콩 회항 사건' 등)가 있었는데, 이 사건에서 필자가 느낀 점은 대중에게 정서적 지지를 못 받는 기업들도 행동주의 펀드들의 공격 대상이 되기 쉽다는 것이다.

국민연금의 스튜어드십 코드[Stewardship Code, 연기금과 자산 운용사 등 주요 기관 투자가가 주인의 재산을 관리하는 집사(steward)처럼 기업의 의사 결정에 적극 참여해 주주로서의 역할을 충실히 수행하고 위탁받은 자금의 주인인 국민이나 고객에게 이를 투명하게 보고하도록 하는 행동 지침] 도입은 2018년이었다. 아마 이 책의 독자들은 모르고 있는 사실일 수 있다. 국민연금이 움직이면 (비록 사소한 것일지라도) 여러분이 가입하고 있는 펀드의 한국 운용사들은 그 행동을 따라 하려 들 것이다. 쉽게 말하자면, 국민연금은 갑이고 자산 운용사는 을이다(예를 들어 국민연금이 ESG 활동을 강화하면 국민연금의 자금을 위탁해서 운용하는 자산 운용사들도 ESG 활동을 강화하는 식이다). 이는 국민연금이 단순히 투자자가 아니라 책임 있는 주주로서 기업의 장기 성장과 사회적 가치에 참여하겠다는 선언이다. 이제 행동주의는 단순히 수익을 위한 전략이 아니라, ESG[환경(Environment)·사회(Social)·지배 구조(Governance)를 뜻하는 말]의 연장선에 놓이게 되었다. 잠시 삼천포로 빠져보자. 지금 ESG 이야기는 얼마나 시장의 관심에서 사라졌는지?

얼라인파트너스자산운용이 등장하면서 행동주의는 전략적 투자로 자리 잡기 시작했다. 얼라인파트너스는 2022년 SM엔터테인먼트 지배 구조 개편을 이끌었고, 이후 카카오와 하이브의 인수 경쟁 과정에서 결정적인 역할을 하며 시장의 주목을 받았다. 주식 투자를 안 하는 일반 사람들도 관심을 가졌던 사건이었다.

사실 필자는 KCGI, 얼라인파트너스, 하이브의 대주주(또는 대표이사)를 업무 관계로 만날 수 있는 기회가 있었다. 그러면서 "옳고 그름을 따지는 자는 실패하고 상황을 판단하는 자는 승리한다"(로버트 그린, 《권력의 법칙》)라는 조언이 생각났다. 또 한편으론 대한민국 자본 시장에 무엇이 더 좋은 것인가를 늘 생각하게 된다.

2025년 현재 행동주의 펀드는 또 다른 변화를 맞이하고 있다. 정부의 '기업 밸류업 프로그램' 논의와 더불어, 한국 증시의 고질적인 문제인 코리아 디스카운트를 해소해야 한다는 사회적 공감대가 형성되었다. 행동주의 주요 주체로는 KCGI, 트러스톤자산운용, 얼라인파트너스자산운용, 안다자산운용, 라이프자산운용 등 국내 펀드들이 주요 기업들을 상대로 적극적인 목소리를 내기 시작했다. LG에너지솔루션 이후 기업들의 물적 분할이 벽에 부딪힌 것도 고무적인 변화였다. 한국 자본 시장의 성숙과 함께 행동주의가 경영 견제의 주요한 축으로 자리 잡고 있음을 보여주었다.

오늘날은 필자의 회사와 같이 데이터와 AI를 활용한 정량적 주주 활동 분석이 가능해졌다. AI는 기업의 재무 데이터, 뉴스, ESG 리포트를 분석해 잠재적 지배 구조 개선 여지가 있는 회사를 미리 찾아낸다. 물론 아직은 아침 회의 시 참고 자료 정도이고 대부분 정성적 판단에 의존한다.

한국의 행동주의 역사는 짧지만 방향은 분명하다. 주식은 단순히 가격이 아니라 의사 결정의 지분이다. 기업 지배 구조 이슈는 향후 수년간 한국 주식 시장의 먹거리다. 먹이가 있는 곳에는 늘 포식자들이 존재한다. 기업 지배 구조 비즈니스의 생태계를 잠시 언급해 보자.

법무 법인, 회계 법인, 의결권 자문사 등은 구체적으로 드러난 주체들이다. 김앤장(국민연금의 주주 총회 표결을 담당하는 부서의 팀장급 이상을 거의 대부분 영입했다) 등 법무 법인, 삼일(PWC), 삼정(KPMG)과 같은 회계 법인에는 ESG와 지배 구조 전문가들이 일하고 있다. 필자의 회사였던 한국ESG연구소(대신경제연구소), ISS, 글래스루이스, 한국ESG기준원 등은 의결권 자문 기관이다. 이들의 영향력(물론 주총 시즌에만)은 보기에 따라 꽤 대단할 수 있다.

가장 중심에는 한국 주식을 가장 많이 소유하고 있고 그래서 투표권이 가장 많은 국민연금이 있다. 국민연금에는 수탁자책임전문위원회*가 있는데, 주주 총회 시즌이면 이슈가 있는 기업들의 총수도 움직이게 된다.

개인적으로 기업 지배 구조 관련 서적의 베스트를 꼽으라면 《ESG 파이코노믹스》(알렉스 에드먼스)다. 행동주의 펀드 또는 주주 관

---

* '수책위'라고도 한다. 보건복지부 홈페이지 설명에 따르면 국민연금기금 수탁자책임전문위원회는 국민연금기금이 보유한 상장 주식에 대한 주주권 및 의결권 행사와 책임 투자 관련 주요 사안을 검토·결정하기 위해 국민연금기금운용위원회 산하에 설치한 위원회다. 수탁자책임전문위원회에서는 사회적 합의를 바탕으로 마련한 국민연금기금 수탁자 책임 활동에 관한 지침을 매년 검토, 개정해 투명하고 합리적으로 주주권 및 의결권 행사와 책임 투자 등이 이뤄지도록 하고 있다.

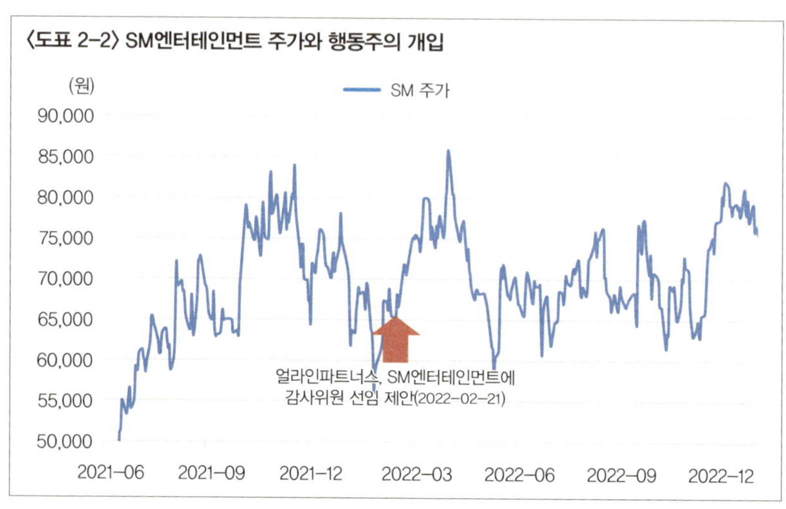

여 활동이 기업 가치를 어떻게 변화시켰는지에 대한 다양한 실제 사례와 해외 개인 투자자 연대나 기업들의 대응, 그리고 주요 펀드들의 의사 소통 방식들에 대한 참고가 될 수 있다. 무엇보다도 저자가 이야기한 것처럼 대주주, 소액 주주를 아우르는 모든 주주 그리고 기업까지 모두에게 좋은 것은 파이(기업의 가치)를 키우는 일이다. 정해진 파이에서 조금 더 가지려는 것이 아닌 더 크게 만들고 더 많이 가져가는 것이다.

책《금융의 딴짓》(존 케이),《행동주의 투자전략》(로널드 D. 오롤)도 개인적으로 추천하고 싶다. 책《금융의 딴짓》의 원제목은 "Other People's Money"(다른 사람들의 돈)다. 금융계 사람들의 잘못된 행위, 관행, 문화 그리고 집단 이기적 행태 모두 타인의 돈으로 자기 배를 불리는 것임을 지적한 책이다.

㈜코어16은 기업 지배 구조 관련 스코어링 모형(Scoring Model)이 있

다. 우리의 목적은 행동주의 투자자(일반적인 펀드가 좋은 주식을 사서 수익을 내는 데 집중한다면, 행동주의 펀드는 마음에 안 드는 회사의 주식을 대량으로 산 뒤, 경영진에게 적극적으로 요구 사항을 제시해 기업 가치를 높이려는 목적)들의 투자(공격) 가능성이 있는 기업을 정량적인 데이터를 활용해 추적하기 위함이다. 우리의 모델은 크게 3가지 범주로 구성되어 있다. 거버넌스(지분율, 이사회, 배당 등), 운영(영업 실적 등), 재무(PBR, ROE 등)다.

예를 들어 주주 환원 정책에 소극적인 기업은 행동주의 개입을 통해 배당 성향을 높일 여지가 있다. 최대 주주 지분이 낮은 경우 행동주의가 개입하기 용이한 측면이 있다. 유보율이 높은 경우 기업이 이익을 내고 있으나 성장을 위한 투자나 주주 환원에 적극적이지 않았다는 것으로 해석될 수 있다. 낮은 PBR로 거래되는 기업은 성장성, 주주 환원, 자본 효율성 등 다양한 할인 요인이 반영되어 있다. 지배 구조 개선을 통해 기업 가치를 높일 수 있다. 정성적인 항목(과거 행동주의 대상 기업 여부, CEO 임기, 주주 친화적 정책 발표 여부 등)을 반영해 가점을 주는 방식을 사용한다.

영화 〈덤 머니〉를 본적이 있는가? 개미 투자자들이 똘똘 뭉쳐서 주식 '게임스탑(GameStop)'으로 거대한 헤지 펀드와 쩐의 전쟁을 일으킨 실제 사건을 영화한 것이다. 피플 파워(People Power)의 이야기다.

'주주의 이익을 최우선으로 한다'고 했을 때 주주란 누구, 무엇을 지칭하는가에 대한 딜레마에 빠질 수 있다. 지분율 기준으로 다수결인가? 그렇다면 대주주 및 특수 관계인들의 의사만이 관철되기 쉽다. 모든(every) 주주를 위한다는 것인가(주주 숫자)? 그렇다면 소액 주주들의 목소리도 커질 수 있다.

피플 파워라는 말은 1986년 필리핀에서 마르코스(Marcos) 독재 정권을 몰아낸 민주화 혁명에서 유래되었다고 한다. 대규모 비폭력 대중 시위나 운동을 통해 정치적 변화나 독재 정권의 전복을 이끌어낸 사건을 상징하는 용어로 사용된다. 한국에서는 동학 혁명, 주식 시장에서는 동학개미 운동이 연상된다.

19세기 산업혁명기 당시만 해도 철도, 철강, 석유 산업의 자본은 소수 금융가(로스차일드, JP모건 등)에 집중되었다. 주주는 단순히 배당을 받는 소극적 존재였고 기업 경영은 '소유'보다 '경영자'가 지배하는 구조였다. 주주권이라는 것은 간단히 말해 회사에 대한 공동 소유권이기도 하다. 그렇기에 일정 부분 회사의 경영에 참여할 권리가 있다는 것이다. 소액 주주들이 주주 총회장에 나타나서 "경영 똑바로 하세요"라고 소리치고, 심지어 경영진을 바꾸라고 요구하기도 했다. 1990년대 이후 인터넷이 발달하면서 주주 총회 정보도 얻기 쉬워졌고 소액 주주들의 의견을 모으기도 이전보다는 용이해졌다.

정부의 세금 정책은 개인들의 자본 시장 참여를 바꿔놓았다. 각국 정부는 국민들이 노후를 스스로 대비하도록 돕기 위해 퇴직연금이라는 제도를 만들었다. 한국의 IRP(개인형퇴직연금), ISA(개인종합자산관리계좌)나 미국의 401(k)(퇴직연금), IRA(개인퇴직계좌) 같은 계좌가 대표적이다. 세금 혜택을 준다. 세금 혜택을 주는 계좌들은 일반 봉급 생활자들을 주식 시장으로 끌어들이는 강력한 힘이었다.

주식 투자가 더 이상 투기가 아니라 반드시 해야 하는 노후 준비의 영역으로 들어온 것이다. 수백만 명의 평범한 사람들이 주식 시장의 장기적인 참여자가 되면서 피플 파워의 튼튼한 몸집이 만들어졌다. 그리고 수수료 장벽이 사라진 것도 피플 파워를 끌어들이는 유인이 되었다.

2010년대 후반 미국을 중심으로 '제로 수수료' 시대가 열렸다. 적은 돈으로도 부담 없이 자주 거래할 수 있게 되었고, 젊은 세대나 소액 투자자들의 진입 장벽이 허물어졌다. 소수점 주식의 등장도 한몫했다. 특히 스마트폰의 보급은 투자자들의 손쉬운 참여와 잦은 거래에 크게 기여했다.

최근 강력한 피플 파워의 동력은 소셜 미디어와 개인 투자자의 인식 변화일 것이다. 과거 개인 투자자는 전문가의 조언이나 뉴스에 의존하는 정보 수동층이었지만, 이제는 스스로 정보를 탐색하고, 분석하며, 무엇보다 집단적 의견을 형성하는 주체가 되었다. 레딧(Reddit)의 '월스트리트벳츠(wallstreetbets)' 같은 온라인 커뮤니티, 디스코드(Discord) 채팅방, 주식 유튜브 채널 등이 새로운 정보 채널이 되었다. 그들은 금융 전문가들보다 자신들의 커뮤니티를 더 신뢰하기도 한다.

일종의 탈중앙화된 정보 공유와 실시간 연대가 나타난 것이다. 개인 투자자들이 펀더멘털(기업의 실제 가치)과는 관계없이, 온라인에서 유행하는 밈(Meme)이나 입소문을 통해 폭발적으로 매수해 주가를 급등시키는 현상이 나타난다. 투자를 재미와 유행의 영역으로 끌어올린 것이다. 개별 종목 단위로는 예측 불가능성이 커졌다. 개인들은 변동성을 즐긴다. 특히 코인 거래에 익숙한 젊은 세대일수록 그러하다. 필자의 지인은 '스낵 주식'이라고 표현했다. 복잡한 설명은 싫다. 새우깡 먹듯이 손쉽게 투자하고 약간의 행복을 주면 좋다.

피플 파워의 가장 극적인 모습은 게임스탑의 사례에서처럼 공매도 세력과의 싸움에서 나타난다. 2007년 미래에셋자산운용이 한국 주식 시장을 지배할 때 외국인 공매도 투자자들이 벌벌(?) 떨었던 것처럼 이제는 자산 운용사의 역할을 개인들의 힘이 대신한다는 것이다.

공매도는 주가가 떨어질 것에 베팅하는 것인데, 개인 투자자들은 소셜 미디어를 통해 공매도 규모가 큰 종목을 파악하고 단결해 대규모로 주식을 사들인다. 주가가 급등하면 공매도 세력은 엄청난 손해를 피하기 위해 어쩔 수 없이 주식을 되사야(환매수) 한다. 이 과정에서 주가가 더 폭등하는 현상을 숏 스퀴즈(short squeeze)라고 한다. 그렇지만 일단 투자 수익이 나면 사람들의 마음은 흔들린다. 그 결속력은 언제든지 약화될 수 있다.

미국의 피플 파워는 현재도 매우 강력하다. 2025년 6월말 기준 미국 개인 투자자들의 금융 자산 내 주식 보유 비중이 사상 최대치를 기록했다(연준 자료)고 〈뉴스1〉이 전했다. 뮤추얼 펀드나 은퇴연금 등을 포함한 직간접 주식 보유 비중이 45%를 차지했다. 미국 주가가 사상 최고를 경신하면서 주식 시장에 직접 참여하는 개인들이 늘어나고 주식에 투자하는 401(k) 퇴직연금의 인기도 높아졌다. 물론 경고의 목소리도 있다. 미국 개미들의 주식 보유 비중이 닷컴 버블 붕괴 직전이던 1990년대 후반 수준을 넘어섰다.

2020년 코로나 이후 한국에서 나타난 동학개미 운동은 자본 시장 혁명의 상징이다. 당시 '주린이'(주식 투자 초보자를 뜻하는 신조어)라는 말도 생겨났다. 코스피 개인 거래 대금(매수) 비중은 2020년 2월 코로나 당시 50%, 7월 72%로 급격하게 상승했다.

2025년 양도세 대주주 기준 문제도 커진 피플 파워의 좋은 사례일 것이다. 정책 당국의 대주주 양도세 기준 강화(50억에서 10억으로 하향)에 대한 여론은 곱지 않았었다. 신문고(국민 동의 청원)에 약 15만 명이 청원에 동의했다. 미국 주식 시장 사례를 볼 때 세금 혜택, 즉

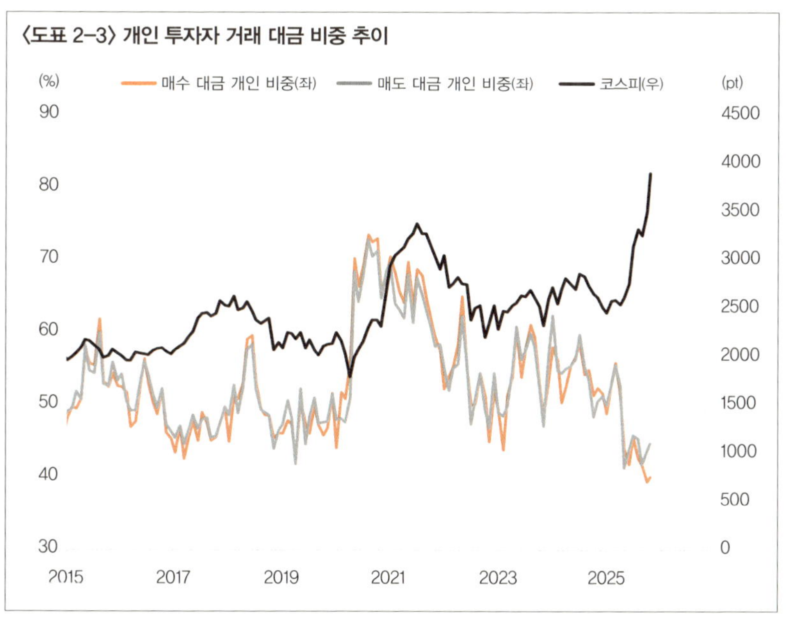

〈도표 2-3〉 개인 투자자 거래 대금 비중 추이

절세라는 주제는 한국 투자자들에게도 가장 중요한 투자 원칙이
될 것이다.

해외 주식 투자와 관련해서 절세 사례를 살펴보자. 김씨는 미국
주식 투자로 올해 총 550만 원의 양도 차익이 발생했다. 만일 양도
소득세 기본 공제액 250만 원을 고려하지 않고 한꺼번에 매도할
경우, 550만 원에서 250만 원을 뺀 300만 원이 과세 대상이 되어
22% 세율 적용 시 약 66만 원의 세금을 내야 한다. 하지만 김씨가
절세 전략으로 '분산 매도'를 고려할 경우, 올해는 양도 차익을 기
본 공제 한도 내인 250만 원만큼만 매도하고, 나머지 300만 원의
차익은 다음 해 초에 매도하면 된다. 이렇게 하면 올해는 세금을
한 푼도 내지 않고(250만 원은 비과세), 다음 해 300만 원에서 250만
원을 뺀 50만 원에 대해 22% 세율을 적용해 11만 원의 세금을 내
게 된다.

또한 같은 해에 손실이 난 다른 주식을 함께 매도해서 손익을 상
계하는 방법도 활용할 수 있다. 만약 김씨가 올해 200만 원 손실인
다른 미국 주식도 함께 매도했다고 하면, 양도 차익 550만 원에서
손실 200만 원을 빼서 순이익은 350만 원이 된다. 여기서 250만 원
기본 공제 후 100만 원에 대해 세금을 내는 구조가 되어 세금 부담
이 줄어든다.

밈 주식이나 공매도 대항이 직접적이라면 주주 관여 활동은 간접
적인 피플 파워의 행사다. 현재 한국의 소액 주주 연대 플랫폼은 비
사이드[15], 액트[16] 등이 있다. 해외에는 이미 소액 주주 플랫폼이 있

었다.

중견 기업들조차 이제는 소액 주주 연대를 경계하고 있을지도 모른다. 그럼에도 불구하고 아직 주주 캠페인의 성공 사례는 드물다. 자본력과 네트워킹 측면에서 기업들이 압도적으로 우위에 있기 때문에 아마도 소액 주주 연대는 기업의 역공을 두려워할 것이다.

캠페인은 주주들이 모이는 자리(주주 총회)에서 경영진에게 자신들의 요구 사항을 관철시키기 위해 벌이는 활동이다. 주주행동주의의 공식적이고 중요한 방법이다. 주주들은 주로 배당 확대, 이사회 구성 변경(이사 선임 및 교체), 사업 부문 조정 등을 요구한다. 캠페인을 벌이는 주체들(행동주의 펀드나 소액 주주 연합)은 자신들의 안건이 통과되도록 다른 주주들의 동의와 의결권(표)을 모으는 활동을 하게 된다. 이제 주식 시장은 참여(개인 투자자), 정책(세제), 행동(주주 관여) 등이 맞물려 민주화되고 있다.

3

✳

부동산:
규제와 완화의 사이클

모기업 관련해 회자되는 이야기가 있다. "호텔 산업의 본질은 무엇인가"라는 총수의 질문에 모두들 제대로 된 답변을 하지 못했다. 업의 본질은 부동산이란다. 그런데 영어 및 입시학원, 쇼핑몰, 백화점, 편의점들 중에는 '정말 이곳에서 장사가 될 수 있을까'란 의문이 드는 위치에 있는 곳들이 있다. 본질은 정말 부동산인가?

대한민국에서 가장 비싼 아파트는 어디일까. 그리고 그 지역 아파트는 10년 전 얼마였을까. 1970년대, 아니 늦어도 1980년대 강남 한복판 아파트를 살 여유가 있었다면, 그 당시 여러분은 어떤 결정을 내렸을 것인가?

《옛날 신문을 읽었다》(이승호)라는 책을 보면 1970년대 사람들은 아파트를 기피했다고 한다. 무섭고, 비용이 많이 들고, 또 재미있는 것은 '장독대가 없어서'였다고 한다. 주식이나 채권과 달리 부동산은 삶의 터전이자 가계 자산의 핵심이다. 한국 가계 자산의 60% 이상이 부동산에 묶여 있다. 그러다 보니 가격 변동이 단순한 시장 이슈를 넘어 정치사회적 문제로 번진다. 그래서 부동산은 언제나 '규제와 완화'라는 정책 사이클 속에서 움직여왔다.

부동산 시장이 과열될 때 정부가 가장 먼저 꺼내 드는 것은 규제 카드다. 대출, 세금, 공급 등이 대표적인 그 예다. 대출 규제는 LTV(Loan To Value ratio, 담보 인정 비율), DTI(Debt To Income ratio, 총 부채 상환 비율) 등을 높이는 것이다. 세금 규제는 양도세, 보유세 등을 인상하는 것이다. 공급 규제는 투기 과열 지구, 조정 대상 지역 지정 등이 예다. 이러한 규제들은 집값 안정을 목적으로 하지만 단기적으로는 거래 위축과 가격 하락 압력으로 이어진다.

반대로 경기가 침체하거나 거래가 얼어붙으면 정부는 다시 완화 카드를 꺼낸다. 신혼부부·청년층 대출 혜택 확대라든가, 일시적 양도세 면제, 취득세 감면, 그리고 재개발, 재건축 규제 완화나 신규 택지 개발 등이 있다. 이는 또다시 과열을 부를 수 있다.

정책을 제외하면 부동산 가격을 결정하는 가장 중요한 변수는 금리다. 금리가 낮으면 집값이 오르기 쉽다. 그렇다고 금리를 낮춘다고 바로 오르지는 않는다. 금리를 낮춘다는 것은 그만큼 경기가 안 좋다는 신호이기 때문에 초반에 사람들은 눈치를 본다. 지속적으로 금리가 낮아지고 일정한 임계점을 하회하기 시작하면 그때부터 부동산 가격은 오르게 된다. 물론 정책적 동인도 경기와 금리 수준에 맞추어 움직이기 때문에 그 조합이 맞아야 한다.

<도표 3-1> 한국 주요 부동산 정책

날짜	정책명/제도	주요 내용
2002년 9월 4일	LTV 제도 도입	투기 지역 중심으로 주택 담보 인정 비율(LTV 60%) 규제 시작. 집값 과열 억제 목적.
2005년 8월 31일	DTI 제도 첫 시행	투기 지역 내 6억 원 초과 아파트를 대상으로, 30세 미만 미혼자에게 DTI 40% 상한 적용 시작됨.
2006년 3월 30일·11월 15일	DTI 강화·확대	3월에 투기 지역 6억 초과 아파트에 DTI 40% 적용 확대. 11월에는 투기 지역 전체 아파트 대출에 DTI 규제 적용.
2006년 5월 24일	재건축초과이익환수에 관한 법률 제정	'재건축초과이익환수제' 법률 제7959호 공포. 재건축으로 생기는 개발 이익 중 일정 초과분을 부담금(환수)으로 징수하는 제도.
2006년 9월 25일	재건축초과이익환수법 시행	위 법률 공포 후, 하위 법령 등 준비를 거쳐 시행됨.
2008년 6월 5일	재건축초과이익환수법 개정	관리 처분 인가 신청한 사업은 부담금 징수 면제 결정(결국 2017년 까지 유예 기간 연장).
2008년 6월 11일	대출 규제 완화 시도	글로벌 금융 위기 여파 및 부동산 경기 침체를 반영해 LTV·DTI 규제 일부 완화됨, 일부 지역 투기 지역 해제 등 조치 시행됨.
2010년 8~9월	DTI 규제 완화·한시적 조정	무주택자 또는 1가구 1주택자 대상, 일부 지역·대출 유형에 대해 DTI 적용을 완화하거나 자율화 시행됨.
2014년 8월	LTV·DTI 규제 완화 조치	부동산 경기 살리기 위해 규제 완화 – 전국 LTV, 수도권 DTI 등의 비율 조정 확대됨.
2018년 1월 1일	재건축초과이익환수제 재적용	문재인 정부 등장 전후로 초과이익환수제에 대한 유예 및 재도입이 정치적 이슈가 됨.
2018년 1월 31일	DTI 제도 강화	기존 '신규 주담대 원리금+기존 주담대 이자'에서 '모든 주담대 원리금+기타 대출 이자'로 강화.
2018년 9월 13일	9·13 주택 시장 안정 대책	다주택자 규제 지역 내 주담대 금지.
2019년 12월 16일	12·16 부동산 대책	규제 지역 15억 원 초과 아파트 주택 담보 대출 전면 금지, 9억 원 초과분에 대해 LTV축소.
2024년 9월 1일	스트레스 DSR 2단계 시행	대출 한도 산정 시 가산 금리 반영 확대.
2025년 7월 1일	스트레스 DSR 3단계 시행	DSR 적용 범위 모든 대출로 확대, 가산 금리 1.5% 적용.
2025년 10월 15일	토지 거래 허가 구역 확대	서울 25개 전 자치구, 경기 지역 (성남, 과천, 용인, 수원 등 추가) LTV 40% 하향, DTI 50%로 하향.

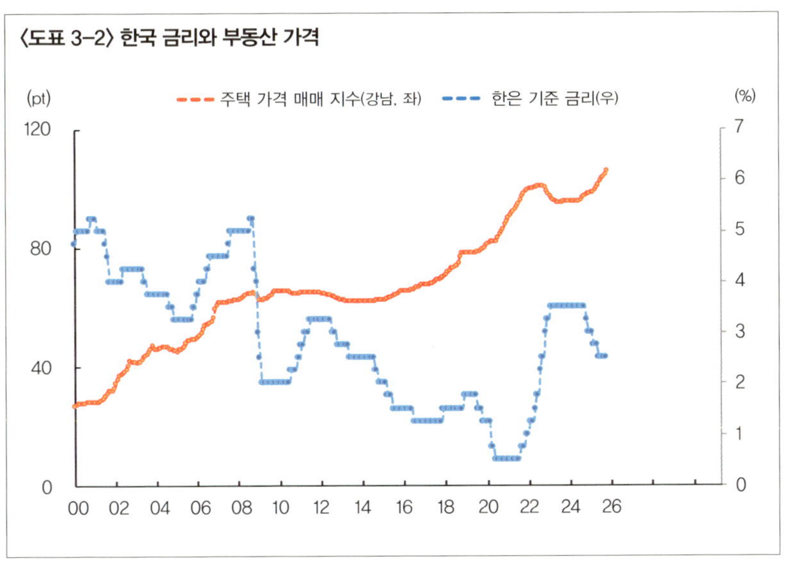

그 예로 〈도표 3-2〉의 2011년~2013년을 살펴보자. 초반에는 집값이 금리 하락세에도 불구하고 동반해서 하락한다. 그러다가 2014년 중반 이후 상승으로 전환한다.

국제적으로도 부동산 사이클의 패턴은 정형화되어 있다. 규제, 침체, 완화, 반등, 과열의 순환이 반복된다. 미국의 경우도 2007년까지의 심각한 주택 시장의 과열이 2008년 서브프라임 위기를 가져왔고, 이후 금융 경색과 경기 침체를 탈피하기 위한 연준의 금리 인하와 양적 완화로 주택 시장이 회복되었다. 일본의 경우는 1990년대 버블 붕괴 후 강력한 규제와 초저금리를 병행하면서 주택 시장의 변동성을 제한했다.

혹시 서울 강남의 집값은 어느 정권에서 가장 빠르게 올랐는지 알고 있는가? 미국 뉴욕의 집값은 공화당과 민주당 집권 시기 중

어느 정권에서 더 많이 올랐는지 아는가? (이에 대한 답은 생략한다. 말하기 좋아하는 사람들의 먹잇감이 되고 싶지 않다.) 필자가 이야기하고 싶은 것은 지역적인, 그리고 국가 간 특수성이 존재하더라도 부동산 시장의 과열과 침체는 글로벌한 특성이 있다는 것이다. 세계적으로 동반된 부동산 시장의 활황과 호황이 관련이 있다는 것이다. 투자자가 알아야 할 몇 가지 교훈은 다음과 같다.

첫째, 부동산 시장의 향방에 가장 중요한 것은 정부의 규제 또는 완화 정책이다. 정책을 미리 알 수는 없어도 경기와 금리는 느끼고 볼 수 있다. 어떤 정책이 필요한지를 생각해보면 된다.

둘째, 규제 효과는 빠르게 나타나지만 완화 효과는 경기나 금리 상황에 따라 시차를 두고 나타날 수 있다. 앞서 언급한 2015년의 사례다. 과도한 레버리지(부채)는 시차 지연에 따라 큰 손해를 볼 수 있다.

셋째, 통계만으로 사이클을 접근하면 안 된다. 대표적인 예가 인구 구조(고령화, 저출산) 사이클만을 고려한 투자로 부동산 시장의 하락을 예상했던 투자자들은 도시화와 고급화, 양극화의 역풍을 맞았다. 해리 덴트(Harry dent)의《2018 인구 절벽이 온다》란 책에서도 미국 집값의 붕괴를 예상했다. 인구 통계에 기초한 전망이었다. 한국도 1인 가구, 2인 가구 등의 확대로 대형 평형 중심의 아파트 폭락이 예견되기도 했다. 그렇지만 이후 결과는 어떠했는가? 문화와 세대 그리고 소비 수준을 고려한 복합적인 사고가 필요하다.

넷째, 한국에서는 부동산과 주식 시장의 대체 효과가 크지 않다는 점을 인식해야 한다. 특히 개인들의 아파트 같은 경우 부동산의 금융화(예로 역모기지)가 미국만큼 발달하지 않아서 더욱 그렇다.

다섯째, 한국 부동산 시장은 아무래도 일본을 많이 따라가는 것 같다. 일본 부동산 시장의 역사를 살펴보는 것도 좋은 참고가 된다. 한국도 부동산이 필승 투자처가 아닐 수 있다는 것이다.

그럼 2026년 부동산 시장은 어떠할까? 2026년 부동산 시장의 가장 큰 이슈는 역대급으로 줄어드는 신규 아파트 입주 물량이다. 한국부동산원 등의 자료에 따르면, 2026년 수도권 아파트 입주 예정 물량은 2025년 대비 30% 이상 급감할 것으로 예상된다. 서울 아파트 공급은 재건축, 재개발 등 정비 사업에 크게 의존하는데, 인허가부터 입주까지 오랜 시간이 걸리는 만큼 2026년의 공급 부족은 이미 확정된 미래다. 이로 인해 신축 아파트의 희소성 프리미엄이 확대될 가능성이 높다.

글로벌 인플레이션이 진정 국면에 접어들고 각국 중앙은행이 완화적인 통화 정책 기조로 전환하면서, 기준 금리 및 주택 담보 대출 금리가 점진적으로 하락할 것으로 예측된다. 금리 하락은 잠재적 매수 수요를 자극할 것으로 보인다. 다만, 금융 당국은 가계 부채 관리를 위해 스트레스 DSR(Debt Service Ratio, 총부채 원리금 상환 비율)과 같은 대출 규제를 지속적으로 강화하고 유지할 가능성이 높다. 금리가 낮아도 실제 개인이 빌릴 수 있는 대출 한도는 여전히 제한적일 수 있다.

전문가들은 일시적인 조정기를 거치더라도, 2026년의 심각한 공급 부족이 가격 상승의 분기점이 될 것으로 보고 있다. 특히 수도권의 선호 지역(서울 강남 3구, 핵심 업무 지구 인근) 및 입지가 좋은 신축을 중심으로 가격 상승 압력이 매우 강해질 것으로 전망하고 있다.

신규 입주 물량이 줄어들면 전세 물량도 함께 감소한다. 이 경우 전세 가격이 먼저 상승하며 매매 가격을 끌어올리는 현상이 나타날 수 있다. 지방 주택 시장은 입주 물량이 수요를 초과하는 지역이 많아 침체의 골이 더 깊어질 것으로 예상된다. 양극화가 더욱 심화될 것이다. 2026년 대한민국 아파트 시장은 공급 리스크가 모든 것을 압도하는 해가 될 가능성이 높다.

한편 2026년 부동산 시장이 급격한 변동 없이 지루한 균형기(박스권)를 유지할 것이라는 전망도 힘을 얻고 있다. 신규 입주 물량의 감소로 전세 공급은 갈수록 줄어드는 반면, 거주 수요는 여전히 견조하다. 이러한 수급 불균형은 전세가율을 밀어 올리며 매매가를

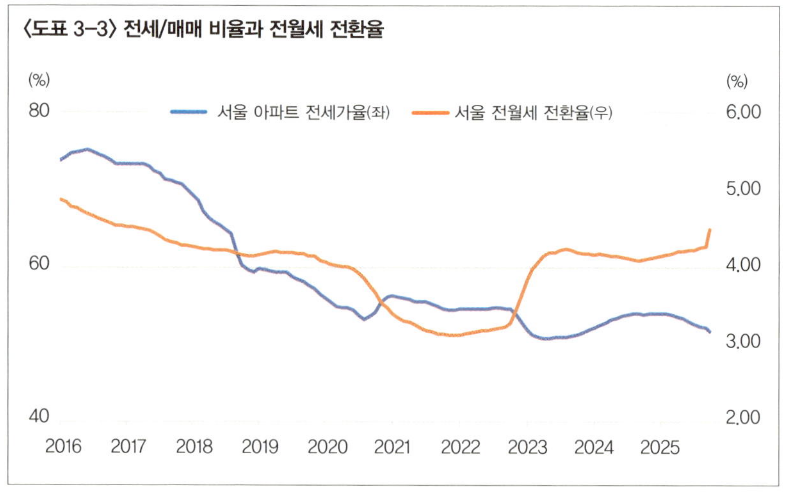

떠받치는 하방 경직성을 강화할 것이다. 하지만 전세가가 매매가를 밀어 올리려 해도 강력한 정책 규제가 개인의 실질 구매력을 억제하고 있다. 공급 부족이 집값의 바닥을 단단히 다지는 동안 대출 규제는 집값의 천장을 누르는 형국이다. 결과적으로 2026년 시장은 상승과 하락이 팽팽히 맞서며 입지에 따른 국지적 온도 차만 존재하는 강보합권 균형기를 보일 가능성이 크다.

최근 부동산 시장은 규제가 강화되면서 월세 전환이 크게 늘고 있다. 정부의 대출 규제로 전세 대출을 받기 어려워진 측면도 있지만 대출금리 상승도 이유다. 대출을 통해 전세로 사는 비용보다 월세로 사는 비용이 더 저렴하기 때문이다. 금리가 하락하게 되면 전세 수요가 증가하고 전세가율은 상승한다. 전세가율이 상승하면 매매 수요로 연결된다.

4

원자재 사이클:
큰돈이 되는 투자법

첫 아이 돌 때 축하 선물로 금반지 한 돈을 받았다. 당시 대표적인 돌잔치 축하 선물은 금 한 돈이었다. IMF 당시 전국적인 금 모으기 운동에 5만 원 이하(금 한 돈 가격)로 많은 사람이 금을 팔았다. 2025년 현재 지인 자녀의 돌 잔치에 금 한 돈을 선물할 수 있는 평범한 직장인은 몇 명이나 될까. 금 투자를 놓친 것에 후회하는가? 그렇다면 금 채굴이나 은 채굴 기업은 알고 있는가? 뉴몬트(Newmont, NEM)와 팬 아메리카 실버(Pan American Silver, PAAS) 주가를 보라.

주식과 채권이 종이에 적힌 약속이라면, 원자재는 현실 세계의 실체다(물론 우리는 금융화된 원자재를 이야기하고 있다). 원자재는 다른 자산보다 뚜렷한 주기를 가진다. 투자, 생산, 과잉, 침체의 순환 과정이다. 원자재 사이클을 이해하려면 세 가지 축(공급, 수요, 재고)이 어떻게 얽혀서 시차를 만들고 그 결과로 가격 사이클이 발생하는지를 생각해야 한다.

공급 측면은 광산, 유전, 농지 같은 실물 자산과 그것을 운영하는 기업, 정부의 투자 결정으로 구성된다. 새로운 광산을 설계하고 허가 뒤 개발해 상업 생산에 들어가기까지는 수년이 걸리고, 유전, 정유, 정제 설비의 증설 역시 시차가 존재한다. 공급은 빨리 늘리기가 어렵다. 따라서 급격한 수요 변화가 생기면 즉시 대응하는 게 어렵다. 반대로 과잉 설비 또한 공급 재조정에 긴 시간이 필요하다.

수요는 산업 구조, 경기, 정책, 기술적 전환(예로 전기차)이 결합되어 변한다. 구리는 전력, 건설 수요에 민감하고, 리튬, 니켈은 배터리 수요에 민감하듯이 상품별로 수요의 성격이 다르다. 구조적 수요 변화(예로 전기화, 인프라 투자 등)는 장기적인 공급 팽창을 야기한다. 그런데 수요가 늘어나는 속도는 공급 속도와 일치하지 않는다. 그래서 늘 공급 과잉 또는 부족을 만들어낸다. 재고는 사이클의 완충 장치가 되기도 하고 증폭기 역할을 하기도 한다. 재고는 정부 비축, 상업적 저장(LME 창고, 석유 탱크, 농산물 창고 등), 그리고 트레이더와 가공 업체 재고로 나뉜다. 재고가 충분하면 일시적 수급 불균형은 재고로 흡수될 수 있기 때문에 가격 변동성이 작아진다. 반대로 재고가 얇으면 훨씬 큰 가격 반응을 일으킨다.

앞서 반도체에서 언급한 것처럼 심리라는 요소는 진폭을 크게 하는 데 기여한다. 호황과 불황에 대한 과민 반응이다. 투자자나 기업들이 공급이 부족하다는 신호(높은 가격)에 과도하게 반응해 대규모 투자를 하게 되고, 결국 공급 과잉과 가격 하락으로 이어지게 된다. 반대로 공급 축소가 필요할 때는 설비를 빠르게 줄일 수 없어 부족 현상이 장기간 지속된다. 공급망 차질도 가격 변동성을 높이는 요인이다. 원유나 천연가스 수송 라인이 지정학적 사태로 인해 문제가 생길 수 있다.

원자재는 특히 정책의 영향을 많이 받는다. 정부의 직접적 시장 개입(전략 비축 확보 또는 방출), 관세, 수출 통제, 보조금 정책은 수요 공급 균형을 바꾼다. 전략 비축은 공급 부족 시 완충 역할을 하고, 관세나 수출 통제는 즉각적으로 수급을 왜곡시킨다. 보조금 등은(예로 전기차) 구조적 수요를 창출한다. 지정학적 충격은 공급을 순간적으로 차단하거나 물류 비용을 급증시켜 원자재 가격이 급등한다. 에너지(유전, 송유관)와 곡물(항로, 수출항 봉쇄)이 가장 민감하다. 러시아·우크라이나 전쟁으로 인한 원유, 곡물, 비료 가격 상승, 그리고 수에즈 운하 봉쇄로 인한 운임 가격 상승이 대표적인 예다.

기술 혁신은 원자재 수요 구조와 공급 능력을 바꾸는 게임 체인저다. 대체재를 개발하거나 채굴 및 정제 기술 개선이 나타난다. 디지털화(서버, 데이터센터)는 전력 수요를 늘려 구리와 같은 특정 금속 수요를 증가시킨다. 계절적 주기성으로는 지구 온난화로 인한 기후 변화(작황 변동, 냉난방 수요 변화)를 들 수 있다.

원자재 시장은 장기간에 걸쳐 가격이 상승과 하락을 반복하는 사이클을 가진다. 장기간 가격이 폭발적으로 상승하는 시기를 슈퍼 사이클이라고 부른다. 재고 사이클은 4년 주기, 투자 사이클은

8~10년 주기라고 한다. 주로 경기 순환과 연동되어 나타난다. 경기 침체로 수요가 줄면 가격이 하락하고, 경기가 회복되면 재고가 소진되며 가격이 다시 오르는 현상이 반복된다.

슈퍼 사이클은 짧게는 15~20년, 길게는 30~40년 주기라고 한다. 새로운 메가 트렌드나 대규모 자본 투자가 동반될 때 발생한다. 2000년대 초반, 중국의 급속한 산업화와 도시화로 인해 원자재 수요가 폭발적으로 증가하면서 발생한 슈퍼 사이클이 대표적이다. 최근에 탈탄소화(친환경 전환), 지정학적 리스크, 리쇼어링 등이 새로운 수요와 공급망 변화를 유발하며 새로운 슈퍼 사이클에 진입했다는 주장도 제기되고 있다.

원유(WTI, 브렌트 등)도 대략 10년 주기를 갖고 있다. 지정학적, 글로벌 경기, 달러 가치 등이 영향을 미친다. 1970년대 초반, 세계는 유례없는 에너지 위기를 맞았다. 1973년 10월 6일 중동에서 4차 중동 전쟁이 발발한다. 석유수출국기구(Organization of Petroleum Exporting Countries, OPEC)는 미국과 서방 국가에 대해 원유 금수 조치를 단행했다. 당시 미국은 하루 소비의 30% 이상을 중동에서 수입하고 있었다. 금수 조치로 공급이 급감하고 유가는 순식간에 치솟았다. 원유 가격은 1973년 10월 배럴당 2.90달러 수준에서 1974년 1월에는 11.65달러까지 거의 네 배가 상승했다. 높은 인플레이션이 시작됐다. 고물가로 소비가 위축되고 경기도 부진에 빠지기 시작했다. 이른바 스태그플레이션이라는 높은 물가와 낮은 성장이 나타났다. S&P500은 1973년 1월 고점 대비 1974년 4분기 저점까지 약

48% 정도 하락했다. 높은 인플레이션에 따른 금리 인상과 이로 인한 경기 위축이 주식 시장 하락의 가장 지배적인 원인이었다.

1970년대 석유 파동은 대체 에너지와 탐사 기술에 대한 투자를 촉진했다. 미국을 비롯해 유럽 등은 원유 공급원을 다변화하기 위해 북해와 알래스카, 멕시코만 등 새로운 유전 개발에 속도를 냈다. 그리고 원자력과 천연가스 및 에탄올 혼합 휘발유 같은 대체 자원에 대한 관심을 높였다.

석유 파동은 안정을 찾는 듯하다가 다시 나타났다. 1979년 봄에 유가가 다시 급등했다. 1979년 4월부터 1980년 4월 사이 석유 가격은 두 배 이상 상승했다. 1차 파동을 경험한 만큼 2차 파동 시기에는 투기적 비축 수요가 나타났고 이는 가격 상승을 더욱 부추겼다. 미국과 유럽 중앙은행들은 급격한 인플레이션 억제를 위해 금리를 큰 폭으로 올렸다. 폴 볼커(Paul Volcker) 미 연준 의장은 기준 금리를 20%대까지 올리며 긴축으로 대응했고 경기는 침체로 진행됐다.

한편 1980년대 초반부터 북해와 알래스카 유전에서 생산이 늘어나기 시작했다. 에너지 효율 개선 기술이 확산되고 시장에는 중동외 지역에서 석유 공급이 쏟아졌다. 결과적으로 보면 1980년 중반 이후 실질 유가는 20년 이상 하락하는 긴 하락 추세를 보였다. 공급 쇼크, 가격 급등, 대체 기술 발전, 신규 탐사 증가, 공급 확대, 가격 하락이라는 패턴은 이후 원자재 시장에서 반복적으로 나타났다.

1990년에는 걸프 전쟁의 전운으로 잠시 유가가 뛰었지만, 공급

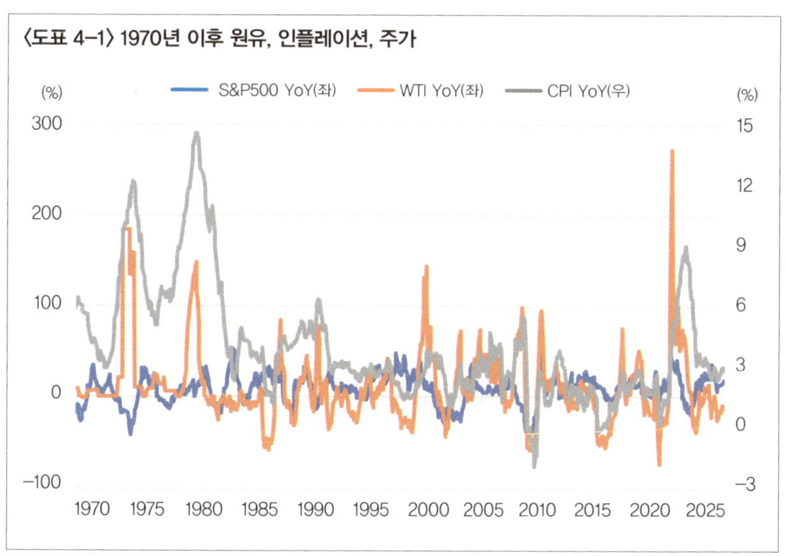

망이 빠르게 회복되면서 가격은 다시 안정되었다. 1990년대 후반에는 아시아 금융 위기가 터지며 석유 수요가 감소했고, 1998년에는 유가가 배럴당 10달러 아래로 떨어지는 등 하락세가 지속되었다.

21세기에 들어서면서 상황은 바뀌었다. 중국, 인도, 브라질 등 브릭스(Brazil, Russia, India, China, Republic of South Africa, BRICS) 국가들의 산업화와 도시화가 빠르게 진행되면서 원자재에 대한 수요가 폭발적으로 증가했다. 특히 중국은 세계 철강 생산량의 절반 이상을 차지하며 철광석과 구리, 석탄 수입을 크게 늘렸다. 이로 인해 석유, 천연가스, 금속, 농산물 가격이 2000년대 초반부터 지속적으로 상승했다. 이를 '원자재 슈퍼 사이클'이라고 부르기도 했다. 2000년대 원자재 붐은 신흥국의 빠른 경제 성장과 원자재의 장기적인 공급 부족에 기인한다. 원자재 가격 상승은 원자재 관련 주가를 끌어올렸다. 에너지 기업과 광산업체의 이익이 급증했고, 캐나다와 호주 같은 자원 부국 주식 시장도 강세를 보였다. 2005년부터 2007년 사이 일부 석유 메이저의 주가는 두 배 이상 상승했다.

원자재 슈퍼 사이클은 2008년 금융 위기로 수요가 급감하면서 마무리되었다. 2000년대 원자재 사이클은 공급이 아닌 수요가 만들어낸 사이클 사례다. 이는 1970년 공급 문제로 발생했던 석유 파동과는 다른 측면의 원자재 상승이다.

2010년대는 공급과 대체 기술 그리고 수요 안정으로 인해 원자재 가격이 전반적으로 안정된 시기였다. 공급 측면에서 미국과 캐나다의 셰일 오일 생산이 크게 증가했다. 미국은 세계 1위 원유 수출국으로 성장하게 된다.

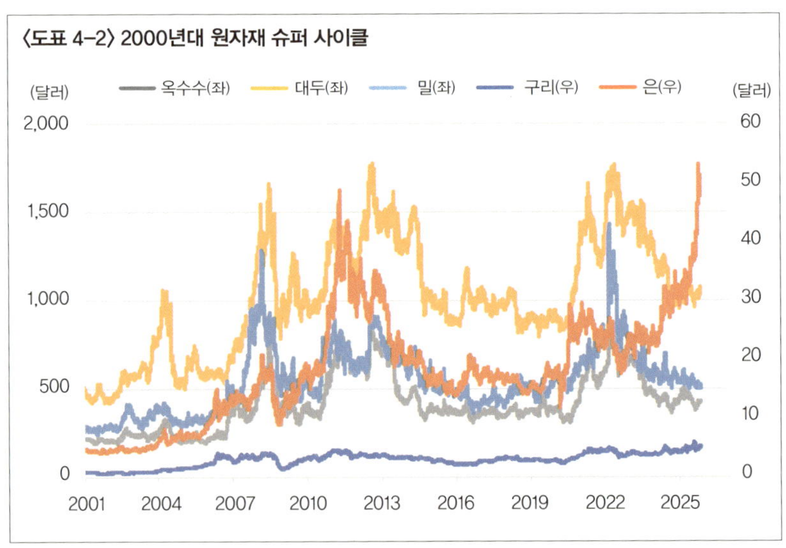

공급은 증가하고 수요는 안정되었다. 국제 유가는 2012년 배럴당 125달러 수준에서 2016년 1월에는 30달러 아래로 하락했다. 에너지 기업의 수익성이 악화되면서 주가가 급락하고, 러시아 루블과 베네수엘라 볼리바르(bolivar) 등 산유국 통화 가치가 크게 하락했다. 저유가로 인해 러시아 금융 시장이 혼란을 겪고, 베네수엘라가 외환 보유고 감소로 신용 등급이 하락했다.

주식 시장에서는 미국 에너지 섹터 주식이 2014~2015년에 20~30% 이상 하락했다. 하지만 저유가 덕분에 항공·운송업과 소비재 기업의 이익은 개선되었다.

금은 5,000년 동안 인류의 가치 저장 수단이었다. 달러와 함께 움직이면서도 위기 때는 언제나 피난처가 된다. 금은 원자재이기도 하고 금융 상품이기도 하다. 생산 증가에 한계가 있고, 안전 자산 성격이 강해 주로 글로벌 불확실성과 통화 가치 변화에 의해 가격이 움직인다. 최근에는 중앙은행들의 대규모 매입과 지정학적 불확실성(미·중 갈등) 심화로 인해 새로운 장기 강세 사이클에 진입했다는 분석이 지배적이다.

우리가 판단한 금 사이클 주기는 10년 내외다. 1960년대 금본위제(통화 가치를 순금의 중량에 연계하는 화폐 제도) 이후 금값은 약 10~12년 주기로 상승과 하락을 반복해왔다. 1970년 초에서 1980년까지 대략 10년 동안 가격이 올랐다. 달러-금태환 정지(닉슨 쇼크)와 오일 쇼크로 인한 극심한 인플레이션이 주된 요인이었다. 1980년 이후 2000년 초반까지 대략 20년간은 약세 국면이었다. 인플레이션 진정 및 고금리 유지로 금의 매력이 하락했다.

2001년에서 2011년까지 약 10년간 상승했다. 닷컴 버블 붕괴, 9·11 테러, 글로벌 금융 위기 등 금융 시장의 불확실성이 주기적으로 나타났기 때문이다. 각국 중앙은행들의 금 보유 정책도 한몫했다. 그리고 2011년에서 2018년까지 대략 7년 정도 약세였다. 글로벌 경기 회복과 달러 강세가 맞물렸다. 2020년 코로나 이후 현재까지 상승 기조가 유지되고 있다. 2025년에도 계속해서 금 사상 최고가를 경신하고 있다. 코로나19 팬데믹, 저금리, 지정학적 리스크 등으로 금 보유 심리가 상존하기 때문이다. 금은 여전히 가장 저평가된 안전 자산으로 평가된다.

2008년, 2011년, 2020년 등 위기 시 금 가격은 상승했다. 각국 중앙은행의 순매수는 기축통화 불안과 제재 대응 등으로 해석된다. 금 ETF의 순유입도 금 가격 상승의 주요한 요인이 되고 있다.

최근 눈에 띄는 것은 미국 달러와 금의 상반된 궤적이다. 2025년 달러는 보기드문 약세를 기록한 반면, 금은 1980년 이후 가장 강력한 상승세를 나타낸다. 달러가 유일한 안전 자산이라는 인식이 흔들리기 시작했다. 1971년 달러와의 금태환이 종료된 이후 실질 가치가 열 배 가까이 상승했다. 미국 주가 지수보다 장기 투자 성과는 더 높다.

천연가스는 계절성이 강한 단기 사이클을 보인다. 난방 수요 등이 영향을 미치고 지정학적 이슈(러·우 전쟁)나 LNG 터미널과 같은 인프라 투자에 따라 공급망이 재편되기도 한다. 천연가스 가격은

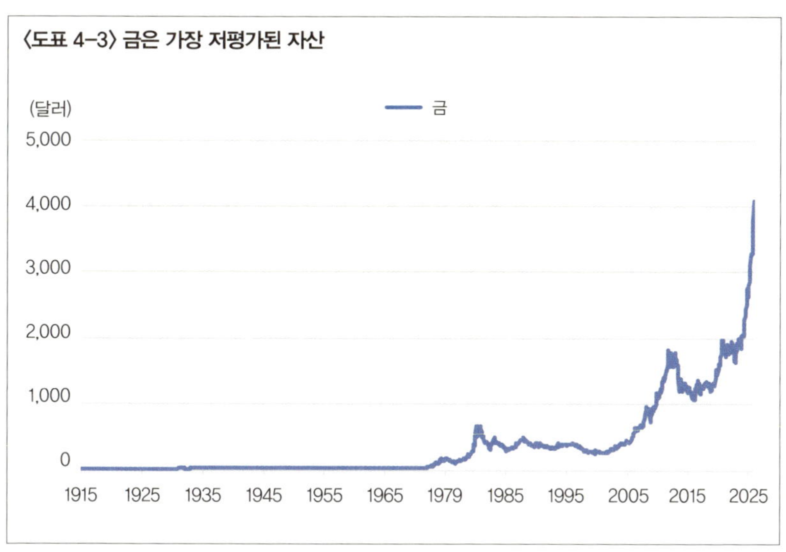

변동성이 커서 일부 투자자들의 금융 투자 수단이기도 하다.

철광석은 경기 순환이 지배적인 주기를 보인다. 주로 건설, 인프라 투자 및 철강 생산량에 따라 수요가 결정된다. 중국의 부동산 경기 침체와 같은 대형 수요처의 변화에 민감하다.

산업용 금속, 특히 구리는 경기에 대한 선행 지표 역할을 한다고 해서 닥터 코퍼(Dr. Copper)라고도 불린다. 광산 개발에 막대한 자본과 시간이 소요되므로, 수요 폭증 시 공급 부족이 장기간 지속된다. 2005년에서 2008년까지는 중국의 고성장과 인프라 투자로 상승하고, 2015년 이후 중국 성장세의 둔화로 상승세가 제한되고, 2020년 코로나로 다시 하락했다. 2000년대 중반 중국의 산업화로 생긴 장기간 상승 사이클이 최근의 AI 데이터센터, 전기차, 친환경 분위기로 다시 만들어지고 있다는 분석이 나오기도 한다.

니켈, 리튬의 주기는 대략 5~10년으로 볼 수 있다. 주로 배터리 소재로 사용되어 전기차 시장 성장 속도에 직접적인 영향을 받는다. 2018년에서 2023년까지 매우 빠르게 상승했다. 광산 개발과 가공을 늘리기에는 수요가 너무 빠르게 늘어났기 때문이다.

귀금속(은, 백금, 팔라듐 등)은 금 가격과 연동되어 있다. 그래서 금 가격과 은 가격의 차이를 이용해 차익을 올리려는 투자자(헤지 펀드)들도 있다. 산업용 수요(태양광 패널, 전기차, 촉매, 반도체 공정)와 인플레이션 방어 수단으로 금과 함께 안전 자산으로 움직이나, 산업재로서의 성격도 강해 경기 회복 시 산업용 수요 기대로 금보다 더 높은 상승률을 보이기도 한다.

농산물은 수요보다는 공급 문제가 사이클을 만든다. 밀, 코코아, 커피 등은 기후 변화(가뭄, 홍수 등은 생산량과 직결)와 지정학적 리스크[주요 곡창 지대(러시아, 우크라이나 등)의 공급망 문제]가 변수다. 기후 변화 심화로 변동성이 커지는 추세다. 2010~2011년 세계 식량 위기 때 밀 가격은 폭등했다. 2022년 러시아·우크라이나 전쟁 때도 흑해 수출 길이 막히며 밀 가격이 다시 급등했다. 최근 몇 년간(2023~2025년) 코코아 가격은 역대 최고 수준으로 상승했다. 서아프리카 폭우로 생산이 급감하면서 가격은 3년 만에 3배 이상 뛰었다.

돼지고기 등은 주로 질병과 사료 가격에 영향을 받는다. 중국의 돼지고기 가격이 주식 투자 전략가들에게 매우 중요했던 시기는 2007년, 2008년이었다. 중국의 물가 상승의 주요인이 돼지고기 가격이었기 때문이다. 2018년에서 2019년에도 중국의 아프리카돼지열

병으로 돼지 도축량이 급감했고 글로벌 돼지고기 가격이 급등했다.

원자재 투자는 위험한 만큼 큰돈을 벌 수 있다. 물론 용기가 필요하다. 2020년 코로나19 때 마이너스 국제 유가에 투자할 수 있는 사람이 얼마나 있었겠는가. 50년 넘게 반복된 원자재 사이클에서 우리는 몇 가지 중요한 교훈을 얻을 수 있다.

첫째, 원자재 가격은 단기적으로는 공급 충격이나 정치적 사건에 따라 크게 변동하지만, 장기적으로는 기술 혁신과 수요 구조 변화에 의해 결정된다. 둘째, 가격 상승은 항상 대체 기술과 공급 확대를 촉발하며, 그 결과 가격은 다시 하락하는 경향이 있다. 셋째, 주식 시장에서 이러한 사이클은 에너지, 자원 섹터의 변동성과 수익률에 직접적인 영향을 미친다.

금융 시장에서 시장의 단기 움직임과 장기 사이클을 구분해야 한다. 원자재는 단기적으로 투기적 자금의 유입과 이슈 뉴스에 민감하지만, 더 큰 그림은 인구 구조, 기술 혁신, 정책 변화로 형성된다.

핵심 포인트 정리

정치와 투자

▸ 미국 대선 주기(4년, 8년)는 주식 시장 사이클과 밀접한 관계가 있다.

▸ 미국 패권주의가 주식 시장을 지배하고 있다.

개인의 힘

▸ 기업 지배 구조 이슈는 향후 수년간 한국 주식 시장의 먹거리다.

▸ 돈이 많은 것은 이제 기관이 아니라 개인이다.

▸ 절세는 향후 수십 년간 투자의 원칙이 된다.

부동산 투자의 핵심

▸ 부동산 시장의 과열과 침체는 단일 지표나 인구 통계만으로는 설명할 수 없다.

▸ 2026년 대한민국 부동산 시장은 역대급 공급부족이라는 확정된 변수로 인해 양극화가 심해질 것이다.

▸ 전세/매매 비율과 전월세 전환율 추이를 살펴보라.

위기에 투자하라

▸ 금은 가장 저평가된 자산이다.

▸ 재난 뉴스에 예민하면 돈 벌 기회가 생긴다. 기후 변화는 농산물, 원자재의 가격 변동을 가져올 주요 요인이 된다.

4장

재난과 위기의 역사로 보는 사이클

기술은 진보하고 금융의 역사는 반복된다

1

지난 50년간의 자연재해,
질병 그리고 주식 시장

재난은 비극이다. 주식 투자자가 재난의 역사를 통해 얻는 교훈은 인류의 회복력이다. 주식 투자자가 가져야 할 것은 본능을 거스를 수 있는 용기다. 현재의 위기나 두려움보다 해결책과 기회에 집중해야 하는 것이다.

역사는 위기와 함께 움직인다. 위기는 기술의 진보를 불러오고, 기술은 다시 위기를 극복하는 힘이 된다. 인류의 기술 발전은 눈부실 정도다. 산업혁명과 함께 진행된 기술 발전이 이룬 생산성 증가는 이전 몇 천년간 인류가 이룬 것보다 몇 배의 성장을 만들어냈다. IT 혁명을 만들어낸 반도체 기술 발전은 이후로 AI 발전을 이뤄내고 있다. AI 발전은 다시 반도체 기술을 한 단계 더 이끌어낼 것이다. 기술 진보는 질병 예방과 치료, 재난 대응에서도 크게 발전했다.

그러나 금융의 역사는 기술의 진보와는 조금 다르다. 위기는 형태

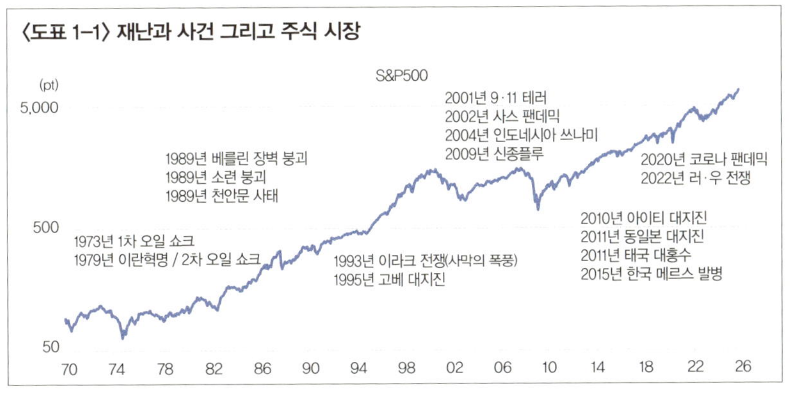

만 달리하며 반복적으로 나타났다. 1970년대 오일 쇼크, 1997년 아시아 외환 위기, 2008년 글로벌 금융 위기, 2020년 코로나19 팬데믹은 모두 서로 다른 원인에서 촉발되었지만, 공통적으로 과잉 레버리지, 신뢰 붕괴, 패닉 매도라는 메커니즘으로 작동했다.

자연재해는 그것이 규모가 작든 크든 언제든 발생한다. 언제든 발생한다는 것은 그만큼 시기를 예측하기가 어렵다는 의미다. 주식 시장에서 발생하는 위기도 자연재해와 비슷한 측면이 있다.

일반적으로 자연재해가 발생하면 투자자들은 먼저 피해 규모와 경제적 파급 효과를 가늠하려 한다. 전력망이 끊기고 교통이 마비되며 공장이 문을 닫는 등의 비상 상황이 발생하지만, 자연재해 자체가 금융 시스템의 구조를 흔드는 경우는 많지 않다. 시장은 재난이 발생한 지역과 산업에 국한되는지, 피해가 국가 전체의 수요와 공급을 붕괴시킬 정도인지, 그리고 정부와 중앙은행이 얼마나 신속하게 대응하는지에 따라 반응한다.

1987년 10월 19일 월요일, 미국 증시는 역사상 일간으로 가장 크게 하락한 '블랙 먼데이'를 경험한다. 다우존스 지수는 단 하루 만에 22.6% 떨어지는 기록적 낙폭을 기록했다. 당시 주식 시장은 이미 고평가 논란이 있는 상태로 연준 금리 상승에 대한 우려로 불안정한 상태였다. 여기에 프로그램 매매 시스템의 결함이 겹치면서 주식 시장은 큰 충격을 받았다.

재난과의 연결 고리는 약하지만 재난이 심리적 불안감으로 연결되었을 가능성이 있다는 주장도 있다. 블랙 먼데이 발생 직전 유럽에서 '대폭풍(great storm)'이라 불린 초강력 폭풍이 발생했다. 도로와 철도, 전력 및 통신망을 마비되고 크레인 및 철도 선로가 파괴되고 도로가 침수되었다. 일반 시민들의 일상은 물론 경제 활동도 일시적으로 마비되었다.

1995년 1월 17일 일본 간사이 지방에서 리히터 규모 7.3의 강진이 발생했다. 고베 대지진으로 기억되는 재난으로 6,400명 이상의 사망자를 낸 대규모 지진이었다. 피해 규모는 무려 1,000억 달러에 달했으며, 일본 경제는 물류와 제조업의 마비로 큰 타격을 받았다. 당시 일본은 1980년대 말 자산 버블 붕괴 이후 장기 침체에 접어든 상태였다. 정부도 막대한 재정 적자를 안고 있었다. 이런 상황에서 경제 재건은 일본 정부에 상당한 부담이 되었다. 1995년 1분기 말에는 니케이 지수가 지진 이전보다 16% 이상 떨어졌다.

시장이 하락한 이후 복구 수요와 정책 대응으로 시장은 반등하기 시작했다. 일본 정부는 긴급 재정 지출과 경기 부양책을 발표했다. 일본은행은 기업에 대한 특별 대출을 확대하고 기준 금리를 인하

해 시장에 유동성을 공급했다. 연말에는 주식 시장이 지진 이전 수준을 거의 회복했다.

2004년 12월 26일 인도네시아 수마트라 섬 북쪽 해역에서 리히터 규모 9.1의 초대형 해저 지진이 발생했다. 인도양 전역에 초대형 쓰나미가 밀려왔다. 20만 명 이상의 사망자가 발생했다. 재난 규모 측면에서 역대급이었지만 주식 시장엔 큰 충격이 없었다. 당시 시장은 2003년 이라크 전쟁 이후 시작된 강세 국면에 있었고, 쓰나미 피해 지역이 글로벌 경제 그리고 제조업에 타격을 줄 만한 곳이 아니었다.

허리케인 카트리나(katrina)는 2005년 8월 루이지애나주와 미시시피주를 강타했다. 뉴올리언스는 해일과 홍수로 도시의 80% 이상이 잠기면서 사실상 기능을 잃었다. 경제적 피해는 1,250억 달러 이상으로 추정되며, 많은 주민이 집과 일자리를 잃었다. 연방 정부와 주 정부는 재해 지역을 재건하기 위해 막대한 예산을 투입했다. 하지만 주식 시장은 크게 요동치지는 않았다. 미국 경제가 허리케인으로 인한 지역적 피해를 흡수할 만큼 충분히 크고 주요 기업의 실적과 전체 경제 지표가 탄탄했기 때문에 주식 시장에 대한 영향은 미미했다. 다만 카트리나는 유가 불안을 만들었다. 텍사스가 정유 시설이 많은 지역이고 허리케인이 주로 멕시코만에서 발생하는데 해당 지역이 석유 생산이 많기 때문이다.

2011년 3월 11일 일본 도호쿠 지방 앞바다에서 리히터 규모 9.1의 강진이 발생했고, 역대 최대 규모에 가까운 쓰나미가 이어졌다. 심각했던 것은 후쿠시마 제1원자력발전소의 냉각 기능이 마비되면서 방사능이 외부로 유출된 점이었다. 전 세계가 원자력 발전의 안전성에 의문을 제기했고 과거 체르노빌 원전의 불안을 떠올리게 했다. 후쿠시마 원전 사태 이후 유럽은 독일을 중심으로 원자력 발전을 중단하고 태양광과 풍력 같은 신재생 에너지 산업으로 전환하는 정책을 대대적으로 추진했다. 한국도 원자력 발전과 관련된 투자가 전면 중단되었다.

자동차와 전자 산업의 공급망이 붕괴했고, 공장과 물류 창고가 피해를 입어 글로벌 공급 체인이 흔들렸다. 도쿄 주식 시장은 사건 이후 이틀 동안 10.6%나 하락했다. 그러나 일본 정부와 일본은행은 재난 발생 직후부터 공격적으로 대응했다. 일본은행은 대규모 유동성을 공급해 금융 시스템의 경색을 방지했다.

2011년 가을, 태국은 기록적인 홍수에 휩싸였다. 10월 들어 방콕 북부와 중부 산업 지대가 끝없이 불어난 물에 잠기면서 도시와 공장이 동시에 멈춰 섰다. 이 지역에는 일본계 자동차와 전자 부품 공장이 밀집해 있었다. 또한 세계 하드디스크 생산 1위와 2위 기업인 웨스턴 디지털(Western Digital)과 씨게이트 테크놀로지(Seagate Technology) 공장이 물에 잠겼다. 여기에서 세계 하드디스크 생산의 40%를 담당하고 있었다. 컴퓨터 및 자동차 부품 가격이 단기간에 치솟았고 관련된 세계 생산 라인이 흔들렸다.

태국 정부가 대규모 복구 예산을 쏟아붓고, 일본 기업들이 생산 기지를 복원하면서, 2012년 초 태국 증시는 놀랄 만큼 빠르게 회복세를 보였다. 외국인 투자자들은 '재해 이후의 재건 경기'에 주목하며 다시금 태국으로 자금을 밀어 넣었다. 급락과 반등, 위기와 기회가 교차하는 과정에서 주식 시장은 급락과 반등의 전형적인 사이클 모습을 다시 한번 확인시켜줬다.

중증급성호흡기증후군으로 알려진 사스는 2002년 말 중국 광둥성에서 처음 발생해 곧바로 홍콩과 동남아시아로 퍼져나갔다. 당시 세계보건기구(World Health Organization, WHO)는 2003년 3월 중순 긴급 경보를 발령했다. 중국과 홍콩 당국은 병원과 호텔을 봉쇄하며 감염자 격리에 나섰다. 최종적으로 30여 개국의 8,098명이 사스에 감염되어 774명이 목숨을 잃었다.

경제적인 측면에서 사스의 충격은 주로 아시아 관광과 항공 업계에 집중됐다. 홍콩과 싱가포르, 베트남 등 여행객이 급감하면서 호텔과 항공사 수익이 큰 타격을 받았다. 홍콩 항셍 지수는 2003년 4월 25일 8,409포인트까지 떨어졌다. 중국 본토 소비 지표도 단기적으로 위축되었다. 그러나 국지적 확산과 빠른 방역 조치 덕분에 주식 시장도 2003년 하반기부터 강세장으로 전환해 사스 발생 이전 수준을 넘어섰다. 사스 영향은 주식 시장 내에서도 지엽적이었다. 보건 의료와 관련된 테마주 중심으로 반응이 컸다.

2009년 봄, 멕시코와 미국에서 신종인플루엔자A(H1N1, 신종플루)가 인간에게 전염되며 새로운 팬데믹 우려가 커졌다. H1N1 바이러스는 빠르게 전 세계로 퍼졌지만 치사율은 상대적으로 낮았다. 2009년 한 해 동안 S&P500 지수는 23.5% 상승했다. 전염병은 기본적으로 치사율이 낮거나 치료제가 있거나 백신이 있으면 크게 문제가 되진 않는다.

2014년 서아프리카에 이전보다 규모가 훨씬 큰 에볼라 바이러스(ebola virus) 감염이 발생했다. 에볼라 바이러스는 치사율이 50%를 넘는 매우 위험한 병원체였고 의료 인프라가 취약한 지역에서 급격히 확산되었다. WHO는 2014년 8월 8일 이 사태를 국제적 공중 보건 비상 사태(Public Health Emergency of International Concern, PHEIC)로 선언했다. 최종적으로 2만 8,600명 이상이 감염되고 1만 1,325명이 사망한 것으로 보고되었다. 이처럼 치사율이 높은 전염병이었지만 에볼라의 확산은 주로 서아프리카 지역에 국한되었다. 이로 인해 글로벌 경제와 금융 시장에는 큰 파장이 없었다.

2019년 12월 중국 후베이성 우한에서 정체 불명의 폐렴 환자들이 발생했다. 이 폐렴은 곧 코로나 바이러스의 일종임이 밝혀졌고 사람 간 전염이 가능하다는 사실이 알려졌다. 2020년 1월 30일 WHO는 이 사태를 국제적 공중 보건 비상 사태로 선포했다. 3월 11일에는 전 세계에 팬데믹을 선언했다. 바이러스는 단기간에 전 세계로 확산되며 각국 정부는 이동 제한과 봉쇄 조치를 단행했다. 마스크 착용과 사회적 거리 두기가 일상화되고 여행과 대면 비즈니스가 거의 사라졌다.

경제는 심각한 침체에 직면했다. 항공과 관광, 소매업 등 서비스업이 크게 위축되었다. 제조업 공급망도 차단되었다. 대면 서비스가 제한되면서 실업률이 급등했다. 기업들은 현금 확보를 위해 자산을 매각하기 시작했다. 금융 시장도 공포로 폭락했다. 미국 S&P500 지수는 2020년 2월 19일 사상 최고치에서 한 달 후 34% 하락했다. 유럽과 아시아 증시도 유사한 낙폭을 기록하며 전 세계적으로 자산 가격이 급락했다.

대응이 시작되면서 금융 시장은 안정을 찾아가기 시작했다. 패닉이 극에 달했던 3월 23일, 미국 연준은 회사채 매입 기구 설립과 무제한 양적 완화 등 유례없는 정책을 발표했다. 금리를 0%에 가깝게 낮추는 동시에 국채와 모기지 채권 매입 한도를 무제한으로 설정한 것이다. 2021년에 접어들자 백신이 개발되어 배포되면서 봉쇄로 제한되었던 경제가 다시 활동 가능하다는 기대감이 더해져 주요 지수는 사상 최고치를 연이어 경신했다.

코로나19 팬데믹은 전염병이 글로벌 공급망과 금융 시스템을 동시에 파괴할 수 있다는 사실을 일깨워줬다. 또한 신속하고 강력한 정책 대응이 얼마나 빠른 회복을 이끌어낼 수 있는지 보여줬다.

자연재해와 전염병이 발생할 때 인간 사회는 불안과 공포에 빠지기 쉽다. 하지만 금융 시장의 역사는 이러한 공포가 항상 끝없는 폭락으로 이어지진 않는다는 것을 보여준다. 사건의 발생에서 회복까지 일정한 순서를 반복하는 사이클이 존재한다. 자연재해와 전염병의 역사를 돌아보면 몇 가지 분명한 교훈이 보인다.

첫째, 자연재해는 사회와 경제에 큰 상흔을 남기지만, 금융 시장에서는 대체로 단기적 충격에 그친다. 피해가 광범위해도 국가 전체의 생산과 소비의 근간이 무너지지 않는다면 시장은 빠르게 회복한다.

투자자들은 지역적 사건과 시스템 리스크를 구분해 인식한다.

둘째, 전염병의 영향은 확산 범위와 치사율 그리고 정보의 투명성에 달려 있다. 사스와 신종플루, 에볼라는 국지적으로 제한되었기에 시장 충격이 일시적이었다. 반면 코로나19는 전 세계로 확산돼 금융 시스템과 공급망을 동시에 타격했고, 이에 따라 시장은 금융 위기급 폭락을 겪었다.

셋째, 정책 대응의 규모와 속도는 시장 회복의 결정적 변수다. 고베 지진과 동일본 대지진에서 정부의 재정 투입과 중앙은행의 유동성 공급은 시장 안정을 이끌었다. 코로나19 팬데믹에서는 미국 연준의 무제한 양적 완화와 대규모 재정 지출이 불과 몇 달 만에 시장을 바닥에서 끌어올렸다.

마지막으로, 위기는 동시에 기회의 시기라는 점이다. 충격이 극대화되는 순간 공포를 이겨내고 우량 자산을 매수한 투자자는 회복 단계에서 큰 성과를 얻을 수 있다. 역사적으로도, 위기 후 12~24개월은 평균적으로 높은 수익률을 제공하는 구간이었다.

2

국제 금융 위기 쇼크:
반복되는 위기와 기회

금융 위기(은행 위기, 외환 위기, 부채 위기)는 꽤 자주 발생한다. 그때마다 늘 새로운 두려움이 생긴다. 현자가 말했다. 기회란 뒤돌아볼 때의 표현이고, 그 시점에서는 위기로 보인다. 우리는 얼마나 여러 번 기회를 놓치고 후회를 했는가?

1970년 이후 2019년까지 금융 위기 통계는 다음과 같다. 은행 위기(systemic banking crisis)가 약 151건 발생했다. 외환 위기(currency crisis)는 414건, 부채 위기(sovereign debt crisis)는 200건 발생했고, 두 가지가 복합된 경우가 75건, 세 가지가 모두 나타난 경우는 21건이다.[17]

국제 금융 위기 쇼크는 반복된다. 반복되는 위기와 기회에는 기술 진보도 함께한다. 위기 이후에 새로운 산업이 태동하는 경우다. 위기는 단순한 파괴가 아니라 구조적 개혁과 기술 수요를 촉발하는 촉매제 역할을 하기도 한다. 자원 부족으로 공급 문제가 발생하고 필수적인 원자재 가격이 급등하면 공급을 늘리기 위한 기술이 발전한다. 또한 다른 위기로 금융 불안정이 발생해 기존 시스템의 취약점을 드러내면 이를 해결하기 위한 정책과 방법이 등장하게 된다.

1970년대 오일 쇼크처럼 에너지 위기는 신재생 에너지 연구를 촉진했으며, 오늘날의 지속 가능한 에너지 시스템 개발의 기반이 되었다. 이러한 과정에서 자본 유동성도 중요한 역할을 한다. 위기 후 저금리나 양적 완화 정책은 투자 자금을 기술 분야로 유입시킨다. 금융 자본이 투입되면서 신기술은 확산 경로를 밟게 된다. 2008년 금융 위기 이후 IT 산업이 폭발적으로 성장한 것도 이러한 자본 흐름 영향이 크다.

위기는 기존 질서를 무너뜨리면서 새로운 산업을 탄생시킨다. 1970년대부터 현재까지의 주요 위기를 통해 이 순환을 살펴보자. 1970년대부터 1990년대는 자원과 외환 위기가 잇따라 발생하며, 글로벌 경제의 기반이 재편된 시기였다. 석유 의존 경제의 붕괴와 환율 불안정은 새로운 에너지 기술과 정보통신 산업의 부상을 촉진했다.

앞서 원자재 사이클에서 언급한 것처럼 1970년대는 석유 의존 경제가 초래한 충격으로 시작되었다. 1973년 아랍·이스라엘 전쟁으로 인해 OPEC이 서방 국가에 석유 수출을 금지하면서, 글로벌 에너지 가격이 급등했다. 오일 쇼크로 발생한 에너지 위기는 가계,

기업, 정부 등 경제 활동 주체들의 일상을 크게 바꿔놓았다.

오일 쇼크는 에너지 기술의 혁신을 촉발했다. 정부와 기업은 석유 대안을 찾기 위해 원자력과 신재생 에너지 연구에 막대한 투자를 했다. 미국은 에너지부를 신설해 태양광과 풍력 에너지 개발을 지원했다. 오늘날 그린 에너지 산업의 기초가 된 것이다. 유럽 국가들도 유사하게 원자력 발전소를 확대했고, 에너지 효율 기술이 개발되었다. 오일 쇼크는 파괴적이었지만, 에너지 기술의 창조적 파괴를 통해 산업 전환의 서막을 열었다.

1971년 닉슨 미국 대통령은 달러의 금태환을 중단하는 '닉슨 쇼크'를 발표했다. 이는 브레튼 우즈 체제(bretton woods system)의 붕괴(달러를 금으로 바꿔줄 수 없다는 것)를 의미하며, 고정 환율제에서 변동 환율제로의 전환을 가져왔다. 배경에는 미국의 무역 적자와 인플레이션이 있었으며, 달러 가치 하락이 글로벌 경제 불안을 키웠다. 미국이 약속한 것보다 더 많은 달러를 찍어냈기 때문이다. 이 쇼크는 일본과 유럽 경제에 충격을 주었고, 환율 변동성이 증가해 무역과 금융이 불안정해졌다.

국제 금융 시장에서 변동성이 높아지면서 이를 완화시키기 위한 기술이 발전했다. 금융공학과 파생 상품 발전의 토대가 마련되었다. 변동 환율제 도입으로 환율 위험 헤지(hedge)를 하기 위한 새로운 금융 도구가 필요해졌고, 옵션과 선물 같은 파생 상품이 등장했다. 이를 기반으로 글로벌 무역, 금융 인프라가 확장됐다. 컴퓨터 기술과 결합해 금융 시장의 디지털화가 촉진되었다. 시카고 상품

거래소에서 환율 선물이 거래되기 시작했고 금융 산업이 더 복잡하고 효율적으로 진화했다. 닉슨 쇼크는 단기적 혼란을 초래했지만 장기적으로 금융 혁신의 기반을 다졌다.

1997년 아시아 외환 위기는 태국에서 시작되어 한국, 인도네시아 등으로 확산되었다. 단기 외채 과다와 환율 고정제의 취약점이 드러났다. 외환 보유고가 고갈되고 주식 시장이 폭락했다. 한국의 경우 이른바 재벌 기업들의 과도한 차입이 문제였으며 IMF가 개입하고 구조 조정으로 이어졌다. 이 과정에서 대량 실업과 기업 파산이 있었지만 외자 유입이 증가하며 경제 재건의 기회가 되었다.

또한 외환 위기를 지나면서 정보통신 인프라가 확장되고 발전했다. IMF 구조 조정으로 금융 개혁이 이뤄지면서 자본도 IT 분야로 유입되었다. 한국은 반도체와 통신 산업에 집중 투자했고 삼성전자, SK하이닉스 같은 기업이 글로벌 리더로 성장했다. 인터넷 보급이 급속히 확대되었고, 1990년대 후반 한국의 IT 산업은 아시아 위기 속에서 오히려 도약했다. 위기가 산업 구조를 재편하는 전형적인 사례였다.

2000년대는 레버리지 과다와 버블 붕괴가 잇따라 발생한 시기였다. 닷컴 버블과 글로벌 금융 위기, 유럽 재정 위기는 금융 시스템의 취약점을 노출했다. 인터넷 기반 경제 위에서 핀테크 성장을 발전시켰다. 2000년 인터넷 붐은 이른바 닷컴 버블 붕괴로 이어졌다. 과잉 투자와 비현실적 기대가 원인으로, 나스닥 지수는 78% 하락하며 수많은 스타트업이 파산했다. 버블 붕괴 과정에서 벤처 캐피

털이 파산하고 IT 산업이 큰 충격을 받았다.

버블은 붕괴했지만 인터넷 기반 인프라의 저변은 확대되었다. 생존한 기업들, 예를 들어 구글과 아마존은 검색과 e-커머스 분야에서 성장했다. 구글은 검색 엔진을 통해 정보 접근성을 높였고, 아마존은 아마존웹서비스(Amazon Web Services, AWS, 클라우드 컴퓨팅 사업)를 통해 디지털 경제의 기반이 되었다. 닷컴 버블은 파괴적이었지만 인터넷의 대중화를 촉진했다.

2008년 금융 위기는 서브프라임 모기지 대출의 붕괴로 시작되었다. CDO(Collateralized Debt Obligation, 여러 개의 대출을 하나로 묶어놓은 투자 상품)와 MBS(Mortgage-Backed Securities, 주택 담보 대출들을 묶어놓은 금융 상품) 같은 금융공학 상품의 남용이 시스템 붕괴를 초래했다. 리먼 브라더스 파산으로 글로벌 신용 경색이 발생했고, 주식 시장이 폭락하고 실업률은 치솟았다.

이에 대한 대응으로 초저금리와 양적 완화가 시행되었다. 전통 은행에 대한 신뢰가 상실된 반면 페이팔이나 스퀘어 같은 핀테크 기업이 부상했다. 모바일 앱을 통한 금융 서비스가 보편화되었고, 블록체인 기술이 등장해 디지털 금융의 새 시대를 열었다. 금융 산업이 디지털화하는 전환점이 되었다.

2011년 유럽 재정 위기는 그리스의 부채 위기로 촉발되어 유로존 전체로 확산되었다. 과도한 재정 적자와 은행 부실이 문제였으며, 구제 금융과 긴축 정책이 시행되었다. 이 위기는 유로화의 안정성을 위협하며, 유럽 경제를 침체에 빠뜨렸다. 재정 위기 속에서 디지털 전환이 가속되었다. 유로존 국가들은 에너지와 IT 인프라 투자 강화로 대응했다.

2020년대는 코로나 팬데믹과 인플레이션이 주를 이루는 시기다. 이 위기들은 디지털과 바이오 기술을 중심으로 새로운 기회를 창출했다. 공급망 붕괴와 에너지 가격 급등은 신재생 에너지와 AI 산업의 성장을 촉진하고 있다.

2020년 코로나19 팬데믹은 글로벌 봉쇄를 초래하며 경제 활동을 중단시켰다. 비대면 생활이 필수가 되면서 디지털 대전환을 가져왔다. 원격 근무와 클라우드 서비스가 폭발적으로 증가했다. 백신 개발이 바이오테크 산업을 혁신했다. mRNA 기술을 활용한 백신은 신속한 개발로 팬데믹 대응의 모델이 되었다. 코로나로 인해 기후 변화에 대한 인식이 확산되면서 신재생 에너지, 전기차, 배터리 투자가 확대되었다. 공급망 위기로 인해 미국과 유럽은 전기차 배터리 제조에 수백억 달러를 투자했다. 신재생 에너지 전환도 가속화되었다.

코로나 팬데믹은 기술 발전의 전환기를 만들었다. 비대면이 확대되는 과정에서 데이터 활용이 증가했고 데이터센터 수요가 증가했다. 그리고 AI 등장은 새로운 성장 동력으로 떠올랐다. AI 수요 증가로 데이터센터 에너지 소비가 폭증했다. 이는 가장 중요한 하드웨어인 반도체 혁신을 촉진하고 있다. HBM의 등장도 그중의 하나다. 친환경 에너지로의 전환은 지속 가능한 금융과 연결되어 재생에너지에 대한 투자 확대를 이끌고 있다.

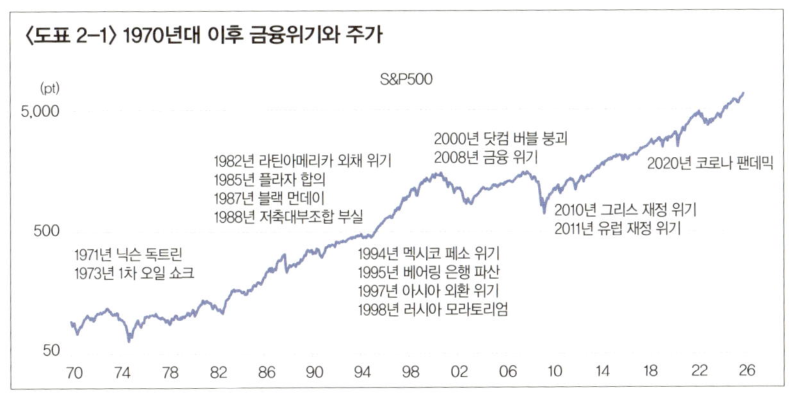

코로나 팬데믹 이후 기술 발전 그리고 성장과 주식 시장 상승은 1920년대와 닮아 있다. 스페인 독감이라는 팬데믹 발생 이후 잠시 경기 침체가 있었으나 미국은 이후 전기화와 대량 생산이 시작되면서 대공황 직전까지 광란의 20년대를 경험하게 된다. 라디오, 냉장고, 자동차 관련 신기술 개발과 화학 산업 발달로 성장에 대한 기대를 자극했다. 또한 대량 생산으로 인플레이션은 낮은 상태를 유지했다. 지금 상황과 똑같지는 않지만 사이클은 비슷하게 닮아 있다. 그렇다면 앞으로 1930년대(대공황)가 재현될 것인가?

핵심 포인트 정리

해 아래 새로운 것은 없다

▸ 완전히 새로운 이벤트나 사건은 없다. 새롭다고 느끼는 것은 감정일 뿐이다.

▸ 기간과 반응 정도만 다를 뿐 금융의 역사는 반복된다.

▸ 경기를 동반하지 않는 재난은 금융 시장에는 충격으로 작용하지 않는다.

공포가 만연할 때가 기회인 이유

▸ 모든 금융 위기는 과도한 부채(레버리지) 때문이었다.

▸ 금융 위기는 언제나 금융 해법으로 만회했다는 사실을 기억해야 한다. 위기
　는 투자자들에게 기회이기도 하다.

▸ 위기는 언제나 새로운 기술 시대를 초청한다.

▸ 재난이 발생하면 물류나 서비스의 공급망을 먼저 생각하라.

5장

기술 혁신 사이클

상상이 현실을 추월하는 순간
혁신이 시작된다

1

기술 혁신 사이클:
지금은 놀라운 기술 혁명의 시대

가트너그룹(The Gartner Group, IT 분야의 리서치 기업으로 2001년까지 가트너그룹으로 널리 알려졌으며 현재는 가트너로 불린다)의 기술 사이클 도표보다 현실적으로 더 유용했던 것은 영화 속의 기술에 대한 상상력이었다. 놓쳤던 과거가, 흐릿해진 기억들이 인프라와 함께 다시 돌아와 미래를 지배한다.

사람들은 새로운 기술(예로 챗GPT)이 등장하면 "세상이 하루아침에 바뀌었다"고 말하곤 한다. 하지만 역사 속 기술 혁신을 보면, 세상을 바꾼 발명들은 어느 날 갑자기 나타난 것이 아니다. 오랫동안 연구와 시도가 있었지만, 인프라가 부족해 빛을 보지 못하다가 환경이 갖춰진 순간 폭발적으로 확산된 경우가 대부분이다.

18세기 산업혁명의 상징인 증기기관차를 생각해보자. 제임스 와트(James Watt)가 증기기관을 개량한 것은 1769년이었지만, 초기에는 광산 펌프나 일부 공장에서만 쓰였다. 당시에는 철도가 깔려 있지 않았고, 석탄 공급망도 제한적이었기 때문에 상용화에 한계가 있었다. 그러나 19세기 들어 유럽 전역에 철도망이 깔리자 증기기관차는 순식간에 세상을 지배했다. 기술은 이미 존재했다. 인프라가 부족했을 뿐이다.

전기도 마찬가지다. 토머스 에디슨(Thomas Edison)이 전구를 발명한 것은 1879년이지만, 실제로 전기가 생활에 스며들기까지는 반세기가 걸렸다. 왜냐하면 전력망이 부족했기 때문이다. 초기 전구는 비쌌고 공급도 불안정했다. 하지만 도시마다 발전소와 송전망이 설치되자 전기는 단숨에 가정과 공장, 거리의 필수 인프라가 되었다. 전기의 혁신을 사람들이 인식한 시점은 전구의 발명 순간이 아니라 전력망 인프라가 깔렸을 때였던 것이다.

인터넷 역시 갑자기 등장한 것이 아니다. 인터넷의 원형인 아르파넷(ARPANET)은 이미 1969년부터 미국 국방부 연구 프로젝트로 존재했다. 하지만 1980년대까지는 일반인이 사용할 수 없었다. PC 보급이 적었고, 통신망이 느렸기 때문이다. 그러다 1990년대 들어 초고속 인터넷망이 깔리고, 마이크로소프트 윈도(window)가 대중화되면서 인터넷은 폭발적으로 성장했다. 사람들이 일반적으로 사용할 수 있는 인프라가 보급되기 시작한 것은 1990년대 중반 이후였다. 야후(Yahoo)는 1994년 첫 검색 포털을 만들었고, 아마존은 1995년 온라인 서점을 시작했으며, 구글은 1998년 검색 알고리즘을 선보였다.

스마트폰도 갑자기 등장한 게 아니다. 1990년대에도 PDA(Personal Digital Assistant, 개인용 휴대 단말기)가 있었고, 노키아는 인터넷이 되는 휴대폰을 내놓았다. 그러나 그 시도들은 실패했다. 당시에는 3G·4G 같은 통신 인프라가 부족했고, 앱스토어 같은 콘텐츠 생태계가 없었기 때문이다.

세월이 흐른 뒤 2007년 애플이 아이폰을 내놓았을 때 세상은 뒤집혔다. 아이폰이 성공할 수 있었던 이유는 터치 스크린 때문만은 아니었다. 이미 와이파이, LTE 통신망, 앱 개발자 생태계라는 인프라가 준비되고 있었기 때문이다. 아이폰은 새로운 발명이 아니라 과거 실패한 기술들의 인프라가 완성되면서 재등장한 승자였다.

전기차는 100년 만에 부활한 것이다. 1900년대 초반에는 전기차가 이미 존재했다. 당시 뉴욕에는 전기 택시가 운행되기도 했다. 그러나 주행 거리가 짧고 충전소가 없었기 때문에 내연기관 자동차에 밀려 사라졌다. 그러다 그것이 부활한 것은 리튬이온 배터리 기술, 글로벌 충전 인프라, 환경 규제와 탄소 감축 정책이라는 환경을 만났기 때문이다.

AI 역시 1950년대부터 연구가 시작되었다. 1990년대에도 체스 프로그램이 세계 챔피언을 이겼다. 하지만 그때는 데이터를 저장할 공간이 부족했고 연산 능력이 따라주지 못했다. 그러다 2010년대 GPU 연산 능력과 클라우드 인프라가 폭발적으로 성장하면서, AI는 다시 부활했다. 알파고(AlphaGo, 2016)와 챗GPT(2022)를 기점으로 1950년대 연구자들이 꿈꿨던 아이디어가 70년이 지나 인프라

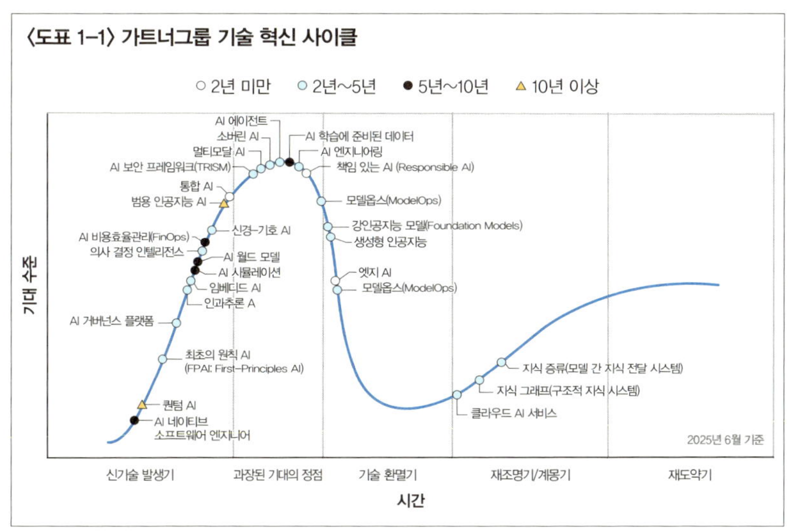

가 갖춰진 뒤에야 현실로 나타난 것이다.

이렇게 당시에는 쓸모없어 보이는 기술이라도 인프라가 갖춰지면 폭발한다. 블록체인, 메타버스, 우주 산업, 양자 컴퓨터 등도 지금은 제약이 많다. 하지만 제도, 인프라, 환경이 갖춰지는 순간 또 하나의 거대한 사이클이 시작될 수 있다.

자식에게 물려주고 싶은 주식. 이런 말이 유행했고 또 유행할 것이다. 이제 여러분은 앞으로 30년, 50년을 보고 무엇에 투자하겠는가?

폭발적으로 성장하는 AI 산업

지정학, 원자재, 경기 사이클에 비해 기술 혁신 사이클은 가장 주기가 길다고 한다. 증기기관은 산업혁명을, 전기는 대량 생산의 시대를, 인터넷은 디지털 경제를 열었다. 오늘날 우리는 또다시 새로운 기술 혁명의 한가운데에 서 있다. AI, 양자 컴퓨팅, 바이오테크, 에너지 전환 같은 변화는 단순한 산업의 성장 이야기가 아니라 투자 사이클의 판도를 뒤흔드는 동력이다. 특히 AI의 실생활 침투는 2025년 현재가 흔히 표현되는 특이점, 즉 발전 속도의 기울기가 완전히 바뀌며 크게 가속되는 시점이라는 것을 느끼게 한다.

기술 혁신은 초기에는 과대평가, 중기에는 저평가, 장기에는 과소평가되는 경향이 있다고 한다. 미래 학자 로이 아마라(Roy Arrara)는 이러한 현상을 '아마라의 법칙(Amara's Law)'으로 설명했다. "사람들은 단기적으로는 기술의 영향력을 너무 크게 평가하고, 장기적으로는 너무 작게 평가하는 경향이 있다"는 것이다.

2000년 초 밀레니엄 버그(millennium bug), 닷컴 버블을 기억해보자. 수많은 인터넷업체가 생기고 주식 시장에는 상당한 수준의 버블이 발생했다. 닷컴(.com) 도메인 주소가 고액에 거래되었고 아주 많은 회사들이 사명을 닷컴으로 변경했다. 강남 테헤란로의 밤은 벤처 열풍으로 불야성이었다. 이후 주식 시장 폭락과 함께 수많은 기업들이 사라졌다. 아마존, 구글, 알리바바와 같은 거대 기업들도 이 부침을 경험했다(각각 1994년, 1998년, 1999년 설립). 2000년대 중반을 거치면서 인터넷 기업들은 상대적으로 과소평가되기 시작했다. 알리바바 마윈(馬雲, Ma Yun)의 이야기가 생각난다. 온라인 쇼핑 개념이 전무했고, 인터넷 보급률도 낮았던 당시 중국에서 인터넷이 미래의 핵심 기술이 될 것이라 믿고 전략적으로 과감하게 밀어붙였다는 것이다.

2026년 현재는 어떠한가? AI가 일반인들의 인식 확산에 결정적인 계기가 된 사건은 챗GPT의 등장이었다. 이러한 생성형 AI는 정보, 언어, 분석 구조를 바꾸며 '디지털 노동자'를 현실화시켰다. 지금은 직장과 학교 그리고 지인들과의 만담 자리에서도 AI가 빠질 순 없다. 유튜브나 넷플릭스 그리고 뉴스 등 24시간 중 AI에 노출되는 시간은 적어도 절반을 넘을지 모른다. AI 관련 투자는 열풍이다. 기업의 AI 투자도 가히 폭발적이다. 게다가 미국과 중국의 기술 패권 경쟁이 투자 자금과 인재를 빨아들이는 구조가 되고 있다.

AI와 전기차는 전력(전기)에 대한 새로운 기술을 필요로 했다. 게다가 지구 온난화의 문제는 인류 모두가 고민하고 있는 과제다. 태양광, 풍력, 배터리, 수소 등 화석 연료에서 친환경 에너지로의 이동은 단순한 기술이 아니라 정책과 자본 흐름을 재편하는 구조적 사이클이 되고 있다.

선진국의 고령화 문제는 어제오늘의 일이 아니다. 수명은 점차 연장되고 있고 건강한 중년, 노년의 삶은 인류의 목표가 되었다. 유전자 편집, mRNA, 맞춤형 의료는 고령화 시대의 핵심 투자 테마이기도 하다.

폭발적인 AI 수요와 함께 암호 화폐의 등장이 양자와 반도체 기술을 자극시켰다. 기존 컴퓨팅 한계를 돌파하는 차세대 플랫폼이 될 것으로 기대하고 있다.

오늘날의 변화는 단일 기술이 아니라 여러 분야가 동시에 변곡점을 맞고 있다는 점에서 독특하다. 물론 과거에도 매번 이러한 인식이 있었을 것이다. 기술 혁신 사이클에는 늘 기대와 실제 사이의 시차가 존재한다. 그리고 정책들이 이 시차들을 변화시킨다.

새로운 기술로 인한 생산성 향상에 대한 기대는 관련 기업들의 주가를 상승시킨다. 기업들의 선제적 대응이 신규 산업을 창출하고 고용과 투자를 늘린다. 자본은 구산업에서 신산업으로 재분배된다. 정책과 규제가 변화한다.

금리, 물가, 고용, 소비 같은 전통적 지표가 사이클의 궤적을 규정한다면, 기술 혁신은 그 사이클을 완전히 새롭게 쓰는 변수다. 지금 우리는 놀라운 기술 혁명의 시대를 살고 있으며, 이 변화는 앞으로 수십 년간 자산 시장과 투자 전략의 지도를 다시 그릴 것이다.

J-커브를 그리는 기술 발전 과정

베르너 하이젠베르크(Werner Heisenberg), 에르빈 슈뢰딩거(Erwin Schrödinger) 등 양자물리학 이론은 1987년 필자의 대학교 1학년 때에도 교과서에 있었다. 당시 화학공학과에는 연료전지 연구실(지금의 2차전지, 수소전지)도 여러 곳이었다. 2차전지는 상용화되었고 아직도 양자 컴퓨팅은 상용화되지 않았다.

새로운 기술은 갑자기 나타나는 것이 아니다. 인터넷도 그랬다.

우리의 인식이 갑작스럽게 놀라는 것일 뿐이다. 기술이 발전하는 속도가 일직선이 아니기 때문이다. 마치 우리가 새로운 것을 배울 때와 비슷하다. 처음에는 아무리 노력해도 실력이 잘 늘지 않다가, 어느 순간 원리를 깨닫고 나면 실력이 폭발적으로 성장하고, 결국 에는 더 이상 발전하기 어려운 한계에 부딪히는 것처럼 말이다. 기 술의 발전 과정도 이러한 'S자 모양의 곡선'(S-커브)을 그린다. 계단 이라고 생각해도 좋다.

초기 단계에는 많은 돈과 시간을 쏟아부어도 눈에 띄는 성과가 잘 나오지 않아 발전 속도가 매우 느리다. 하지만 어느 지점(임계점) 을 넘어서면, 그동안 쌓인 지식과 경험을 바탕으로 기술은 무섭게 성장하기 시작한다. 이후 기술이 충분히 발전해 성숙 단계에 이르 면, 성능을 개선하는 속도는 점점 느려지고 마침내 기술의 한계에 가까워진다. 이렇게 기존 기술이 S-커브의 꼭대기에서 성장을 멈 추면 사람들은 자연스럽게 새로운 대체 기술을 찾게 된다.

S-커브 그래프에서 세로축은 기술의 '성능'을, 가로축은 '노력'(시 간, 돈, 사람)을 의미한다. 기술은 처음에는 더디게 발전하다가(초기 R&D 단계), 점점 빠르게 성장하고(스케일업 구간), 마침내 성장이 둔화 되는(성숙 구간) 단계를 거친다. 그러다 기존 기술의 한계를 뛰어넘는 완전히 새로운 기술이 등장하면 기존의 S-커브에서 벗어나 새로운 S-커브로 점프하는 도약이 일어난다.

이렇게 하나의 S-커브에서 다음 S-커브로 넘어가는 전환점을 '기 술 단절'이라고 부른다. 이는 말 그대로 기존과는 완전히 다른 지식과 원리를 바탕으로 한 새로운 기술의 시대가 열렸다는 뜻이다.

경제학자 조지프 슘페터(Joseph Schumpeter)는 이러한 변화를 "창조적 파괴"라는 멋진 말로 설명했다. 증기기관과 철도의 등장은 농업 중심의 사회를 무너뜨리고 공장 중심의 산업 사회를 열었다. 20세기 말에 등장한 인터넷은 신문, 방송, 쇼핑 등 기존 산업의 규칙을 완전히 바꿔놓았다. 실제로 미국에서는 1990년대 이후 신문사에서 일하는 사람들은 크게 줄어든 반면, 인터넷 방송이나 출판 분야에서 일하는 사람들은 폭발적으로 늘어났다. 이처럼 '창조적 파괴'의 과정 속에서 낡은 질서는 무너지고 새로운 기술을 중심으로 시대의 패러다임이 바뀐다.

이러한 거대한 변화는 단순히 새로운 기술이 발명되었다고 해서 저절로 일어나지 않는다. 그 기술이 사회 전체에 널리 받아들여지고 우리 생활의 일부가 되어야만 진정한 의미의 변화가 시작된다. 유엔과 같은 국제 기구의 보고서들에 따르면 혁신이 보통 4단계를 거친다고 한다. 연구 개발 투자 단계, 기술적 진보 단계, 사회적 수용 단계, 그리고 사회경제적 영향 단계다. 우리가 '패러다임 전환'이라고 부를 만한 거대한 변화는 기술이 막 개발된 1, 2단계가 아니라, 그 기술이 사회에 널리 퍼져 세상을 바꾸기 시작하는 3, 4단계에서 비로소 완성된다.

19세기, 처음으로 기차가 세상에 등장했을 때 사람들은 놀라움과 함께 두려움을 느꼈다. 당시 한 상점 점원은 기차를 보고 이렇게 말했다고 한다. "정말 놀라운 광경이었지만, 다시는 보고 싶지 않군

요. 인간의 지식이 어디까지 나아갈지 알 수 없으니까요." 이 반응
은 새로운 기술을 마주하는 인간의 본능을 잘 보여준다. 기술은 언
제나 우리에게 설렘과 공포를 동시에 안겨준다. 특히 낯설고 이해
하기 어려운 기술일수록 우리는 본능적으로 거부감을 느낀다. 오늘
날 우리가 자율주행 자동차나 AI를 보며 느끼는 복잡한 감정도 이
와 다르지 않다.

AI를 예로 들어보자. 최근 수많은 기업이 AI를 도입했다고 자랑
하지만, 실제로 AI를 통해 의미 있는 성과를 낸 기업은 극소수에 불
과하다. 이는 아마라의 법칙 전반부, 즉 단기적 과대평가에 해당한
다. 사람들은 AI가 당장 모든 것을 바꿔줄 것이라 기대했지만, 현실
은 그렇지 않았기에 실망감이 커지는 '실망의 계곡'을 지나게 될 것
이다. 많은 기업이 AI 투자에 실패하고 프로젝트를 포기하는 시기
가 바로 이때다.

이 실망의 계곡을 참고 견뎌낸 소수의 기업들은 진정한 변화를
이끌어낸다. 이들은 AI를 통해 생산성을 몇 배나 높이고 매출을 늘
리며 비용을 줄이는 엄청난 성과를 거두기 시작한다. 그리고 시간
이 더 흘러 2030년 이후가 되면 아마라의 법칙 후반부, 즉 장기적
과소평가의 진실이 드러날 것이다. AI는 우리가 처음 상상했던 것
보다 훨씬 더 거대한 힘으로 전 세계 경제를 움직이고, 제조업의 생
산성을 수백 배 향상시키며 사회 전체를 재편하게 될 것이다.

기술 혁신의 역사는 언제나 '기대'와 '현실' 사이의 시간 차이로
가득 차 있다. 투자자에게 가장 중요한 것은 바로 이 '타이밍의 차

이’를 정확하게 읽어내는 능력이다.

2000년 초 닷컴 버블은 시장의 기대감이 얼마나 뜨거웠고, 또 얼마나 위험했는지를 보여주는 대표적인 사례다. 당시 사람들은 인터넷이 세상을 바꿀 것이라 믿었고, ‘닷컴’이라는 이름만 붙으면 어떤 회사든 엄청난 투자를 받았다. 하지만 대부분의 회사는 돈을 버는 방법조차 제대로 알지 못했다. 결국 기대의 거품은 꺼졌고, 수많은 회사가 사라졌다. 흥미로운 점은, 거품이 꺼진 후에도 인터넷 기술 자체는 계속 발전해 우리 사회의 생산성을 크게 높였다는 사실이다. 즉 인터넷의 잠재력에 대한 기대는 옳았지만 현실이 그 기대를 따라오기까지는 더 많은 시간이 필요했던 것이다.

반면 전기차 회사 테슬라는 ‘기대와 현실의 만남’을 성공적으로 이뤄낸 사례다. 테슬라는 오랫동안 적자를 내고 자동차 생산에 어려움을 겪으며 많은 의심을 받았다. 하지만 2019년 이후 상황이 달라졌다. 마침내 자동차를 대량으로 생산할 수 있게 되었고 꾸준히 이익을 내기 시작했다. 시장은 비로소 테슬라의 잠재력을 ‘현실’로 인정하기 시작했다. 테슬라의 가치가 폭발적으로 상승한 것은 단순히 ‘미래에 대한 기대’ 때문이 아니라, ‘현실적인 성과’가 사람들의 기대를 뛰어넘는 바로 그 순간부터였다.

오늘날 우리는 챗GPT로 대표되는 생성형 AI라는 또 다른 거대한 변화의 중심에 서 있다. 이미 전 세계 수억 명이 이 기술을 사용하고 있으며 우리의 공부, 업무, 창작 방식을 바꾸고 있다. AI가 인류에게 엄청난 가치를 가져다줄 것이라는 기대는 그 어느 때보다

<도표 1-2> 기술 변천의 역사

구분	기술 패러다임	대표 기술 / 제품	주요 기업 / 사건
1990 년대	인터넷과 PC의 대중화	• 월드 와이드 웹(WWW) 공개	• 마이크로소프트: 윈도 95 출시
		• 웹 브라우저(Mosaic, 넷스케이프)	• 인텔 펜티엄 프로세서
		• e메일·검색 엔진 초기	• 아마존·야후 창립 (전자 상거래 시작)
		• 반도체 미세 공정(250nm)	• 구글(1998) 설립
2000 년대	모바일·웹 2.0· 클라우드의 태동	• 3G 이동통신 상용화	• 애플: 아이팟(2001), 아이폰(2007)
		• SNS·동영상 플랫폼(페이스북, 유튜브)	• 구글: 안드로이드(2008)
		• 클라우드 컴퓨팅(AWS, Azure 초기)	• 아마존: AWS EC2·S3 출시(2006)
		• 스마트폰 초기 등장	• 위키피디아·유튜브·페이스북 확산
2010 년대	AI·데이터·모바일 융합 시대	• 딥러닝 혁명	• 엔비디아: GPU·AI 가속기 주도
		• 자율주행·음성 인식	• 테슬라: 자율주행 플랫폼 구축
		• IoT·웨어러블·AR/VR 등장	• 구글 딥마인드: 알파고(2016)
		• 클라우드 서비스 대중화	• 아마존·마이크로소프트·구글 클라우드 급성장
2020 년대	생성형 AI와 초거대 모델의 시대	• 생성형 AI(챗GPT)	• 오픈AI: GPT-4(2023), AI Agent(2025)
		• 멀티모달 모델 및 AI Agent	• 엔비디아·TSMC: AI 반도체 독주
		• 5G─Edge AI 인프라 확산	• 메타: Reality Labs, 메타버스 추진
		• 메타버스·NFT 일시적 붐	• 마이크로소프트·구글: Copilot, Gemini 상용화

크다. 하지만 기업들이 이 기술로 어떻게 큰돈을 벌 수 있을지는 아직 의문이고(초기 단계에 있고), 해결해야 할 법이나 제도 문제도 많다. 즉 챗GPT는 현재 기대 곡선의 가장 높은 곳에 있지만, 현실의 성과 곡선은 아직 그 뒤를 열심히 따라가고 있는 중이다.

투자자가 반드시 기억해야 할 점은, 기술 사이클이 단순한 직선이 아니라 '과열(기대) → 조정(실망) → 현실화(성과)'라는 단계를 거치며 나아간다는 사실이다.

2

✳

금융 혁신 사이클:
뒤처진 금융 산업에
새로운 기술 DNA가 들어오다

대공황 직전 1920년대 버블을 만든 것은 무엇이었을까? 그중 하나는 금융 혁신이다. 예전에 메릴린치에서 CMA가 개발되었다고 들었다. 한국에 도입된 것은 수십 년이 지난 후였다. 미국에는 조각 투자 또는 한 주식을 나눠서 매매하는 소수점 주식(fractional share)이 한국에 도입되기 수년 전부터 있었다. 결제, 할부 금융, 투자 대상, 투자 방법 등 우리는 여전히 미국을 바라보고 흉내 내고 있다.

금융 혁신을 돕는 규제 샌드박스는 때로 제도적 한계에 부딪히기도 하지만, 토스와 카카오뱅크는 이러한 난관을 '창조적 파괴'의 발판으로 삼았다. 토스는 공인인증서 체제를 깨고 '간편 송금'을 대중화했다. 카카오뱅크는 시공간 제약 없는 '내 손안의 은행'을 만들었다. 두 혁신기업이 일궈낸 변화는 경직된 금융계를 완전히 바꿨다. 규제라는 울타리도 결국 기술의 장기적 파급력을 막을 수는 없다.

산업 혁명과 정보 혁명이 세상을 바꿀 때도 금융 산업은 종종 '마지막 주자'였다. 은행 창구는 여전히 서류와 도장이 필요했고, 결제는 지연되고, 투자 자문은 폐쇄적이었다. 보수성과 규제의 벽 때문에 금융은 기술 흡수 속도가 느렸다. 금융의 본질은 신용이기 때문일 것이다. 하지만 뒤늦게 찾아오는 변화는 더 거셀 수 있다.

〈도표 2-1〉 지난 100년간 금융 혁신 사례

시기	금융 혁신 사례	핵심 내용	영향
1920~30년대	현대 중앙은행 제도 확립 (연준, 잉글랜드은행 등 역할 강화)	대공황 이후 통화·금리 정책의 중요성 부각	거시 경제 안정화의 틀 마련
1944년	브레튼 우즈 체제	달러 기축통화	환율 안정, 세계 무역 확대
1950~60년대	신용카드 등장(1950년: 다이너스, 1958년: 비자, 1958년: 아멕스, 1966년: 마스터)	소비 금융 혁명, 현금 없는 결제 확산	소비 문화 확산, 금융 산업 대중화
1971년	브레튼 우즈 체제 붕괴 (달러 금태환 종료)	변동 환율제 도입	외환 시장 탄생, 글로벌 금융 거래 폭발적 증가
1970~80년대	파생 상품 시장 개설 (CME 옵션, 선물 거래 활성화)	금리·환율·원자재 리스크 헤지 가능	금융 시장 복잡성· 레버리지 확대
1980~90년대	전자 거래 시스템 도입 (ECN, 전자 증권거래소)	증권 거래 디지털화	거래 속도 혁신, 글로벌 투자 접근성 확대
1990년대	헤지 펀드·사모 펀드 성장	롱텀캐피털·KKR 등 레버리지 활용	기관 투자자 중심의 금융 지형 변화
2000년대	ETF(상장 지수 펀드) 대중화	인덱스 투자 대중화, 저비용 분산 투자	글로벌 자금 흐름에 혁명적 변화
2008년	글로벌 금융 위기 & 규제 혁신 (Dodd-Frank, Basel III)	과도한 파생 상품· 레버리지 위기 → 규제 강화	금융 안정 프레임 강화, 은행 건전성 기준 정립
2010년대	핀테크 붐 (모바일 뱅킹, P2P 금융, 알리페이, 페이팔)	금융 접근성 확대, 사용자 경험 혁신	금융 산업 경계 붕괴, 플랫폼 금융 부상
2020년대	디지털 자산 & AI 금융 (비트코인, 이더리움, 로보어드바이저, 챗GPT 활용한 투자)	블록체인 기반 자산, AI 투자	새로운 자산군 탄생, 금융 의사 결정 혁신

　금융 산업이 변화에 대한 대응이 느린 이유는 '신뢰'와 '안정성'이 가장 중요하기 때문이다. 현금 자동 입출금기(ATM)도 기술적으로 완성된 후 널리 보급되기까지 10년이 넘게 걸렸다. 인터넷이 세상을 휩쓴 후에도, 컴퓨터로 은행 업무를 보는 온라인 뱅킹이 일반화되기까지는 15년이라는 긴 시간이 필요했다. 신용카드조차 처음 등장했을 때는 "어떻게 현금도 없이 물건을 살 수 있냐"며 사람들이 믿지 못했다. 금융 회사의 위험을 피하려는 성향과 복잡한 정부 규제가 혁신의 속도를 늦추는 역할을 해왔다.

　역설적이게도, 보수적인 금융 산업에 일단 혁신의 씨앗이 뿌려지면 그 성장 속도는 폭발적이다. 스마트폰의 대명사인 아이폰이 등장하고 불과 5년 만에, 스마트폰으로 은행 업무를 보는 '모바일 뱅킹'은 우리 삶의 표준이 되었다.

　빠른 변화의 배경에는 금융 서비스가 가진 '네트워크 효과'라는 강력한 힘이 있다. 카카오뱅크가 대표적인 예다. 처음에는 몇몇 사람만 사용했지만, 친구에게 돈을 보내기 편하다는 장점 때문에 순식간에 사용자가 늘어났다. 출범 2년 만에 1,000만 명이 넘는 사용자를 확보하며 전통 은행들이 수십 년에 걸쳐 만든 고객 기반을 단숨에 뛰어넘었다.

　로보어드바이저[robo-advisor, 로봇을 의미하는 '로보(robo)'와 자문 전문가를 의미하는 '어드바이저(advisor)'의 합성어]는 비싼 수수료를 받던 자산 관리사들의 역할을 대신하고 있다. P2P 대출은 돈이 필요한 사람과 빌려줄 사람을 온라인에서 직접 연결해주며 은행의 역할을 대신한다.

‘디파이(DeFi)’라 불리는 탈중앙화 금융은 아예 은행이나 증권사 같은 금융 기관 없이 개인들이 서로 돈을 빌려주고, 투자하는 새로운 금융 세상을 열고 있다. 기존의 금융 시스템을 완전히 파괴하고 새로운 판을 짜는 혁명에 가깝다.

위기는 혁신을 불러오는 강력한 계기가 된다는 것을 역사가 보여준다. 2008년 전 세계를 뒤흔들었던 글로벌 금융 위기는 기존 은행 시스템에 대한 사람들의 불신을 낳았고, 이것이 바로 핀테크 혁명이 시작되는 불꽃이 되었다. 코로나19 팬데믹은 은행에 가지 않고도 모든 금융 업무를 볼 수 있는 비대면 금융 서비스의 발전을 앞당겼다. 평소에는 변화를 두려워하던 보수적인 금융 산업이, 큰 위기 앞에서는 생존을 위해 그 누구보다 빠르게 변신하는 것이다.

이것이 바로 금융 혁신의 역설이다. 가장 변화를 싫어하는 보수적인 산업이 가장 파괴적인 혁신을 만들어낸다. 느리게 불이 붙지만 한번 타오르기 시작하면 모든 것을 바꿔버린다. 금융의 역사는 이러한 ‘느린 점화, 거대한 폭발’의 반복이었고, 지금 우리는 AI와 블록체인이 일으킨 또 다른 거대한 폭발의 중심에 서 있다.

과거 주식 투자는 매우 복잡하고 어려운 일이었다. 마치 시장에서 상인들이 목청껏 소리치며 물건을 팔듯, 증권거래소에서는 수많은 사람이 손짓과 고함으로 주식을 사고팔았다. 하지만 1990년대 말부터 컴퓨터 기술이 발전하면서 이 모든 과정이 전자화되기 시작했다. 이제는 사람이 아닌 컴퓨터 프로그램이 자동으로 주식을 사고파는 사람을 연결해주는 시스템으로 금융의 기본 철로가 바꿔었다.

이러한 기술 인프라 위에 '온라인 브로커'라는 새로운 서비스가 등장했다. 우리나라에서는 키움증권 같은 회사가 대표적이다. 이들은 HTS(Home Trading System, 홈 트레이딩 시스템)라는 컴퓨터 프로그램을 통해 사람들이 집에서도 직접 주식을 사고팔 수 있게 만들었다.

결정적인 변화는 2019년 10월 미국의 대형 증권사 찰스 슈왑이 주식 거래 수수료를 '0원'으로 선언하면서 시작되었다. '제로 커미션' 시대가 열리자 다른 증권사들도 경쟁적으로 수수료를 없앴다. 거래 비용이라는 장벽이 사라지자 주식 시장에 새로운 투자자들이 물밀듯이 들어왔다.

이러한 변화는 스마트폰과 결합하면서 더욱 가속화되었다. 이제는 HTS를 넘어 MTS(Mobile Trading System, 모바일 트레이딩 시스템)가 표준이 되었고, 누구나 스마트폰 앱을 통해 언제 어디서든 주식을 거래할 수 있게 되었다. 심지어 1주에 수십만 원 하는 비싼 주식도 1,000원 단위로 쪼개서 살 수 있는 '분할주' 서비스나, 매달 용돈의 일부를 자동으로 투자해주는 서비스도 등장했다.

이처럼 '저렴한 비용, 편리한 전자 거래, 스마트폰 앱'의 조합은 주식 시장의 규모와 구조를 완전히 바꿔놓았다. 특히 코로나19 팬데믹 시기에는 '동학개미 운동'이라는 말이 생겨날 정도로 개인 투자자들의 참여가 폭발적으로 증가했다. 이는 단순히 주식 거래가 편해진 것을 넘어, 금융 시장의 주도권이 기관 투자자에서 개인 투자자로 넘어오는 중요한 변화의 시작을 의미했다.

물론 이러한 변화에는 새로운 위험도 따랐다. 2021년 '밈 주식' 사건이 대표적이다. 소셜 미디어를 통해 수많은 개인 투자자가 특정 주식에 몰려들면서 주가가 비정상적으로 폭등하고 폭락하는 사태가 벌어졌다. 이는 온라인 거래 환경이 얼마나 큰 혼란을 일으킬 수 있는지를 보여준 사건이었다.

투자 세계의 패러다임을 바꾼 ETF의 등장

ETF(Exchange Traded Fund, 상장 지수 펀드)는 현대 금융 시장의 모습을 바꾼 가장 중요한 발명품 중 하나로 꼽힌다. ETF를 쉽게 이해하려면 여러 가지 맛있는 과일이 담긴 '과일 바구니'를 생각하면 된다. 사과, 바나나, 딸기, 포도를 각각 따로 살 수도 있지만, 이 모든 과일이 조금씩 담긴 과일 바구니 하나를 사는 것이 더 편리할 수 있다.

세계 최초의 ETF는 1990년 캐나다에서 등장했지만 ETF가 전 세계적인 투자 상품으로 자리 잡게 된 것은 1993년 미국에서 'SPDR S&P500 ETF(티커: SPY)'가 출시되면서부터다. 이 ETF는 미국을 대표하는 500개 기업에 한 번에 투자할 수 있게 해주는 혁신적인 상품이었고, 지금도 세계에서 가장 규모가 큰 ETF 중 하나다.

2000년대에 들어서면서 ETF 시장은 본격적으로 성장하기 시작했다. 처음에는 국가 대표 지수를 따라가는 단순한 '과일 바구니'가 대부분이었지만, 점차 반도체 관련 기업만 모은 '반도체 ETF', 전기차 기업만 모은 '전기차 ETF'처럼 특정 산업(섹터)이나 테마에 투자하는 다양한 상품들이 등장했다. 또한 주식뿐 아니라 채권, 원유, 금과 같은 원자재에 투자하는 ETF도 나오면서 투자자들의 선택의 폭이 크게 넓어졌다.

2008년 글로벌 금융 위기는 역설적으로 ETF 산업이 크게 도약하는 계기가 되었다. 위기 상황 속에서 많은 펀드들이 불투명한 운용 방식으로 투자자들의 신뢰를 잃었지만, ETF는 어떤 자산들을 담고 있는지 투명하게 공개되고, 주식처럼 실시간으로 쉽게 사고팔 수 있다는 장점이 부각되면서 최고의 투자 수단으로 떠올랐다.

최근 ETF 시장은 폭발적인 성장을 거듭하고 있다. 2025년 6월 말 기준으로 전 세계 ETF가 운용하는 자산의 총 규모는 16조 9,900억 달러(약 2경 3,000조 원)에 달하며 사상 최고치를 기록했다. ETF의 등장은 자산 운용업계에 '비용 전쟁'을 불러일으켰다. ETF는 펀드매니저가 직접 종목을 고르는 수고가 적고, 온라인으로 직접 거래하기 때문에 수수료가 매우 저렴했다.

투자자들의 돈은 자연스럽게 뮤추얼 펀드에서 ETF로 이동했다. ETF는 투자 문화를 바꿨다. 개인 투자자들은 적은 돈으로도 전 세계 다양한 자산에 분산 투자하고 전문가처럼 복잡한 포트폴리오를 구성할 수 있게 되었다. 기관 투자자들 역시 ETF를 활용해 빠르고 효율적으로 자금을 운용하고, 포트폴리오의 위험을 관리한다. 결국 ETF는 단순한 투자 상품을 넘어 다양한 투자 아이디어를 담아내는 '전략 플랫폼'으로 자리 잡았고, 금융 시장의 혁신을 이끄는 핵심 도구가 되었다. 참고로 ㈜코어16도 미국 주식 50개로 구성된 ETF를 미국 뉴욕 증권거래소에 상장했다. 티커명은 'BOBP'다.[18]

AI는 금융 시장을 어떻게 바꿀까?

금융은 본질적으로 '데이터'와 '언어'로 이뤄진 산업이다. 고객의 정보, 거래 기록, 시장 뉴스 등 수많은 데이터를 분석하고, 계약서나 보고서 같은 문서를 다루는 일이 대부분이다. 이러한 특징 때문에 금융 산업은 AI, 특히 인간처럼 생각하고 글을 쓰는 '생성형 AI' 기술이 적용되기에 가장 완벽한 분야로 꼽힌다.

세계 경제 포럼(World Economic Forum, WEF)의 2025년 보고서에 따르면, 금융 서비스 업무의 삼분의 일이 AI를 통해 완전히 자동화될 수 있는 것으로 나타났다. 이는 금융 산업이 AI 혁명의 가장 큰 영향을 받게 될 분야임을 의미한다.

이미 AI는 금융의 모든 영역을 바꾸고 있다. 은행에서의 AI는 똑똑한 '금융 비서' 역할을 한다. AI 챗봇(chatbot)이나 가상 은행원은 24시간 언제든지 고객의 질문에 답해주며 복잡한 대출 상품을 설명해주거나, 개인에게 맞는 예금 상품을 추천해준다. 한 글로벌 은행은 AI 챗봇을 도입한 후 고객 문의 처리 시간을 70%나 줄였고, 고객 만족도는 25% 향상시켰다. AI는 여기서 더 나아가 고객의 소비 습관을 분석해 "이번 달에는 외식비 지출이 많으니 줄여보는 게

어때요?”와 같이 개인화된 조언을 해주기도 한다.

주식이나 채권 시장에서 AI는 최고의 ‘투자 분석가’로 활약한다. AI는 수많은 시장 데이터, 뉴스, 소셜 미디어의 글들을 실시간으로 분석해 어떤 주식이 오를지, 어떤 위험이 있는지를 예측한다. 특히 ‘알고리즘 트레이딩’ 분야에서는 AI가 1초에 수천 번씩 거래하며, 인간은 절대 따라잡을 수 없는 속도로 미세한 시장의 변화를 포착해 수익을 낸다.

보험업계에서 AI는 ‘사고 조사관’과 ‘보험 설계사’의 역할을 동시에 수행한다. 고객이 보험금을 청구하면 AI가 관련 서류를 자동으로 검토하고, 거짓으로 청구한 것은 아닌지(보험 사기)를 판단하며, 지급할 보험금을 순식간에 계산해준다. 이 과정 덕분에 보험금 처리 시간은 80%나 단축되었고, 사기를 잡아내는 정확도는 40%나 높아졌다. 또한 AI는 고객의 건강 상태, 운전 습관 등 다양한 데이터를 분석해 개인에게 꼭 맞는 보험료를 더욱 정확하게 책정한다.

우리가 카드로 물건을 살 때 그 뒤에서는 AI가 ‘보안 요원’ 역할을 하고 있다. AI 시스템은 결제가 이뤄지는 아주 짧은 순간에 거래 장소, 금액, 구매 패턴 등 수백 가지 정보를 분석해 혹시 도난된 카드나 정보로 결제하는 것은 아닌지 판단한다. 한 글로벌 결제 회사는 AI 기반 사기 탐지 시스템을 도입한 후 사기로 인한 손실을 60%나 줄이는 동시에, 정상적인 거래를 사기로 잘못 판단하는 오류도 크게 줄여 고객의 편의성을 높였다.

앞으로 10년 안에 금융 서비스는 AI로 인해 지금과는 완전히 다

<도표 2-2> 2000년 이후 금융 혁신 연대표

연도	금융 혁신 사례	주요 기업·기관	핵심 의미
2000	온라인 브로커 확산, 인터넷 트레이딩 본격화	E트레이드, 찰스 슈왑	개인 투자자의 실시간 주식 거래가 가능해지며 거래 접근성 혁명
2003	iShares ETF 시리즈 급성장	블랙록(iShares)	ETF가 본격적으로 기관·개인 투자 모두에 확산, 인덱스 투자 대중화
2005	P2P 대출 플랫폼 등장	Prosper(2005), LendingClub(2006)	개인 간 대출 시장 열림, 은행 의존도 축소
2007	아이폰 출시 → 모바일 금융 혁명 시작	애플	스마트폰 보급으로 모바일 뱅킹, 간편 결제 기반 마련
2008	글로벌 금융 위기, 규제 혁신(Dodd-Frank Act)	연준, SEC, G20	시스템 리스크 관리 필요성 대두, 글로벌 금융 규제 체계 강화
2009	비트코인 탄생 (나카모토 사토시 논문 기반)	비트코인 네트워크	탈중앙 디지털 화폐의 시작, 블록체인 개념 확립
2011	모바일 결제 서비스 확산	Square(현 Block), 페이팔, 알리페이	핀테크 기업들이 기존 은행을 대체하는 결제 혁신
2012	크라우드펀딩 법제화 (미국 JOBS Act)	Kickstarter, Indiegogo	초기 기업 투자 채널 확대, 개인 투자자 자금 조달 참여 가능
2014	로보어드바이저 상용화	Wealthfront, Betterment	알고리즘 기반 자산 관리 서비스 등장, 수수료 혁신
2015	블록체인 스타트업 급증 & 이더리움 론칭	이더리움, 리플, 코인베이스	스마트 계약(Smart Contract) 기반 탈중앙 금융(디파이)의 시작
2016	오픈 뱅킹(Open Banking) 출범	영국 CMA, 유럽 PSD2	API 기반 금융 서비스 개방, 핀테크와 전통 은행 협업·경쟁 심화
2017	ICO(Initial Coin Offering) 열풍	이더리움 기반 프로젝트들	블록체인 자금 조달 붐, 규제 불확실성도 확대
2018	빅 테크의 금융 진출 본격화	애플페이(2014), 구글페이(2018), 아마존 렌딩(2011)	플랫폼 기업이 금융 산업 경계를 허무는 시기
2020	코로나 팬데믹 → 디지털 금융 폭발	줌, 로빈 후드, 페이팔, 카카오페이	언택트 금융·모바일 트레이딩 대중화, MZ세대 주식 참여 급증
2021	게임스톱(GameStop) 사태 – 개인 투자자 집단 행동	레딧(WallStreetBets), Robinhood	'피플 파워'가 헤지 펀드를 흔든 사례, 금융 민주화 상징
2021	중앙은행 디지털 화폐 (CBDC) 연구 가속	중국(디지털 위안), BIS 프로젝트	국가 차원의 화폐 디지털화 논의 본격화
2022	암호 화폐 거래소 붕괴 → FTX 사태	FTX, Celsius, 테라–루나	규제 부재의 리스크 확인, 글로벌 규제 논의 강화
2023	생성형 AI의 금융 적용 시작	챗GPT(오픈AI), 블룸버그GPT	리서치·트레이딩·리스크 관리 등 금융 AI 본격 도입
2024	토큰증권(STO) 제도화 시도	한국 금융위, 미국 SEC	주식·채권을 블록체인 토큰으로 발행하려는 시도 확산
2025	스테이블코인 본격화	한국 금융위, 미국 SEC	전략 자산으로 편입 시도

른 모습이 될 것이다. 우리 각자는 자신만의 'AI 개인 금융 비서'를 갖게 될 것이다. 이 비서는 나의 모든 수입과 지출, 저축, 투자를 한눈에 관리하고 분석해 최적의 재무 계획을 세워주고 실시간으로 조언해줄 것이다.

가장 큰 변화는 블록체인과 디지털 자산의 등장이다. 결제 및 송금 시장에서 혁명과 같은 일들이 벌어지고 있다. 스테이블코인, CBDC(Central Bank Digital Currency, 중앙은행 디지털 화폐), 탈중앙화 금융(디파이) 등이 대표적인 예다.

과거 금융은 자산 규모와 지점망이 경쟁력이었지만, 이제는 데이터와 알고리즘이 새로운 힘이다. 수익 구조도 전통 수수료, 이자 중심 모델에서 구독형, 플랫폼형 모델이 대세다. 글로벌 결제, 크로스보더(cross-border) 투자, 디지털 자산은 경계 없는 금융을 만든다. 로빈후드(Robinhood, 미국의 무료 주식 거래 앱), 위챗페이나 알리페이(금융의 중심이 빅 테크 회사로), 애플, 구글 등의 금융 진출이 금융 생태계를 바꿔놓고 있다. 금융 혁신 사이클은 고전적인 은행, 증권, 보험의 경계가 무너지고 플랫폼화가 된다는 것이다. 그리고 AI 기술, 데이터가 금융사의 핵심 경쟁력으로 부상하고 있다. 따라서 전통 금융 자본보다는 플랫폼 네트워크와 데이터 주권을 선점한 기술 기업이 금융의 본질을 점유하고 산업의 생태계를 재편할 개연성이 점차 높아지고 있다.

3

✦

시대가 원하는 사이클: '코끼리 밥통'에서 '챗GPT'까지

1980년대 한국에서 큰 인기를 끌었던 '코끼리 밥통', 소니의 워크맨 등 전 세계를 휩쓸었던 일본 전자 제품들, 그리고 현재도 우리의 일상을 지배하는 미국의 인터넷 서비스는 모두 그 시대가 가장 필요로 했던 문제에 대한 완벽한 해답이었다.

'시대가 원하는 사이클'은 단순한 유행이나 경기 순환이 아니라 당대의 정치, 사회, 경제, 문화가 필연적으로 요구하는 흐름이자 투자 테마다. 시대마다 사람들이 원하는 가치가 산업, 금융, 투자를 끌어당겼다. 사이클은 결국 욕망의 역사이자 필요의 진화다. 산업과 투자도 사이클의 연속이라고 볼 수 있다. 경제, 정치, 사회, 기술, 문화가 얽혀 만들어낸 흐름 속에서 어떤 산업은 폭발적으로 성장했고, 어떤 산업은 몰락했다. 지난 100년을 살펴보자.

1920~1930년대는 전기와 자동차, 소비 사회의 시작이었다.

1920년대 미국은 '황금의 20년대'라 불렸다. 포드는 T형 자동차를 대량 생산해 자동차를 부유층의 전유물이 아닌 대중의 발로 바꿨다. 제너럴 일렉트릭(General Electric, GE)은 전구와 가전의 보급으로 전기의 시대를 열었고, 라디오는 가정의 필수품이 되었다.

1940~1950년대는 제2차 세계대전 이후 전후 재건과 군비 경쟁으로 특징지을 수 있다. 미국의 보잉, 록히드 마틴 같은 항공·방산 기업이 성장했고, 독일, 일본, 한국 등은 전후 재건 과정에서 철강, 건설 산업이 주도했다. 미국은 마셜 플랜(marshal plan)으로 유럽을 지원하며 세계 경제 패권을 굳혔다.

1960~1970년대는 에너지와 원자재의 시대였다. 산업 성장으로 자원 수요가 폭발하던 시기에 두 번의 오일 쇼크가 세상을 뒤흔들었다. 엑슨 모빌(Exxon Mobil), 쉘(Shell), 브리티시 페트롤리엄(British Petroleum, BP) 같은 메이저 석유 기업이 세계 경제의 중심에 있었다. 한국은 이 시기에 조선·철강 산업을 키우며 '한강의 기적'의 발판을 마련했다.

1980년대는 금융 자유화와 세계화의 시대다. 인플레이션이 억제된 가운데 자본 시장이 꽃을 피웠다. 골드만삭스, JP모건 같은 투자은행이 글로벌 자본 이동을 주도했고 일본은 거품 경제의 정점에서 도쿄 증시가 세계 시가총액 1위를 기록했다. 금융 파생 상품 시장이 본격적으로 열리며 리스크 관리와 투기의 시대가 함께 찾아왔다.

1990~2000년대는 IT와 인터넷의 물결로 대변된다. 정보화 혁명

이었다. 마이크로소프트와 인텔은 PC 혁명을 이끌며 윈텔(Wintel) 동맹으로 불렸다. 구글, 아마존, 야후는 인터넷을 생활의 일부로 만들었다. 한국에서는 삼성전자가 메모리 반도체 부문 세계 1위에 오르며 글로벌 기업으로 발돋움했다.

2010년대는 모바일과 플랫폼의 시대였다. 아이폰의 등장은 세상을 바꿨다. 애플은 스마트폰을 통해 사람들의 일상을 바꿨으며 페이스북(메타), 텐센트, 카카오 같은 플랫폼 기업은 사람들의 시간을 장악했다. 알리바바와 아마존은 전자 상거래 제국을 만들었고, 우버와 에어비앤비는 공유 경제를 현실화했다.

2020년대 현재까지 가장 큰 격변을 일으킨 사건은 역시 코로나 팬데믹이다. AI, 에너지 전환, 지정학 재편 등 모두 코로나의 영향이 컸다고 생각한다. 원격 근무, 백신, 기후 변화에 대한 인식, 에너지 전환 등의 테마가 부상했다. 무엇보다 챗GPT(오픈AI)의 등장은 엔비디아와 같은 AI 반도체 기업을 주식 시장의 스타로 만들었다.

현재 예상되는 2030년대 이후의 사이클은 다음과 같다. 테슬라 옵티머스(optimus)와 같은 휴머노이드 로봇이 기대된다. 수소 경제, 차세대 원전, 탄소 포집(Carbon Capture, Utilization and Storage, CCUS) 등도 기후 변화와 관련된 주제다. AI 기술을 접목한 신약 개발도 가속화될 것으로 기대한다. 스페이스X 등 우주 개발도 현재보다는 더 밀접하게 인식될 것이다. 가장 큰 변화는 양자 관련 분야에서 일어날 것으로 예상된다. 양자 컴퓨터가 바꾸게 될 시스템 변화는 현재로서는 가늠하기 어려울 정도로 파급력이 클 것이다.

기술 발전이 바꿔온 우리의 생활 모습

지난 100년 동안 사이클은 늘 새로운 승자를 만들고 낡은 주자를 무대에서 내렸다. 책《낙관론자의 승리(Triumph of the Optimist)》를 보면 주식 시장의 영원한 승자는 없다는 말을 실감하게 한다. 기술은 언제나 사회가 필요로 하는 바로 그 지점에서 거대한 물결을 일으킨다. 한국의 가전 제품, 일본의 전자 제품, 미국의 인터넷 서비스가 세상을 어떻게 바꿨는지 따라가보면, 기술이 단순히 하나의 물건을 넘어 어떻게 사회 전체의 시스템을 움직이는 거대한 힘으로 발전하는지를 이해할 수 있다.

오늘날 우리에게 전기 밥솥, 냉장고, 세탁기는 너무나 당연한 물건이다. 하지만 불과 수십 년 전만 해도 이것들은 가정의 풍경과 문화를 완전히 바꾼 혁신적인 발명품이었다. 당시 한국 사회는 빠르게 도시로 사람들이 모여들고, 대가족이 아닌 부모와 자녀로만 이뤄진 핵가족이 늘어나고 있었다. 특히 여성들이 집 밖으로 나와 경제 활동에 참여하기 시작하면서 집안일에 쏟는 시간을 줄여야 할 절실한 필요가 생겼다. 바로 이때 전기를 안정적으로 공급할 수 있게 되고 부품 가격이 저렴해지면서 가전 제품을 대량으로 만들어낼 수 있는 기술적 여건이 마련되었다.

'코끼리 밥통'으로 불리던 전기 밥솥은 매일 몇 시간씩 불 앞에서 밥을 지어야 했던 고된 노동을 버튼 하나로 몇 분 만에 끝낼 수 있게 해주었다. 냉장고는 매일 장을 봐야 했던 번거로움을 일주일에 한두 번으로 줄여주었고, 덕분에 미리 만들어진 반조리 식품이나 가정 간편식(Home Meal Replacement, HMR) 시장이 성장할 수 있는 길을 열었다. 세탁기는 손빨래라는 힘든 가사 노동을 해결해주며 여성들에게 새로운 시간을 선물했다. 이렇게 확보된 시간은 여성들이 자신을 위해 공부하거나 사회에 더 활발하게 참여할 수 있도록 하는 중요한 밑거름이 되었다.

가전 제품의 등장은 가정의 모습만 바꾼 것이 아니었다. 비싼 가전 제품을 사기 위해 할부나 신용카드 결제가 보편화되었고, 물건을 파는 곳도 동네 가게에서 대형 마트나 전자 제품 전문점으로 바뀌었다. 전국 어디서나 동일한 전압과 규격을 사용하게 되면서 부품 산업이 성장했고, 고장이 나면 바로 고쳐주는 A/S(애프터서비스) 네트워크는 특정 브랜드에 대한 소비자들의 믿음을 만들어냈다. 결과적으로 가전 제품은 집 안에서 시간을 쓰고 노동을 나누는 방식을 근본적으로 바꿨고, 그 변화는 식품, 유통, 금융 산업까지 연쇄적으로 흔드는 거대한 파동이 되었다.

일본의 혁신은 '작게 만드는 힘'에서 시작되었다. 1970~1980년대 일본은 좁은 공간에 많은 사람이 모여 사는 도시 환경, 높은 에너지 비용 그리고 이동하면서 무언가를 즐기는 새로운 생활 방식이 자리 잡고 있었다. 사람들은 자연스럽게 작고, 조용하며, 배터리로 오래가는 제품을 원하게 되었다.

이러한 사회적 필요는 당시 눈부시게 발전하던 반도체, 배터리 그리고 정밀 설계 기술과 만났다. 그 결과 주머니에 쏙 들어가는 휴대용 오디오(워크맨), 캠코더, 휴대용 게임기, 디지털 카메라 같은 혁신적인 제품들이 탄생하며 전 세계를 휩쓸었다.

이러한 '소형화'는 사람들의 여가 생활을 완전히 바꿨다. 이제 음악을 듣고, 비디오를 찍고, 게임을 하는 행위가 더 이상 집에서만이 아닌, 언제 어디서든 가능하게 되었다. 산업적으로는 더욱 큰 변화를 가져왔다. 작고 정밀한 제품을 만들기 위해서는 그 안에 들어가는 부품, 소재, 장비 역시 최고 수준이어야 했다. 이 과정에서 일본은 세계 최고의 부품·소재 강국으로 떠올랐고, 기업들끼리 긴밀하게 협력하며 재고를 최소화하는 '적시 생산(Just-In-Time, JIT)' 같은 효율적인 생산 방식은 전 세계 공장의 표준이 되었다.

결국 일본의 소형화는 단순히 제품의 크기를 줄이는 기술이 아니었다. 불량품을 줄이고, 에너지 효율을 높이며, 조립 과정을 최적화하는 '운영 시스템' 전체의 혁신이었다. 그리고 이 강력한 시스템은 자동차, 산업용 로봇 등 다른 산업으로 퍼져나가며 일본 제조업의 황금기를 이끌었다.

미국의 인터넷 혁신은 '연결'이라는 인간의 가장 보편적인 필요를 소프트웨어 기술로 풀어낸 결과물이다. 처음에는 정보를 더 빨리 찾고(검색), 멀리 있는 사람과 쉽게 소통하는(커뮤니케이션) 것이 핵심이었다. 하지만 여기에 스마트폰과 클라우드 컴퓨팅이라는 두 날개가 달리면서 구글, 아마존, 페이스북 같은 거대한 '플랫폼 경제'가 탄생했다.

이 플랫폼들은 단순히 서비스를 제공하는 것을 넘어 사용자, 판매자, 광고주, 개발자 등 여러 그룹을 한곳에 모아 서로가 서로에게 새로운 가치를 만들어주는 거대한 생태계를 구축했다. 사용자가 많아질수록 더 많은 데이터가 쌓이고, 그 데이터는 서비스를 더 똑똑하게 만들며 더 많은 사용자를 끌어들이는 '네트워크 효과'가 폭발적인 성장을 이끌었다.

우리의 일상은 근본적으로 재구성되었다. 과거에는 물건을 '소유'하기 위해 큰돈을 한 번에 지불했다면, 이제는 매달 일정 금액을 내고 서비스를 '이용'하는 구독 경제(사용한 만큼 지불)가 당연해졌다. 쇼핑, 뉴스, 금융, 교육 등 우리 삶의 거의 모든 영역이 이제는 플랫폼을 거쳐서 이뤄진다.

AI와 로봇 산업의 눈부신 발전

기업의 운영 방식도 바뀌었다. 과거에는 새로운 사업을 시작하려면 비싼 서버 컴퓨터와 장비를 사기 위해 막대한 초기 투자가 필요했다. 하지만 이제는 클라우드 서비스를 이용해 필요한 만큼만 빌려 쓰면 되기 때문에 누구나 쉽게 새로운 아이디어를 시도해볼 수 있는 시대가 열렸다. 이는 혁신의 속도를 엄청나게 빠르게 만들었고, 장기적으로는 우리의 일하는 방식, 개인 정보의 개념 그리고 사회 규칙까지 새롭게 만들어야 하는 거대한 과제를 던져주었다. 역사적인 혁신의 파동은 결코 한 번으로 끝나지 않는다. 하나의 파동이 남긴 변화는 다음 파동을 불러오는 씨앗이 된다.

생성형 AI는 단순히 또 하나의 새로운 기술이 아니라, 사회 구조와 경제 시스템 전체를 바꾸는 거대한 전환점이다. 과거의 산업혁명이 기계를 이용해 우리의 육체적 노동 생산성을 극대화했다면, 생성형 AI는 우리가 생각하고, 창작하고, 배우는 방식, 즉 '지적 활동'의 패러다임을 바꾸고 있다. 특히 2022년 챗GPT의 등장은 기계가 인간의 일을 단순히 대신하는 자동화 단계를 넘어, 인간과 기계가 함께 일하는 방식을 새롭게 정의하며 새로운 경제 시대를 열고 있다.

생성형 AI의 가장 큰 힘은 '인지 자동화', 즉 생각하는 과정을 자동화하는 능력에 있다. 하버드, MIT 같은 세계적인 대학과 보스턴컨설팅그룹이 함께 진행한 연구에 따르면, 챗GPT를 사용한 그룹이 일하는 속도가 평균 25% 더 빨랐으며 결과물의 품질은 무려 40%나 더 좋았다고 한다. 더욱 놀라운 점은, 원래 일하는 능력이 조금 부족했던 사람들이 AI의 도움을 받았을 때 가장 큰 실력 향상을 보였다는 것이다. 노동 생산성이 폭발적으로 향상될 수밖에 없다.

세계적인 컨설팅 회사인 맥킨지앤드컴퍼니(McKinsey & Company)는 생성형 AI가 2030년까지 전 세계 경제 규모(GDP)를 최대 7%까지 성장시킬 수 있다고 분석했다. 생성형 AI는 우리가 배우고 가르치는 방식에도 근본적인 변화를 가져오고 있다. 이제 AI는 학생 개개인에게 맞는 학습 계획을 짜주고, 실력을 평가하며, 교육 시스템 전체를 바꾸는 핵심 인프라가 되고 있다.

미래의 혁신은 더 이상 하나의 기술이 단독으로 세상을 바꾸지 않는다. AI, 로봇 그리고 에너지는 마치 세 개의 거대한 톱니바퀴처럼 서로 맞물려 돌아가며 이전과는 비교할 수 없는 거대한 변화의 순환 고리를 만들어낸다. 생성형 AI가 발전할수록 계산하고 학습하는 데 필요한 컴퓨터의 힘(연산 능력)은 폭발적으로 늘어난다. 이는 곧 AI를 움직이는 데이터센터가 어마어마한 양의 전기를 필요로 한다는 뜻이다. IEA(International Energy Agency, 국제에너지기구)는 2030년까지 전 세계 전력 수요 증가분의 20% 이상을 데이터센터가 차지할 것이라고 전망했다. 이는 국가 전체의 전력 시스템을 다시 설계해야 할 만큼 거대한 변화다. AI 데이터센터는 단순히 많은 전기가 아니라 24시간 365일 끊기지 않는 '고품질'의 전기를 필요로 한다. 생산된 전기를 저장해뒀다가 필요할 때 꺼내 쓰는 에너지 저장 장치(ESS, 배터리)의 결합이다.

에너지 문제가 해결되면 AI는 데이터센터를 넘어 현실 세계로 나온다. 바로 로봇의 몸을 통해서다. AI는 로봇에게 세상을 보고, 이해하고, 행동할 수 있는 '뇌'를 선물한다. 엔비디아나 오픈AI 같은 기업들은 이미 인간처럼 대화하고 복잡한 작업을 수행하는 로봇 기술을 선보이고 있다. 공장에서는 이미 수백만 대의 로봇이 인간을 도와 물건을 만들고 있으며 앞으로는 물류, 서비스, 심지어 가정까지 그 영역이 확대될 것이다.

똑똑해진 로봇들이 공장과 사회 곳곳에서 활동하게 되면 거기서 또다시 엄청난 양의 데이터가 만들어진다. 그리고 그 데이터는 다

<도표 3-1> 시대가 원하는 사이클: 100년 변천사

시기	시대가 원하는 사이클	경제적 배경	정치·지정학 요인	기술·산업 혁신	문화·사회 변화	대표 산업·투자 테마
1920~ 30년대	전기화·자동차·소비재 사이클	산업혁명 2단계, 대량 생산 체제 확립	제1차 세계대전 후 재건, 미국의 세계 경제 리더십 강화	전기 보급, 자동차 대중화, 가전 산업 출현	도시화, 소비 문화 시작	전력 회사, 자동차 (포드·GM), 가전 (라디오)
1940~ 50년대	전후 재건·군비 사이클	제2차 세계대전 후 인프라 수요 폭발, 마셜 플랜	냉전 시작, 미국 vs 소련 경쟁	항공, 원자력 초기 개발, 인프라 건설 붐	가족 중심 사회, 베이비붐 세대 등장	건설·철강, 방위 산업, 원자력
1960~ 70년대	에너지·원자재 사이클	고도 성장과 자원 수요 급증	오일 쇼크(1973, 1979), 중동 지정학 리스크	석유화학, 원자력 상용화	환경 운동 시작, 생활 수준 향상	석유·가스, 원전, 광물, 조선
1980년대	금융 자유화·세계화 사이클	인플레 억제 후 자본 시장 개방, 레이건·대처식 신자유주의	냉전 후반, 글로벌 자본 이동 확대	금융 파생 상품, IT 초기 발달	소비자주의, 다국적 기업 확산	은행·보험, 자본 시장, 다국적 기업
1990년대	IT·PC 보급 사이클	정보화 사회 진입, 생산성 혁명	냉전 종식, 세계화 가속	개인용 컴퓨터, 소프트웨어	인터넷 대중화, 글로벌 문화 공유	반도체(Intel), MS, 통신
2000년대 초반	인터넷·모바일 사이클	닷컴 버블 붕괴 후 회복, 글로벌 무역 확대	9·11 테러, 미국 중심의 지정학 리스크	모바일 통신, e커머스 초창기	디지털 라이프스타일 시작	구글, 아마존, 삼성전자, 알리바바
2008년 금융 위기 이후	위기 대응·규제 사이클	글로벌 금융 위기 → 저금리·양적 완화	국제 금융 규제 강화, 유럽 재정 위기	금융 감독 강화, 리스크 관리 산업 성장	불평등·청년실업 이슈 부각	채권, 금, 규제 산업, 인프라 투자
2010년대	모바일·플랫폼·디지털 사이클	스마트폰 보급률 급상승, 디지털 광고 폭발	미국·중국 패권 경쟁 서막	스마트폰, SNS, 클라우드	공유 경제, MZ세대 디지털 문화	애플, 구글, 페이스북, 텐센트, 알리바바
2015~ 2019년	AI·핀테크·4차 산업혁명 사이클	저금리 장기화, 데이터 경제 확산	미·중 무역 분쟁, 브렉시트	AI, 빅 데이터, 블록체인, 전기차	스타트업 붐, 일자리 대체 논란	테슬라, 엔비디아, AWS, 핀테크 기업
2020년대 초반 (코로나 이후)	언택트·디지털 전환 사이클	팬데믹 경기 침체, 대규모 부양책	미·중 신냉전, 글로벌 공급망 붕괴	원격 근무, 전자 상거래 폭발, 백신	개인 투자자 붐 (동학개미, Reddit)	줌, 아마존, 네이버·카카오, mRNA 백신 기업
2020년대 현재	AI·에너지 전환·지정학 재편 사이클	인플레 재발, 탈세계화, 공급망 재편	우크라 전쟁, 미·중 패권 경쟁	생성형 AI, 반도체, 재생 에너지·원전	ESG, 기후 위기 인식, 안보 중심 사고	엔비디아, 마이크로소프트, 원전·방산주, 신재생
2030~ 2040년대 초반	AI·로보틱스 초자동화 사이클	노동 인구 감소, 생산성 위기	노동 시장 충격, 사회 안전망 논의	AI 의사 결정, 자율 로봇, 디지털 휴먼	인간·기계 협업 일상화, 직업의 재정의	로봇, AI 칩, 디지털 트윈, 교육·재훈련 산업
2030~ 2040년대	에너지 전환·기후 복원 사이클	기후 위기 심화, 탄소 가격제 확산	탄소 국경세, 자원 민족주의	차세대 원전 (소형 모듈 원전), 수소 경제, 탄소 포집(CCUS)	탄소 중립 → 탄소 마이너스 문화	수소, 원전, 신재생, 기후 테크
2040년대	헬스테크·생명 연장 사이클	고령화 심화, 의료비 폭발	바이오 규제·윤리 갈등	유전자 편집, 맞춤형 의료, 뇌-컴퓨터 인터페이스	수명 연장, 노화 극복 욕망 확대	바이오, 헬스케어, 메타버스 의료
2040~ 2050년대	우주·신자원 개척 사이클	지구 자원 한계	우주 패권 경쟁 (미·중·인도·EU)	우주 채굴, 위성통신, 달·화성 탐사	'지구+우주' 생활권 확장	우주항공, 위성, 신소재, 방산
2050년대 이후	양자 네트워크 사이클	기존 컴퓨팅 한계 도달	사이버 안보·정보 패권 경쟁	양자 컴퓨터, 양자 통신, 초고속 네트워크	인간-데이터 경계 붕괴	양자 산업, 사이버 보안, 메타버스 2.0

시 AI를 더 똑똑하게 학습시키는 재료가 된다. 즉 AI 발전→ 전력 수요 증가→청정에너지, 저장 장치 투자 확대→안정적인 에너지 공급→AI 로봇의 현실 적용 확대→생산성 향상과 새로운 데이터 창출→다시 AI 발전 가속화로 이어지게 된다.

마치 플라이휠(flywheel)과 같은 순환 바퀴는 처음에는 무거워서 돌리기 힘들지만 한번 돌기 시작하면 그 힘으로 계속해서 더 빠르게 돌아간다. 이 혁신의 플라이휠이 본격적으로 돌아가기 시작하면 그 속도와 파급력은 우리가 상상하는 것 이상일 것이다.

<h1 align="center">핵심 포인트 정리</h1>

기술을 바라보는 올바른 시선

▶ 기술 혁신 사이클 또한 갑자기 나타난 것은 없다. 과거를 놓쳤기 때문에 새롭게 놀라는 것이다.

▶ 인프라 부족으로 상용화되지 못한 기술을 주목하라. 환경은 가까운 시일 내에 만들어진다.

기술과 금융의 관계

▶ 금융은 전통적인 규제 산업이다. 그렇지만 기술 진화의 속도가 더 빠르다.

▶ 기술(IT)이 금융의 주체가 된다. 기술 회사가 더 큰 금융 자본이 될 수 있다.

차세대 빅 사이클

▶ 시대가 원하는 사이클은 고령화, 지구 온난화, 에너지 부족에 대한 해법이다.

▶ 2026년은 생성형 AI와 로봇이 결합하며 거대한 변화의 축을 형성하고 있다.

▶ 기술의 급격한 발전은 생활 양식과 경제 구조를 근본적으로 바꾸며 새로운 시대의 승자 기업을 만든다.

6장

월간 사이클, 매달 체크해야 할 투자 리듬

매달 바뀌는 '제철 주식'

1월:
1월 효과와 중소형주

1월의 역사적 사건과 체크 포인트

- 1999년 1월 유로(Euro)화가 공식 출범했다. 2011년 유럽 부채 위기를 거치면서 말도 많고 탈도 많은 시스템이 되었다.

- 2011년 1월 '아랍의 봄'이 본격적으로 전개되면서 국제 유가 등 원자재 가격이 급등했다.

- 2020년 1월 WHO가 중국 우한의 신종 바이러스(코로나19)를 공식 확인했다. 당시만 해도 그것이 팬데믹의 서막이라는 걸 아무도 인지하지 못했다.

- 보통 12월 다음으로 1월의 FOMC 회의가 중요하다. 2026년엔 1월 27~28일에 개최한다. FRB(Federal Reserve Board, 연방준비제도 이사회)의 의사 결정 및 관련 자료는 사이트, 성명서, 의사록 등이다. 중요한 것은 기준 금리의 추이와 속도를 보는 것이다.

• 1월에는 미국 기업 4분기 실적 시즌이다. 한국은 상대적으로 4분기 실적에 대해 덜 민감하다. 겨울철이라 혹한, 폭설 등으로 인한 에너지 가격 상승이 나타나기도 한다. 절세를 위해 전년도 말에 주식을 판 투자자들이 새롭게 주식을 사는 경향이 있다.

1월 효과(january effect)는 1월에 소형주(시가총액이 적은 주식)의 수익률이 다른 달에 비해 상대적으로 높게 나타나는 현상을 말한다. 그 원인들은 다음과 같이 설명할 수 있다.

첫째, 세금 관련 매도와 매수 때문이다. 투자자들은 연말(12월)에 세금 혜택을 얻기 위해 손실이 난 주식을 매도하게 된다. 새해가 시작되면 투자자들이 다시 주식을 매수하면서 가격이 반등한다.

둘째, 리밸런싱(rebalancing) 또는 윈도 드레싱(window dressing) 때문이다. 기관 투자자들은 연말에 포트폴리오를 일부 재조정하는데, 대형 우량주만을 남겨놓고 소형주들을 정리하게 된다. 우량주 중심으로 포트폴리오가 보여지도록 하기 위함이다. 새해가 시작되면 다시 소형주에 대한 투자가 늘어난다.

셋째, 새해를 맞아 투자자들이 낙관적인 전망을 가지고 시장에 적극적으로 참여하면서 주식 수요가 증가할 수 있다. 기관 투자자의 신규 집행도 유동성 증가의 요인이 되기도 한다.

미국에서는 1월 효과가 오래전부터 연구돼왔다. 1970~1980년대 학계 연구에서는 소형주가 대형주 대비 1월 수익률이 월등히 높다는 사실이 반복적으로 확인됐다. 예컨대 1975년에서 1985년 기간 동안

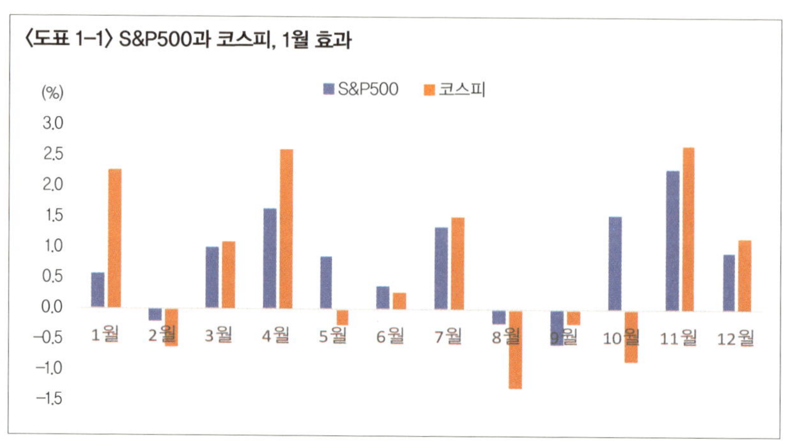

미국 소형주의 평균 1월 수익률은 8%를 넘었는데, 같은 기간 대형주의 1월 수익률은 2~3% 수준에 그쳤다. 이 현상은 '소형주 프리미엄(small-cap premium)'의 중요한 근거 중 하나가 되기도 했다.

또한 2000년대 이후에도 1월 효과는 완전히 사라지지 않았다. 다만 시장 참여자들이 현상을 의식하고 대비하면서 강도는 약해졌다. 2010년대 들어서는 ETF와 알고리즘 매매가 확산되면서 1월 효과가 미리 당겨지거나 특정 소형주 섹터에서만 부분적으로 나타나는 경우가 많았다.

한국에서도 1월 효과는 오랫동안 관찰됐다. 1993년 이후 1월에는 19번 상승했고 상승 비율은 59% 수준이다. 또한 1월 평균 수익률은 약 2.3% 수준으로 다른 달에 비해 2%가량 높으나 시장 효율성이 높아지면서 최근에는 1월 효과가 약화된 것으로 나타난다. 특히 코스닥 시장과 중소형주에서 두드러졌다. 연말 배당락과 세금 회피 매도로 소외됐던 종목들이 새해 들어 개인 투자자와 기관의 매수세를 받으며 급등하는 장면은 매년 단골처럼 나타났다.

예컨대 2000년대 초반 IT 버블 붕괴 이후에도, 해가 바뀔 때마다 코스닥 소형주에서 단기 랠리가 나타났다. 또 2010년대 중반까지는 1월 효과가 '연말 쇼핑 리스트'처럼 불릴 만큼 확실한 패턴으로 여겨졌다. 하지만 최근 들어서는 논란이 많다. 시장의 효율성이 높아지고 연말 매도·연초 매수 패턴을 선취하려는 투자자들이 늘어나면서, 1월 효과가 과거만큼 뚜렷하지 않다는 분석도 나온다. 실제로 2020년 이후 코로나 팬데믹과 금리 변동성 속에서는 1월 효과가 희미해졌다. 일부 해에는 소형주가 반등하기도 했지만, 다른 해에는 대형주가 상대적으로 강세를 보이기도 했다.

한국만 보면 중형주, 소형주 등의 초과 수익은 경기(〈도표 1-2〉 GDP 성장률)와 뚜렷한 관계가 없다. 오히려 경기는 대형주와 관계가 깊다. 다음 분기 경기 모멘텀이 개선될('다음 분기가 당분기보다 경제 성장률이 더 높아지는가'의 문제) 경우 당분기 주가 상승률이 플러스가 나온다.

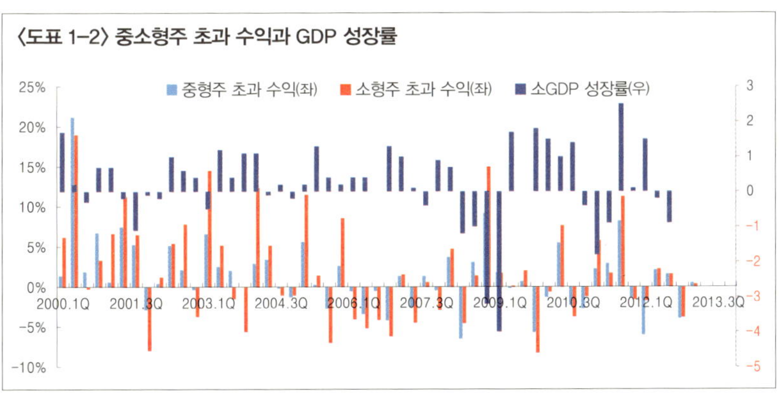

필자는 또 하나의 1월 효과를 이야기하고 싶다. 그것은 1월의 주도주가 연간 주도주가 될 가능성이 높다는 것이다. 1월의 시장 방향(수익률)은 대체로 연간 수익률의 방향을 결정하게 된다. 과거 16년 동안 12회나(확률 75%) 1월 주가 방향과 연간 상승률 방향이 일치했다(방향이 일치하지 않았던 연도는 1997년 IMF, 2002년, 2003년 북핵 및 SK 사태 등과 같이 특수한 상황들이 발생한 연도였다).

이러한 사실은 두 가지 의미를 갖는데, 1월의 주가 향방이 중요하다는 점과 함께 1월의 주가 방향을 보고 나서 연간 투자 전략을 세우는 것도 좋은 방법이 될 수 있다는 점이다.

대박주의 대부분은 1월에 초과 수익을 기록한다는 것이고 2월 이후에 초과 수익이 확대된다는 것이다. 60%의 확률을 가지는 충분 조건('1월 초과 수익주'이면 '연간 초과 수익주'라는 조건) 속에 대박주들이 끼어 있으므로 평균 수익률 제고(포트폴리오 차원)에는 효과가 있는 것으로 나타난다. 따라서 포트폴리오나 종목군 선정 전략에는 1월의 주가 상승률을 확인하고 연간 투자를 결정하는 것도 방법이 될 수 있다고 생각한다.

한국 주식 시장에서 중소형주(코스피 기준 분류)라 함은 시가총액 순서로 101위 이하인 종목들을 말한다. 미국 주식 시장에서는 S&P400(중형주), S&P600(소형주), RUSSELL2000(중소형주) 등이 있다. 우리가 잘 알고 있는 S&P500은 대형주 지수다. 미국의 중소형주의 시가총액은 한국 중소형주보다 상당히 크다. 예를 들어 한국의 시가총액 5조 원 정도의 주식은 미국 대형주에는 끼지 못한다.

역사적으로 투자의 달인들은 중소형주 투자에 능통했다. 향후 대형주로 자리매김할 중소형주를 고르는 안목이 있었다. 대형주도 한때는 중소형주였다. 그렇지만 중소형주 투자는 상대적으로 어렵다. 그것은 대형주보다 공개된 정보가 부족하고 전반적으로 정보에 대한 접근이 어렵기 때문이다.

중소형주 투자와 관련된 책은 랄프 웬저(Ralph Wanger)의 《작지만 강한 기업에 투자하라》가 대표적이다. 이 책의 원제는 "A Zebra in Lion Country"다. '사자 세계의 얼룩말'의 의미는 중소형주 투자는 리스크를 감당해야 하며 그 보상은 상당한 투자 수익이라는 것이다. 마치 주변의 사자들이 호시탐탐 노리는 초원의 얼룩말과 마찬가지로….

얼룩말은 신선한 풀을 먹기 위해서는 무리의 맨 바깥쪽으로 나가야 한다. 중소형주 투자자는 마치 적극적이고 공격적인 얼룩말처럼 과감히 무리의 맨 바깥쪽으로 나가 신선한 풀을 배불리 먹어야 한다는 것이다. 사자의 먹잇감이 될 위험을 감수하고서라도 말이다.

2024년 1분기 슈퍼 마이크로 컴퓨터가 단 3개월 동안 3.5배 상승했던 일을 기억하는가. 당시 이 주식은 크게 알려지지 않은 주식이었다. 따라서 이 기업을 분석하는 애널리스트(증권사) 숫자가 많지 않았다. 팔란티어 등 우리가 지금은 잘 알고 있는 주식들도 과거에는 그랬다.

이렇게 정보가 적은 주식들을 특정한 기준으로 선별해서 만든 포

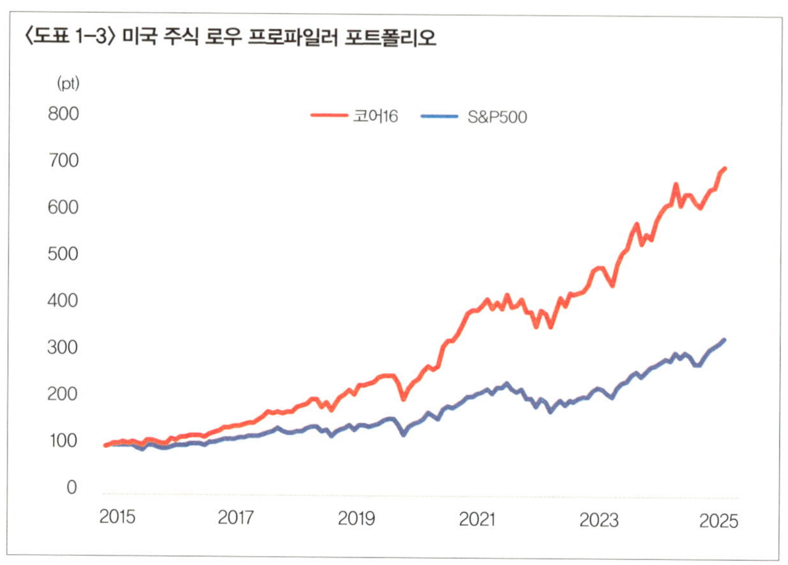

트폴리오가 '로우 프로파일러(low profiler)'다[이 종목 선정 방법론은 ㈜코어
16이 만든 것이다]. 지금의 잘 알려진 대형주도 과거에는 모두 소형주
였다는 사실을 기억하자.

2월:
중국 춘절, 중국 관련주

2월의 역사적 사건과 체크 포인트

- 1980년 2월 소련·아프간 전쟁 지속으로 원유 가격 30% 급등. 2차 오일 쇼크로 시작된 세계 경제의 고통을 더욱 심화시킴.

- 2014년 2월 미국 폴라 보텍스(polar vortex, 북극 기류 변화로 인한 미국의 극한 한파, 2014년 1월)로 천연가스 가격 20% 급등함.

- 중국 춘절(2월): 아시아 시장 거래량 감소로 변동성 확대 가능. 과거 춘절 기간 원자재 및 아시아 주식 단기 조정 사례 다수.

- 2월 역시 혹한으로 인한 에너지 가격 상승 가능성이 상존하는 시기다.

중국 춘절(우리나라의 설날) 연휴가 시작되는 것은 보통 1월이나 2월이다. 대체로 약 2주간의 연휴가 이어지는데, 이 시기에 10억 명이 넘는 중국인이 이동하며, 세계 최대 규모의 민족 대이동이 발생한다. 항공·철도·자동차 등 교통 수단이 포화 상태가 되고 도시의 공장과 사무실은 문을 닫는다. 춘절은 중국 사회 전체가 멈추고 동시에 엄청난 소비가 폭발하는 시점이다. 대부분의 제조업체가 1~2주간 휴무에 들어가고 글로벌 공급망에 '공백 기간'이 발생한다. 증시는 춘절 연휴 동안 휴장한다. 반대로 백화점, 온라인 쇼핑몰, 식음료, 여행, 엔터테인먼트 등의 소비가 집중적으로 늘어나게 된다.

춘절 전후 중국인 소비 패턴에 따라 글로벌 소비재 기업 주가가 움직일 수 있다. LVMH(Louis Vuitton, Moët & Chandon, Hennessy), 에스티로더, 한국의 면세점, 화장품 기업이 대표적 수혜주다. 여행객 증가로 항공사, 호텔, 카지노가 수혜를 볼 수 있다.

한국 증시에는 이른바 중국 관련주라는 것이 있었다. 2005년에서 2007년경에는 주로 소재(철강, 화학)와 산업재(조선, 기계, 해운, 항공, 건설 등) 주식들이 주류였다. 당시에는 세계의 공장으로서 중국의 영향력이 상당했다. "중국인들이 머리를 감기 시작했다"라는 우스갯소리로 한국의 표백제 회사 주가가 급등하기도 했다.

글로벌 자본의 관점에서도 한국은 중화권 경제와 직접적으로 연결되는 경제 구조로 인식되었다. 당시 그레이트 차이나(great china, 중국, 홍콩, 대만 등)로 향한 한국의 수출 비중은 30%가 넘어섰고 최대의 수출지였다.

중국 경제 지표에 한국 증시는 매우 민감했다. 필자도 중국의 PMI, 산업 생산, 소비, 물가, 고정 자산 투자, 부동산 등등 꽤 많은 경제 지표들을 수시로 점검했고 중국 출장도 잦았다. 증권사 지점을 방문해서 투자 열기를 느끼려 했고, 펀드매니저들을 만나고, 증권사들과 공동 포럼을 개최하고, 경제연구소들을 방문하고, 철강데이터 회사들과 교류하고, 한국 시장을 소개하고, 돼지고기 가격 등을 마트 등에서 점검하는 등 중국을 알기 위해 노력했었다.

중국의 고성장세로 인한 한국인들의 중국 주식 투자 열풍도 거셌다. 해외 펀드 비과세 정책이 중국 펀드의 열풍을 만드는 데 일조했다. 증권사 리서치센터에는 중국 증시 분석가들이 최소 1명 이상씩 존재했다.

2012년을 기점으로 중국의 세계 경제에 대한 영향력은 큰 폭으로 줄어들기 시작했다. 유럽 경제의 세계 영향력과 중국에 대한 유럽 의존도 또한 영향을 미쳤다. 2012년은 유럽의 재정 위기가 한창인 시기였다. 2012년은 중국의 경제 성장률이 처음으로 8%를 하회하기 시작한 해다[당시 중국 정부는 '8% 성장률을 지키자'는 의미의 바오바(保八) 정책을 적극적으로 추진했다].

시간이 지나 중국 관광객과 보따리상들의 한국 입국이 러시를 이루면서 중국 관련주는 유통, 면세점, 화장품으로 변하기 시작했고, 한류 열풍이 음식료, 엔터테인먼트 분야에 나타나면서 중국 관련주는 또 한 번 바뀌었다. 모두 2015년 전후였다.

2020년 코로나19 이후 중국을 바라보는 투자 전략은 새롭게 바뀌고 있다. 미국과의 관세 전쟁, 무역 전쟁, 패권 전쟁이 앞으로도 지속되고, 기술 전쟁이 주식 투자의 핵심으로 자리 잡기 때문이다.

<도표 2-1> 중국 관련주

섹터	기업명	특징 / 중국 관련 포인트
화장품·뷰티	아모레퍼시픽	중국 매출 비중 높음, 럭셔리 화장품 라인 중국 소비 선호
	LG생활건강	'후(Whoo)' 등 한방 화장품, 중국 프리미엄 시장 강세
	코스맥스	화장품 ODM, 중국 현지 생산 기지 보유
	한국콜마	ODM/제약·화장품 이중 포지션, 중국 로컬 브랜드와 협업
면세점·관광	호텔신라	중국 유커에 대한 의존도가 높은 면세점 매출
	신세계	신세계면세점, 명품 소비와 직결
	파라다이스	카지노, 중국 VIP 고객 매출 비중 큼
	GKL(그랜드코리아레저)	외국인 전용 카지노, 중국 관광객에 의존
식품·음료	오리온	중국 법인 매출 비중 50% 이상, '초코파이' 현지 스테디셀러
	농심	신라면, 중국 라면 시장 점유율 상위권
	CJ제일제당	가공 식품·HMR, 중국 식품 시장 확대 수혜
엔터·콘텐츠	하이브	BTS, 세븐틴 등 글로벌 팬덤, 중국 팬덤 소비력 영향
	JYP엔터테인먼트	트와이스, ITZY 등 중국 팬덤·IP 매출 기여
	YG엔터테인먼트	블랙핑크, 위너 등 중국 내 영향력 큼
소재·산업재	포스코홀딩스	철강, 중국 경기·부동산 투자와 직결
	고려아연	비철금속(아연·구리), 중국 산업 수요 영향
	롯데케미칼	석유화학, 중국 제조업 경기에 민감
	현대글로비스	물류·중국 완성차·부품 수출입 영향
반도체·IT	삼성전자	중국 스마트폰·전자 제품 수요, 메모리 수출 비중 큼
	SK하이닉스	중국 서버·스마트폰 메모리 수요 큰 비중

우리가 보통 새로운 기술주 또는 혁신 산업이라고 하면 미국을 먼저 찾게 된다. 그렇지만 중국의 혁신 기술주 또한 투자자에게 높은 수익을 가져올 만한 자원이 된다.

홍콩 상장 주요 기술 기업 30개로 구성한 항셍 테크 지수는 2025년 10월 21일 기준 36.5%가 올라 나스닥의 19.2% 상승률을 크게 앞질렀다. 기술 대기업 알리바바, 텐센트, 바이두 주가는 각각 103.1%, 51.6%, 45.4% 올랐다. 중국 기술 기업 중 다수가 홍콩 증시에 상장되어 있다.

중국 AI 성장의 주요 구매자는 중국 본토 투자자들에서 글로벌 투자자들로 확대되고 있다. 딥시크는 약 80억 원의 저비용으로 미국 최신 AI 모델 훈련 비용의 10분의 1 수준만 사용해 GPT-4 수준의 성능을 구현했다고 발표한 바 있다. 엔비디아의 저사양 H800 칩 2,000여 개만을 활용한 결과로, 미국의 대중국 수출 규제하에서도 혁신이 가능하다고 한다. 세계 경제의 중심은 이제 기술이다. AI, 반도체, 로봇, 드론, 배터리 등이 산업혁명의 심장 역할을 하고 있다. 미국은 엔비디아, 구글, 테슬라, 마이크로소프트 같은 기업들을 앞세워 세계 기술 시장을 선도하고 있다. 하지만 중국이라는 막강한 경쟁 상대가 있다. 중국은 기술을 국가의 생존으로 보고, 정부가 직접 돈을 넣고, 인재를 모아 기술 패권에 도전하고 있다.

중국은 AI 분야에서 세계 1위의 논문 생산국이며 AI 스타트업 수는 미국 다음으로 많다. 바이두는 중국의 구글이다. 챗GPT에 대응하는 AI 챗봇 어니봇(ernie bot)을 출시했다. 음성 인식, 자율주행, 클라우드 분야에서도 강력하다. 상탕(SenseTime)은 얼굴 인식, 영상 처리 분야에서 세계 선두 기업이다. 중국 내 보안, 교통, 의료 데이터를 장악하고 있다. 아이플라이텍(iFlytek)은 중국판 시리(siri)로 불린다. AI 교육·번역 서비스로 성장 중이다.

반도체 분야에선 미국이 엔비디아, 인텔, AMD로 대표된다면, 중국은 여전히 미국의 제재 속에서도 기술 자립을 향해 달리고 있다. SMIC(중신국제)는 중국 최대 파운드리업체다. 7나노 공정 생산 성공으로 기술 격차를 축소하고 있다. 화홍반도체(Hua Hong Semiconductor)는 전력용과 자동차용 반도체 강자다. 캄브리콘 테크놀로지스(Cambricon Technologies)는 미국의 엔비디아와 같은 AI 칩 전문 기업으로, 자체 신경망 프로세서(NPU) 설계 전문 기업이다. 중국의 빅 테크 기업들은 자체적으로 AI 칩 개발에 투자하고 있으며, 특히 알리바바 클라우드와 연계된 반도체 개발 역량이 주목받고 있다.

중국은 이미 산업용 로봇 세계 1위 시장이다. 'Made in China 2025' 정책은 로봇을 10대 핵심 산업 중 하나로 지정했다. 시아순 로봇(Siasun Robot)은 중국의 대표 산업용 로봇 기업이다. 자동차, 전자 공정 자동화의 중심에 있다. 에스턴 오토메이션(Estun Automation)은 로봇 관절, 센서, 제어 시스템 기술을 보유하고 있고, DJI는 드론 기업으로 시작했지만 산업용 로봇 시스템으로 확장 중이다. 드론 분야는 이미 중국이 세계 1위이고 미국이 따라가는 입장이다. 세계 드론 시장의 70% 이상이 중국 DJI 제품이다.

전 세계 배터리 시장의 절반 이상은 중국 기업의 손에 있다. 중국이 무서운 이유는 리튬, 니켈 등 원자재 확보에서부터 생산, 재활용까지 배터리 공급망 전체를 장악했기 때문이다. CATL은 세계 1위 배터리 제조사로 테슬라, BMW, 현대차에 공급한다. 리튬인산철(LiFePO4, LFP) 배터리의 원조이기도 하다. BYD는 전기차와 배터리를 함께 만드는 기업이다. EVE 에너지(EVE Energy)는 ESS(energy

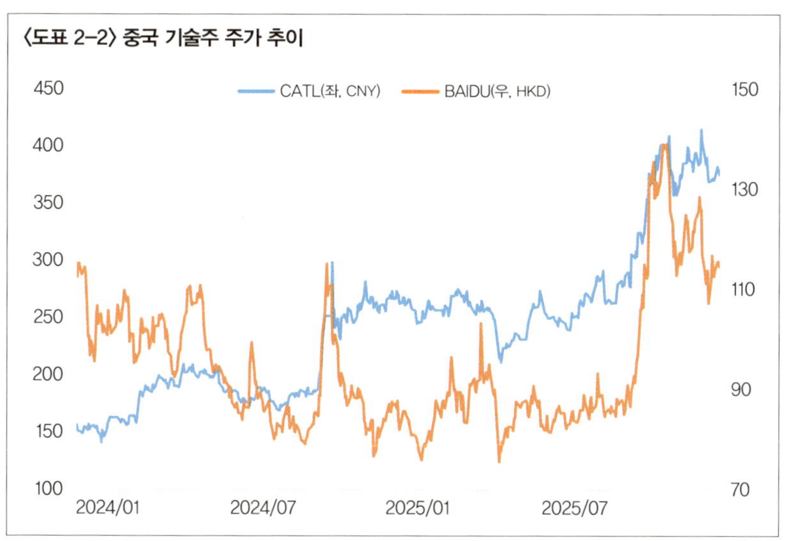

storage system, 에너지 저장 장치)와 고출력 배터리 분야의 강자다.

여전히 미국과의 기술 격차가 있지만 중국은 속도, 규모, 국가 지원에서 세계 최고다. 중국 정부는 AI, 반도체, 에너지를 국가 전략 산업으로 지정하고 막대한 지원을 퍼붓고 있다. 14억 인구라는 거대한 내수 시장을 테스트 베드(test bed, 시험장) 삼아 기술을 빠르게 발전시키고, 규모의 경제를 실현하고 있다. 특히 배터리와 전기차 분야에서는 원재료(리튬)부터 완제품(자동차)까지 중국 기업들이 모두 장악하려는 움직임(수직 계열화)이 강하다.

3월:
주총 시즌 대응법

3월의 역사적 사건과 체크 포인트

• 2003년 3월 이라크 전쟁 발발로 원유 가격이 25%나 급등했다.

• 2011년 3월 일본 대지진으로 인한 후쿠시마 원전 사태가 있었다.

• 2020년 3월 코로나19 팬데믹으로 인해 금융 시장에 커다란 충격이 있었다. 이
시기는 지금까지도 이어져오고 있는 패러다임 변화의 기점이 되었다.

• 2026년 3월 주총 시즌에는 시장 이슈를 반드시 살펴봐야 한다. 상법 개정 영향
이 처음 적용되는 주총이다. 최대 주주 의결권 제한, 집중 투표제 의무화 등 소
액 주주 영향력 강화, 행동주의 펀드의 제안이 증가할 수 있다.

한국 주식 시장의 경우 3월은 주주 총회라는 정기적인 이벤트가
있는 시기다. 한국 기업의 대부분은 12월 결산 법인이기 때문에

정기 주주 총회가 그다음 해 3월에 집중된다. 금융 감독 기관에서 주주 총회 분산을 권고하지만 아직도 현실적으로 주주 총회는 특정 시기에 집중되어 있다. 이를테면 2025년 코스닥협회에서 발표한 당해 연도 주주 총회 집중일은 3월 21일(금), 3월 27일(목), 3월 28일(금)이었다. 주주 총회에서 다루는 핵심 안건은 대체로 정형화되어 있다.

- 재무제표 승인: 작년 성과와 올해 배당 확정.
- 이사·감사 선임: 이사회 구성이 기업 전략에 직접적 영향을 줌.
- 정관 변경: 사업 목적 확대, 자본금 조정 등 향후 전략의 밑그림 제시.
- 임원 보수 한도 승인: 경영진 보상 체계에 대한 주주 견제 장치.

투자자들은 몇 가지 정보를 확인하는 것이 좋다.

- 배당 확인: 주총에서 최종 확정되는 배당 규모를 확인하고, 세후 수익률 기준으로 투자 전략을 점검한다.
- 이사회 구성 체크: 독립 사외이사 비율, 전문성 있는 인사 영입 여부가 장기 기업 가치에 있어서 핵심 요인이다.
- 주주 제안 안건 검토: 최근 지배 구조 개선과 관련한 주주 제안이 늘어나고 있다.
- 행동주의 펀드 움직임: 국내외 행동주의 펀드(예: 엘리엇, KCGI, 국내 사모 펀드)의 안건 제안 여부가 주가 상승 모멘텀을 만들기도 한다.

2020년 이후 동학개미 운동(한국 증시에 개인 투자자들의 영향력이 급격하게 확대됨)이 나타나면서 주주 총회에서 개인 투자자들의 영향력도 급격히 증대되었다. 관련 인프라도 소액 주주 플랫폼들이 생겨나면서 점차 조직화되고 있는 추세다.

엘리엇의 삼성물산·제일모직 합병 반대, 국내 행동주의 펀드의 배당 확대 요구 등 과거에는 대주주와 기관의 전유물처럼 여겨지던 주총에 개인 투자자의 참여가 늘어났다. 온라인 주총 시스템 확산으로 소액 주주의 표가 모이면 기업 안건이 실제로 부결되거나 수정되는 사례가 등장했다. 표결 여부를 떠나 기업들이 소액 주주의 의견에 경청하기 시작했다는 것이 고무적인 변화다.

주총은 점점 더 형식적 절차에서 실질적 권력 게임의 장으로 바뀌고 있다. 과거엔 주총 정보가 제한적이었지만, 지금은 전자 공시와 의결권 대리 행사 플랫폼으로 인해 접근이 쉬워졌다. 최근 수년간 경영권 분쟁 사례가 심심치 않게 나타나고 있다. 주가 변동성이 확대되고 일부 투자자들에게는 좋은 투자 기회일 수도 있다.

주총 시즌은 투자자의 달력에서 결코 빼놓을 수 없는 연례 이벤트 사이클이다. 주주 총회 관련 정보는 투자자가 어떻게 활용하는가에 따라 좋은 먹거리(투자 수익)가 될 수 있다. 몇 가지 예시를 들어 설명하고자 한다. 공시는 금융감독원 전자 공시 시스템[19]을 통해 확인할 수 있다.

감액 배당에 대한 결정이었다. 투자자들에게는 배당 소득 감세 효과로 좋은 투자 정보이기도 했다. 이후 8월 8일 중간 배당 공시, 9월 15일 분기 배당 공시는 주가 상승에 기여했다고 판단한다. 특히 9월 15일 공시는 마지막 감액 배당이라는 투자 유인을 가져왔다.

한·미·일 간 주총 시기는 3월~6월로 비슷한 시기에 열린다. 최근 한·미·일 주주 총회에서 나타나는 전반적인 특징은 행동주의가 활발해지고 정책이 주주 이익 방향으로 전환되는 흐름이 전개된다는 것이다.

〈도표 3-1〉 한·미·일 주총 비교

구분	한국	미국	일본
개최 시기	주로 3월 집중 개최(회계 연도 종료 후 3개월 이내, 대부분 12월 결산) → "3월 주총 시즌"	주로 5월(기업이 정한 회계 연도 종료 시점에 맞춤. 12월 결산 기업이 많지만 집중 현상 적음)	3월 말~6월 집중 개최(전통적으로 6월 말 '주총 집중일' 존재). 12월 결산 법인은 3월 말 집중, 3월 결산 법인은 6월 말 집중(자본 시장 연구원, 일본의 주주 총회 분산 개최에 관한 논의)
형식	대체로 오프라인 현장 위주(최근 전자 투표제 확산 중). 상법 개정으로 전자 주주 총회 도입 예정	현장+온라인(대형 기업 위주) 병행. 전자 투표·위임장 제도 활성화	현장 중심이지만 최근 온라인 허용 확대. 의결권 행사 전자화 진행
주주 참여율	상대적으로 낮음. 대주주·재벌 중심 지배 구조 → 소액 주주 참여 제한적	높음. 기관 투자자·연금 펀드의 적극적 개입. 소액 주주도 위임장 통해 참여 용이	낮은 편. 전통적으로 기업과 은행·기업 간 주식 보유(안정 주주) 문화 때문에 견제 약함
중심 이슈	재무제표 승인, 배당, 이사 선임, 이사 보수 한도, 정관 변경·최근 ESG·지배 구조 투명성 논의 증가	경영진 보수, 지배 구조, 인수 합병, 행동주의 펀드 압박·소송 가능성 높음	경영진 신임 확인, 배당, 이사 선임·전통적으로 형식적이었으나 최근 행동주의 주주 증가
행동주의 주주 (Activism)	최근 늘어나는 추세(엘리엇의 삼성물산·제일모직 합병 반대 사례 유명). 최근 액트, 비사이드, 헤이홀더 등 주주 행동 온라인 플랫폼을 통한 개인 주주의 활동 증가세	매우 활발. 칼 아이칸, 엘리엇, 서드포인트 등 행동주의 펀드 영향력 큼. 법적 구속력이 없는 권고적 제안의 경우에도 주주 제안에 포함될 수 있음(자본 시장 연구원, 주요국의 권고적 주주 제안 특징과 시사점)	과거엔 약했으나, 2000년대 이후 점차 증가. 해외 행동주의 펀드 일본 기업에 압력 행사
문화적 특징	'형식적 절차' 성격 강했으나, 최근 주주권 강화·스튜어드십 코드 도입으로 변화	'주주자본주의' 반영. 경영진과 주주 간 토론·갈등이 적극적	'관행 중심' → 기업·은행·거래처 간 안정적 지분 구조[게이레츠(keiretsu)로 주주 반대 적었으나 최근 변화]
투자자 시사점	지배 구조 개선, 전자 투표 확산이 소액 주주 권리 강화로 이어짐	행동주의 펀드와 기관 투자자 움직임이 기업 가치와 주가 변동에 큰 영향	보수적인 의결 문화 → 하지만 최근 해외 주주 압력 증가로 배당 확대·자사주 매입 정책 등장

4월:
바퀴벌레 효과

4월의 역사적 사건과 체크 포인트

- 1997년 4월 아시아 금융 위기 전조로 태국 바트화 약세 시작. 신흥국 통화 변동성이 확대되었다.
- 1분기 기업 실적 시즌[대형 기업이거나 실적이 크게 호전(또는 악화)된 기업들은 4월에 대부분 1분기 실적 발표를 한다]으로, 분기 실적 호전주를 찾는 것이 중요한 투자 전략이다.
- 외국인 배당 유출. 원·달러 환율에 주목해야 한다.

필자의 리서치 중 가장 널리 알려진 개념은 '바퀴벌레 효과(cock-roach effect)'일 것이다(2003년 리서치 자료에서 처음으로 언급했다). 인터넷 검색을 해봐도 이 개념을 누가 한국 주식 시장에 도입했는지 그 출처를 알기 어렵다. 그것은 바로 필자다.

증권가에는 동물의 특성을 빗댄 리포트나 용어들이 있다. 강세장을 나타내는 황소, 약세장의 상징인 곰, 애널리스트나 개미 투자자들이 떼 지어 다니는 습성을 나타내는 양, 서브프라임 시기의 검은 백조, 그리고 개미 등이 대표적인 예다. 다른 동물들에 비해 바퀴벌레의 이미지는 좋지 않다. 그러나 바퀴벌레는 인간보다 더 긴 역사를 가지고 있다. 잘 죽지 않는다. '바퀴벌레 효과' 주식 또한 그러하다. 실제로 여러 투자자가 활용하는 모멘텀 전략이 되었다.

바퀴벌레 효과란 미국 월가에서 나온 이야기라고 한다. 바퀴벌레 한 마리를 보게 되면 주변에 소굴이 있어 더 많은 바퀴벌레를 볼 확률이 높다는 데서 유래된 말로, 원래는 사소한 나쁜 뉴스 뒤에는 대형 악재가 숨어 있다는 의미다.

2025년 10월 JP모건 제이미 다이먼(Jamie Dimon)도 바퀴벌레 효과를 언급했다. 미국 CNBC에 따르면 다이먼은 3분기 실적 발표회에서 최근 자동차 담보 대출 업체 트라이컬러 홀딩스(Tricolor Holdings)가 파산한 것과 관련해, "바퀴벌레가 한 마리 나타났다면 아마도 (실제로는) 더 많을 것"이라며 "모두 이에 대해 미리 경계해야 한다"고 말했다. 2002년 LG카드 사태(2003년 3월까지 코스피 지수가 500대 초반으로 하락)와 2007년 서브프라임 사태(2008년 국제 금융 위기로 확산)가 대표적인 예가 될 수 있다. 한두 번의 악재를 허투루 보다가 대형 악재들이 잇달아 터지면서 주가 폭락을 경험하게 되는 현상이다.

이렇듯 '연속되는 숨은 악재의 출현'을 필자는 '연속되는 호재의 출현' 개념으로 바꿔놓았다. 연속되는 분기 실적 호전이 바로 그것이다. 여기서 분기 실적 호전이란 기업의 분기 영업 이익과 분기 순이익이 전년 동기비 크게 늘어난 것(예로 전년 동기비 30% 이상의 증가)을 의미한다. 바퀴벌레 효과를 이용한 주식 투자 전략은 이미 공표된 분기 실적 호전주에 투자하는 것이다. 이미 발표된 뉴스라면 모두가 알고 있는 정보이고 주가에 반영이 되었을 텐데, 때늦은 투자가 아닌가? 이런 의문이 생길 것이다.

미래를 미리 알 수 있다면 '예상 실적 호전주' 투자가 정답일 것이다. 그렇지만 실제 투자 성과는 다르다. '바퀴벌레 효과'는 애널리스트 또는 시장 컨센서스의 오차를 극복하는 투자 방법이다. 이 전략이 효과적인 주된 이유는 애널리스트들의 분기 실적 추정치는 실제 발표치와 오차가 크다는 것이다. 그리고 업황 호전 또는 하강은 한 분기로 끝나는 경우보다 최소 서너 분기 연속되는 경우가 많다는 것이다. 예를 들어 2005년과 2007년에는 주로 조선, 기계, 해운 등 산업재 업종 또는 중국 관련주들이 바퀴벌레 효과 주식(분기 실적 호전주)이었다. 이 업종의 종목들은 산업 사이클 또는 이익 사이클(주기)이 상대적으로 길다. 따라서 한 번의 분기 실적 호전(전년 동기비 이익 증가율)이 상대적으로 장기간 연속되어 나타날 가능성이 높고, 이러한 이익 모멘텀이 지속적인 주가 상승을 유도한다.

1분기가 지나고 실적 공시도 끝난 6월에도 1분기 실적 호전주 투자를 권하는 이유는 1분기 영업이익과 순이익 증가율이 높게 나온 종목들이 이후 2, 3, 4분기에 연속되는 실적 호전을 보일 가능성이 높기 때문이다. 따라서 1분기 실적 호전주를 매수하게 되면 2분기, 3분기 그리고 4분기 실적 호전주를 동시에 매수하게 되는 효과가 있다. 상대적으로 정보력이 떨어지는 개인 투자자들에게 직전 공표된 분기 실적 호전주 투자, 즉 바퀴벌레 효과의 개념은 효과적일 수 있다. 실적 추정의 비용과 추정과 실제와의 오차로 인한 손실 등을 고려할 때 더더욱 그러하다.

㈜사업(연결)/반기/분기 보고서 공시는 금융감독원 전자 공시를 통해 볼 수 있다. 12월 말 결산 법인 기준으로 1분기, 2분기, 3분기 보고서 마감일은 분기 종료 후 45일 이내로 각각 5월 15일, 8월 16일, 11월 15일에 해당된다. 4분기 보고서는 별도로 나눠져 있지 않고 연간 사업 보고서를 기준으로 하기 때문에 사업 연도 종료 후 90일 이내로 3월 30일이 마감일이다.

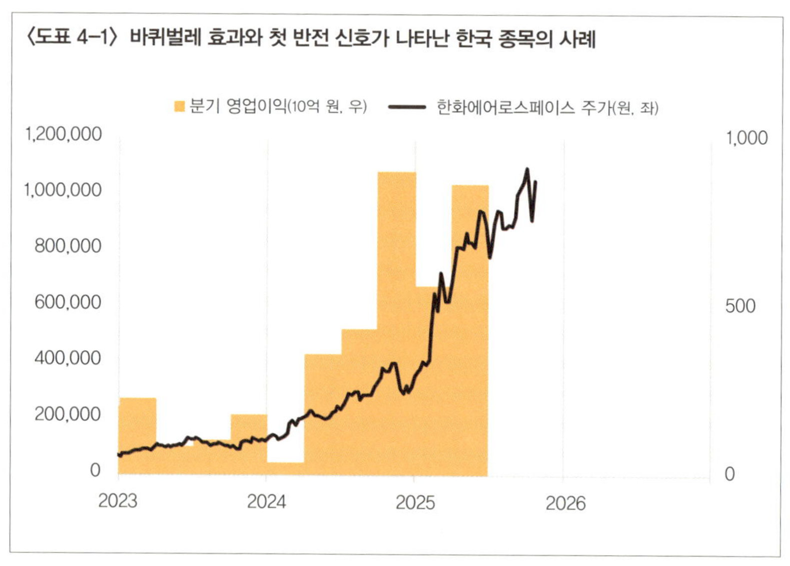

〈도표 4-1〉 바퀴벌레 효과와 첫 반전 신호가 나타난 한국 종목의 사례

덧붙여서 '첫 반전 신호'를 이용하면 바퀴벌레 효과 투자의 성과를 높일 수 있다. 첫 반전 신호는 필자가 2006년 10월 자료 '첫 반전 신호를 주목하라'에서 새롭게 사용한 용어다. 해외 어느 투자 고수의 매매 전략은 첫 반전 신호를 포착하는 것이라 한다(이것은 원래 시장의 매수, 매도 타이밍을 결정할 때 이용). 이것을 기업 이익에 적용해보면 분기 실적 호전주 중 특히 주목할 종목들은 '첫 반전 신호'가 나타난 종목들이라고 판단한다. 이익 증가율(〈도표 4-1〉 영업이익 전년 동기비 증가율) 측면에서 턴어라운드의 첫 신호가 나타난 종목들이다.

한화에어로스페이스의 경우 전년 동기 대비 영업 이익의 플러스 반전(첫 반전)을 처음 확인할 수 있는 시기는 늦어도 2024년 8월이었다.

5월:
'셀 인 메이', 매도 신호란?

5월의 역사적 사건과 체크 포인트

• 2010년 5월의 플래시 크래시(Flash Crash, 초단기 급락). 필자는 밤새 미국 주식 시장을 보고 있었다. 다우존스 지수가 불과 수십 분 만에 약 1,000포인트(약 9%) 가까이 급락했다가 다시 빠르게 회복하는 사상 초유의 일이 벌어졌다. 컴퓨터를 이용한 고빈도 매매(High Frequency Trading, HFT) 시스템의 오류로 대규모 매도 물량이 시장에 집중되면서, 순식간에 주가가 폭락한 사건이다.

• 2012년 5월 프랑스 대선. 다음은 필자의 2012년 4월 27일의 코멘트다.

"'2012년 연간 주식 시장 전망(2011/11/22)' 자료를 통해 '2012년 4월 충격(2분기 하락 충격)'을 주장해왔다. 그것은 2분기경 유로존의 리세션(recession) 공포와 대대적인 신용 등급 하강, 프랑스 대통령 선거 불확실성[프랑수아 올랑드(Francois Hollande)가 당선할 경우 신 재정 협약 재논의 가능성], 그리고 한국의 지정학적 위험이 복합적으로 작용할 수 있다고 판단했기 때문이다.

대학 시절 〈리타 길들이기〉란 연극에서 들었던 말이 아직도 생각난다. 셰익스피어(shakespeare)의 《맥베스》가 왜 비극인가를 설명한 것이었다. 맥베스는 타고난 야심가로 그 야심 때문에 비극적인 인생을 살아갈 개연성이 높았다. 그의 삶은 결국 불행한 최후를 맞이했고, 비극이란 '정해진 운명을 벗어나지 못하는 것'이다."

결국 5월 주식 시장은 하락 충격을 경험했다.

· 2013년 5월 버냉키 쇼크(Bernanke Shock). 양적 완화 축소 가능성, 즉 출구 전략을 언급하면서 전 세계 금융 시장이 급락한 사건도 있었다. 미국 양적 완화 축소 논의는 과연 새로운 악재인가? '양적 완화 축소 논의'에 대한 시장의 두려움을 일찍부터 예측하고 있던 필자는 당시 이런 글을 썼다.

"국채 직매입은 계획된 시한부 정책으로 판단한다. 조기 종료에 대한 언급이 없더라도 '물가 상승률 2.5%'의 기준에 의해 국채 직매입은 2013년 상반기로 종료될 가능성이 높다고 판단한다. (…) 가장 큰 악재는 '유동성 확대 조기 종료'에 대한 두려움이다. 미국의 양적 완화가 그 일부라도 상반기 말로 종료된다면 증시는 과거와 같이 조정 국면이 나타날 가능성이 높다고 판단한다. (…) 그리고 기한을 정해놓지 않은 버냉키의 '국채 매입 정책'은 오래가지 않을 것으로도 믿고 있다."

결국 3차 양적 완화(QE3)는 시장의 예상을 깨고 종료되었다.

5월에 주식을 팔라는 격언이 있다. 일명 '셀 인 메이(sell in may)'. 이 말은 실제로 오랫동안 통계적 근거가 있다고 여겨져왔다. 북반구 여름철에는 휴가 및 방학 등으로 거래가 한산해지고, 이익 실현 매물이 나오며 시장이 부진했다는 경험 때문이다.

이 격언은 영국 런던 증권가에서 유래했다. 5월에 팔고, 세인트 레저(St. Leger) 경마 대회(세계에서 가장 오래된 경주)가 열리는 9월까지 시장을 떠나라는 말에서 비롯된 것이다. 미국 월가로 건너오면서 5월 매도라는 간명한 표현으로 정착했다.

실제 데이터를 보면 S&P500 기준(1950~2000년)으로 11월~4월 수익률이 5월~10월보다 평균적으로 약 4배 정도 높았다. 최근 20년 동안(2000~2020년)은 격차가 다소 줄어들었지만, 여전히 여름철 성과는 상대적으로 약한 편이었다. 한국 코스피의 경우도 1월~4월 수익률이 5월~10월보다 평균적으로 약 2배 정도 높았다.

그렇지만 이것은 격언일 뿐 절대적으로 신뢰할 만한 통계는 아니다. 경기 부양책, 금리 변화, 지정학 변수에 따라 여름철에도 강세장이 열릴 수 있다. 게다가 1분기 어닝 서프라이즈(earning surprise, 기업 실적 호전)와 2분기 기대감으로 시장을 끌어올리는 경우도 있다.

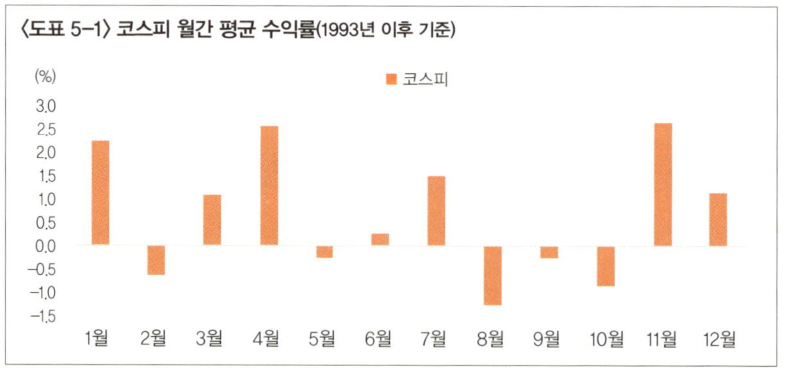

2020년 팬데믹 이후 오히려 5월~8월에 증시가 급반등했었다. 5월 한 달을 염두에 두기 전에 어떤 일들이 기저 효과를 만들었는지를 판단하는 것이 좋다.

시장에서 회자되는 일반적인 매도 신호는 다음과 같다. 대부분 기술적 분석에 의한 것이고 〈도표 5-2〉의 사례가 대표적이다. 중요한 것은 이 지표들은 그다지 효과적이지 않고 사용자에 따라 그 성능이 달라진다는 것이다.

㈜코어16은 매도 신호 만들기에 주력해왔다. 그래서 슬로건도 'SellSmart'(현명한 매도가 부를 가져온다. 매도는 더 좋은 매수의 기회를 만드는 것이다)다.

우리가 주식을 살 때 언제 살지 고민을 많이 한다. 이 회사가 성장할까? 지금이 기회일까? 그런데 정작 언제 팔아야 하는지에 대해서는 잘 이야기하지 않는다. 그래서 많은 투자자들이 이익을 눈앞에서 놓치거나, 손실을 더 크게 키우곤 한다. 보다 중요한 것은 더 좋은 기회들을 놓칠 수 있다는 것이다.

우리는 투자의 완성은 매도에서 결정된다는 철학을 갖고 있다. 그렇지만 매도는 그리고 매도 신호와 아이디어는 매우 어렵다. 그리고 두렵다. 매수는 본능과 같다. 좋은 걸 가지려는 그리고 더하려는 본능이 있어서, 뭔가 오를 것 같으면 사고 싶어진다. 반면 매도는 결단이다. 욕심과 두려움이 섞이면 이 결정을 잘 하지 못하게 된다. 시장에는 왜 매도 신호가 거의 없었을까?

증권사 리포트, 뉴스, 유튜브에는 어떤 종목을 사라는 이야기로

가득하다. 왜냐하면 기업은 주가가 올라야 좋고, 증권사는 거래가

많을수록 수익이 나고, 사람들도 매수 추천 종목이 수익이 나면 좋

〈도표 5-2〉 통상적인 주식 매도 신호들

분류	지표(신호)	구체적 매도 기준(수치)	설명
기술적 분석 (주가와 거래량만을 이용한 지표)	데드 크로스 (Dead Cross)	단기 이동평균선이 장기 이동평균선을 하향 돌파	일반적으로 5일, 20일, 60일, 120일을 사용함
	RSI (상대 강도 지수)	70 이상에서 하락 전환 시, 주가 상승 중 RSI 하락	70, 80 등은 사용자가 지정함
	MACD (Moving Average Convergence & Divergence) 데드 크로스	MACD는 장단기 이동평균 차이라고 생각하면 쉬움	매수 모멘텀이 약화되고 하락 추세로 전환됨을 시사
	스토캐스틱 (Stochastic)	%K선이 %D선을 하향 돌파해 80선 이하일 때	과매수 영역에서 하락 전환 시
	볼린저밴드 (Bollinger band)	주가가 정해진 범위 밖(위, 아래)에서 안으로 들어올 때	과매수 영역을 벗어나 변동성 범위 내로 돌아오며 조정 가능성 시사
펀더멘털 분석 (기업 실적 및 재무제표를 이용)	PER	역사적 고점에 있을 때	기업 이익 대비 주가가 과도하게 높게 평가되어 고평가 상태일 때
	PBR	역사적 고점에 있을 때	자산 가치 대비 주가가 과도하게 높게 형성되어 있을 때
	실적 발표	시장 예상치(컨센서스) 대비 영업이익 또는 순이익이 크게 미달할 때	강력한 실망 매물을 유발
시장 심리 및 거시 경제 지표	VIX	VIX 지수가 20 이하에서 급격히 상승할 때	VIX는 대체로 주가와 반대 방향으로 움직임
	TED 스프레드 (TED Spread, 은행 간 돈 빌릴 때의 이자율−미국 정부에 돈 빌려줄 때의 이자율)	0.5% 이상으로 확대될 때	은행 간 신용 경색 위험 증가 (글로벌 금융 불안정 심화) 가능성 시사
	장단기 금리차	장기 금리(예: 10년물 국채)가 단기 금리(예: 2년물 국채)보다 낮아지는 금리 역전 현상 발생 시	대표적인 경기 침체 및 증시 하락 선행 시그널

아하기 때문이다. 반대로 매도에 관해선 잘못하면 크게 욕을 먹는다. 게다가 데이터를 분석할 기술이나 노하우도 부족해 매도 신호를 체계적으로 잡아내기 힘들다.

우리는 'SellSmart'라는 도구를 만들어 시장의 신호, 사건, 심리를 분석해 매도 타이밍을 알려준다. 이벤톨로지(eventology)라는 시스템으로, 단순한 숫자뿐 아니라 매크로, 정책, 지정학, 재해, 산업, 기업 사건이 주가에 어떤 영향을 주는지를 해석하고 있다. 어떤 자산이 영향을 받는지 또는 주는지를 구분하고, 그 구조 속에서 매도 시점을 찾는다.

조각은 필요 없는 부분을 깎아내는 것이다. 미켈란젤로(Michelange-lo)의 다비드상도 덧붙여진 것이 아니고 깎아내서 만들어진 것이다. 매도를 통해 빈자리를 만들고, 그 자리에서 새로운 기회를 기다린다.

6월:
기술적 분석에 나타난 행동경제학

6월의 역사적 사건과 체크 포인트

- 2016년 6월 영국 브렉시트 국민 투표 가결. 40년 이상 유지했던 영국의 유럽연합 회원국 지위가 종료되는 사건으로, 세계 정치 질서에 반세계화와 포퓰리즘 확산의 신호탄으로도 해석됨. 주식 시장에 미친 영향은 거의 없었다.
- 2022년 6월 미국 연준 금리 인상[28년 만에 0.75%포인트 인상, 자이언트 스텝(giant step)이라고도 함]. 40년 만의 최고치를 기록한 미국의 물가 상승률을 잡기 위한 강력하고 긴급한 조치. 전 세계적으로 국채 금리가 급등하고 주식 시장이 큰 폭으로 하락하는 충격이 나타남.

기술적 분석이란 말은 기본적 분석과 비교되는 개념으로 주가와 거래량 데이터만을 이용한 분석이다. 차트 분석은 기술적 분석의 대표적인 예다.

기술적 분석과 기본적 분석 중 어떤 것이 더 우월한지에 대한 끝나지 않는 논쟁이 있다. 주식 시장이 얼마나 효율적인가(정보가 주가에 반영이 된 정도)에 대한 의문이기는 하지만, 아직도 명확한 승부가 난 것은 아니고 그냥 서로 보완적인 관계라는 어정쩡한 결론만 나 있는 상태다. 창과 방패의 모순과도 같다.

주식 시장의 분석 또는 훈수로서 밥 먹고 사는 사람들 중 가장 많은 사람들이 참여하고 있는 분야는 차트 분석이다. SNS나 케이블 TV에는 차트 전문가들이 정말로 많다. 증권사 지점 근무를 시작할 때나 증권 투자의 입문에 있어서 차트를 보는 방법은 필수적으로 익혀야 하는 입문 과정이었다. 전 세계를 통틀어 증권 관련 서적 중 가장 많이 출판된 책은 아마도 기술적 분석 관련 책자일 것이다. 그만큼 차트 분석은 다수의 관심사다.

2000년대 중반 골드만삭스 증권사에서는 (글로벌) 리서치센터에서 기술적 분석 분야를 없앴다고 했다. 또한 한때 에프앤가이드(FnGuide)와 〈조선일보〉에서 주관하는 베스트 애널리스트 선정에도 기술적 분석 분야가 빠져 있기도 했다. 기술적 분석은 리서치 영역이 아니라고 생각했던 사람들이다.

기술적 분석의 경우 주가는 추세적으로 움직이고, 역사는 반복된다는 전제를 깔고 있다. 1990년에서 2004년까지의 코스피 지수 움직임은 대략 500에서 1,000 사이에서 등락을 반복했다. 자를 대고 대략 중간 지점인 750선에 줄을 그어놓은 후 그 이상이면 주식을 팔고, 그 이하이면 주식을 샀다면 그 사람은 큰 부자가 되어 있을 것이다.

증시에는 이른바 격언이라는 문구가 많다. 예를 들어 '산이 높으면 골이 깊다'(주가 급등 이후에는 급락이 있다는 말), '기다리는 시세는 오지 않는다'(주가는 투자자가 원하는 대로 움직이지 않는다. 그러므로 투자자는 시장에 대응하고 주가의 흐름에 순응하면서 투자해야 한다는 말), '시세는 시세에게 물어봐라'(주가 그 자체가 주가 변동의 요인이 될 수 있다는 의미다. 시세에 역행하지 말라는 말). 사실 이러한 격언들도 기술적 분석의 영역이다.

기술적 분석은 주가(가격)와 거래량의 움직임을 통해 경기 추세와 투자 심리를 간접적으로 판단하는 도구라고 생각한다. 대부분의 기술적 분석 교과서는 크게 두 부분으로 되어 있다. 추세 분석과 지표 분석이다. 추세 분석은 경제 전문가들의 경제 지표 분석처럼 현재까지의 상승 또는 하락 추세가 앞으로도 당분간 연장된다는 관점으로 접근하는 것이다. 반대로 지표 분석은 대개 역투자 전략(contarian, 역발상 투자) 접근이다. 지표가 과열이면 주식 매도 신호로, 지표가 냉각 상태이면 매수 신호로 이용하는 것이다. 추세가 방향 설정을 위한 것이라면 지표는 그 속도를 판단하는 것이다.

추세 분석이란 말 그대로 추세를 판단하는 것이다. 주가가 오르고 있는 중인지, 아니면 내리막길을 걷는 중인지를 주관적으로 판단하는 것이다. 이러한 주관적 판단(기간을 정하고 추세선을 정하는 것이 사람마다 다르다)을 위해 주가 이동평균이나 고점 또는 저점들을 연결한 선들을 만든다[증권사 모바일 트레이딩 시스템(MTS)이나 인터넷 사이트들에서 모두 만들어준다]. 추세선이 오르고 있다면 앞으로 주가는 한동안 오를 가능성이 높다고 판단하는 것이다. 예를 들어 주가가 일정 기간 오르는 상황에서, 차트상 가장 낮은 지점들(저점)을 연결한 선이 위로 향하고 있으면 상승 추세다. 투자자는 추세선 근처를 매수 시점으로 판단하고, 주가가 추세선을 아래로 뚫고 내려가면 매도를 고려하는 것이다.

지표 분석은 주가와 거래량으로 수학적 산술을 통해 지표를 만들고 주가가 너무 빨리 움직이는지 아닌지를 판단하는 것이다. 주가가 너무 빨리 올랐다면 잠시 숨 고를 때가 온 것이라고 판단하게 된다. RSI(Relative Strength Index, 상대 강도 지수), MACD, Stochastic(스토캐스틱) 등 영어로 된 지표들 대부분이 지표 분석의 도구들이다. 예를 들어 RSI가 80이면 너무 달려서 이제는 잠시 쉬자고 판단하는 것이고, 20 이하이면 에너지가 축적되어서 이제는 주가 반등이 이뤄질 것으로 생각하는 것이다.

행동경제학 용어를 빌리자면 추세 분석은 준거점(reference point, 사람들이 현재의 상황이나 결과를 이득 또는 손실로 판단하는 기준이 되는 심리적인 값)과 관련이 있을 것 같다. 그리고 지표 분석은 평균 회귀(mean reverting, 평균을 많이 벗어나면 다시 평균으로 되돌아온다)라는 시장 이례 현상(market anomaly, 모든 투자자가 합리적이고 정보가 즉각 가격에 반영된다는 가정으로는 설명할 수 없는 주가의 반복적인 현상)을 이용한 것이다.

투자자들 중 많은 사람이 "주가가 정답이다"라는 말을 자주 한다. 주가는 모든 정보(투자자가 인식하든 인식하지 못하든 간에)가 반영된 가격이라는 것이다. 주가가 하락하고 있으면 나만 모르는 악재가 숨어 있는 것이고, 신고가를 내고 있는 종목은 시장 전문가들도 감지하지 못하는 변화가 포함된 것이라는 입장이다. 이러한 사고의 기반에는 시장은 효율적이라는 전제를 내포하고 있다.

반대로 주가는 불완전하다는 입장이 있다. 주가는 때때로 기본 가치(펀더멘털)에 비해 과대평가 또는 과소평가된 상태라는 것이다. 따라서 초과 수익을 위해서는 많은 리서치와 운용자들의 적극적인 노력이 필수적이라는 입장이다. 이 둘의 싸움은 월가와 여의도에서도 수십 년째 진행 중이다.

대표적인 아이러니가 존재한다. 주가가 정답이라는 입장이 시장은 효율적이라는 전제를 깔고 있다면 "과거의 주가로는 미래의 주가를 설명 또는 예측하지 못한다"라는 사전적 정의를 포함하게 된다. 그럼에도 불구하고 이 입장을 견지하는 사람들은 차트로 주가의 미래를 예측하려 한다. 주가가 신고가를 내고 상승 추세 중에 있으면 이 주가는 더 올라갈 것으로 전망한다는 것이다. 기술적 분석의 옳고 그름을 따지기보다는 주가 움직임에 대한 사고의 적응 과정으로 해석하고 싶다.

2008년 10월 25일경 한 기사를 읽고 충격을 받은 적이 있다. 제러미 시겔(Jeremy Siegel, 세계적인 투자 전략가, 투자 포트폴리오의 대가)에 따르면, 다우 지수가 8,400선까지 밀렸던 지난 10일 주가를 기준으로 주가 지수는 장기적인 추세선을 38%나 밑돌았는데, 이는 물어볼 것도 없이 역사적 저점 수준에 근접해 있음을 보여준다는 설명이었다. 시겔 같은 학자가 추세선으로 주가를 분석하는 것이 흥미롭기도 했고, 더 충격적으로 와닿은 것은 그는 '주가는 오르는 것이 정상이다'라고 생각하는 사람이란 것이다.

미국 주가의 장기 추세선은 우상향하고 있다(2025년 현재까지도). 역사는 '미국의 주가는 오르는 것이 정상이다'라는 생각을 만들어왔다. 필자는 이렇게 달리 표현하고 싶다. "주가 지수, 즉 주식 시장은 강한 기업들의 무대이고, 주식 시장은 살아남은 기업들에 대해 과거보다 더 높은 가치를 준다." 단지 미국만의 진실은 아닐 것이다. 한국 코스피는 수십 년 전 대비 얼마나 상승했는가? 새로운 기업들, 이익을 보다 많이 내는 기업들, 보다 혁신적인 기업들이 종합 주가 지수(코스피)를 위로 밀어 올린 것이다.

기술적 분석을 잘 활용하려면 기술적 분석이 주가와 거래량에 담긴 사람들의 심리를 읽기 위한 것임을 기억해야 한다. 해리 덴트의

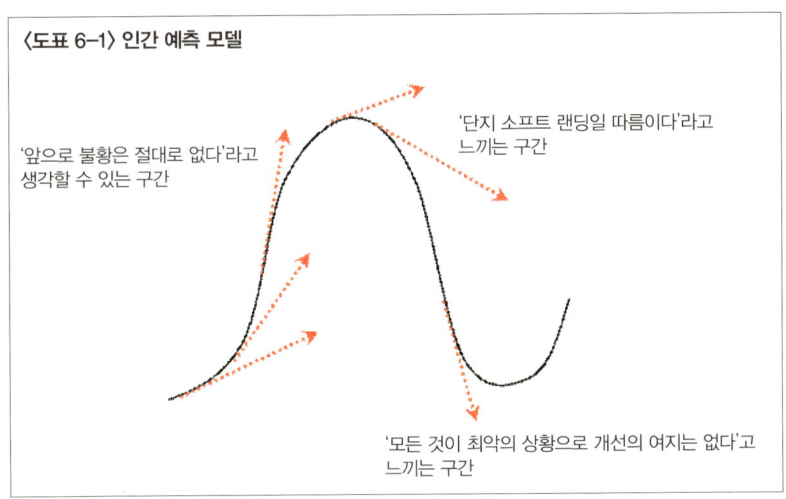

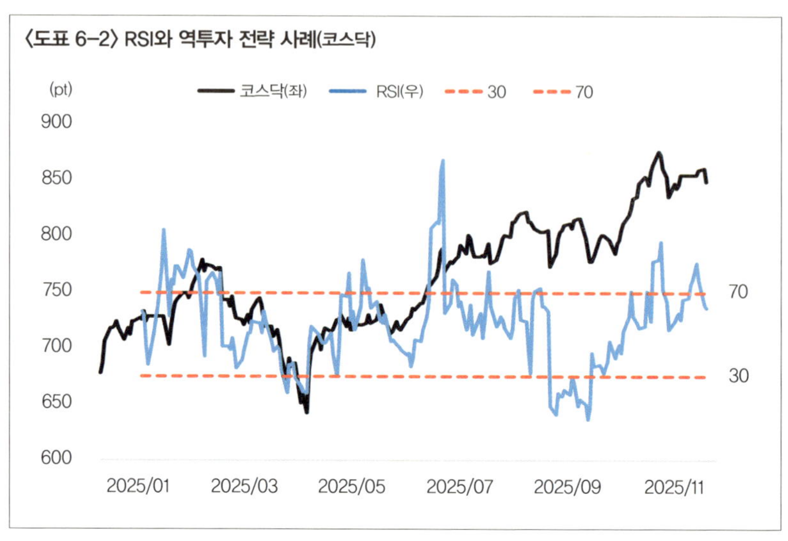

《불황기 투자 대예측》이라는 책에 '인간의 예측 모델'이 나와 있다. '주가는 직선이 아니고 곡선'이다. 책《낙관론자의 승리(Triumph of the Optimist)》에 나오는 표현 중 인상적인 문구는 "투자자들은 최근의 경험이 앞으로도 계속될 것으로 생각한다"다. 탐욕이 넘칠 때 조심하고 공포가 지배할 때 용기를 내야 한다.

한국 주식 시장은 기술적 분석, 그것도 지표 분석이 잘 통하는 시장이었다고 평가한다. 그것은 모멘텀 특성(절대 수준보다는 방향이나 속도에 더욱 민감하다)이 강하기 때문이다. 한국은 수출 중심의 대외 의존도가 높은 경제 구조라 경기, 기업 이익, 그래서 주가는 경기 변동에 순환적인 특성이 있고, 해외 투자자가 볼 때는 아직도 고위험, 고수익의 신흥 시장이기도 하고, 업황의 주기가 상대적으로 짧아 미래 예측이 보다 어려운 IT 업종 주도이기 때문일 것이다. 이러한 직선이 아닌 곡선의 경기, 기업 이익, 주가 흐름에서 투자자들은 선형적인 사고, 즉 접선(tangent)의 사고를 하기 때문에 역투자 전략 (contrarian)의 사고가 초과 수익을 얻는 방법이었다.

7월:
서머 랠리

7월의 역사적 사건과 체크 포인트

- 1931년 7월(대공황 시기): 미국 연준은 대공황 극복을 위해 재할인율을 인하(1.5%).

- 1979년 7월: 2차 오일 쇼크로 원유 가격 40% 급등.

- 1981년 7월(인플레이션 시대): 폴 볼커 연준 의장의 강력한 통화 긴축 정책. 연방 기금 금리가 20% 이상으로 미국 금리 역사상 최고 수준이었음.

- 1997년 7월: 태국 바트화가 폭락[정부가 외환 보유고 고갈로 고정 환율제(페그제)를 포기하고 변동 환율제를 채택]. 아시아 외환 위기 시작.

- 7월은 기업 실적(2분기) 시즌이자 허리케인 및 동남아시아 몬순 시즌이다(8월 기후 변화 편에 보충 내용이 담겨 있다).

여름 한가운데의 7월은 주식 시장에서 종종 의외의 강세장이 나타나는 달로 기록된다. 흔히 '서머 랠리(summer rally)'라 부른다. 서머 랠리의 배경은 다음과 같이 회자되고 있다.

첫째, 거래량 감소가 중요한 요인이다. 여름 휴가철에는 미국과 유럽의 주요 기관 투자자들이 주식을 일부 정리하고 자리를 비우는 경우가 많다. 거래량이 줄면 변동성이 커지는데, 때로는 소규모 매수세가 지수를 단기적으로 끌어올리기도 한다. 특히 외국인 자금이 신흥국 시장에서 공격적으로 매수에 나설 경우, 예상보다 큰 폭의 상승을 보인다.

둘째, 외국인 수급 요인이다. 한국 시장에서 외국인은 환율 안정과 유동성 확대에 민감하다. 7월은 상반기 결산 이후 외국인이 다시 한국 주식을 사들이는 시점이 되는 경우가 많았고, 이때 외국인 순매수는 곧장 지수 상승으로 이어졌다.

셋째, 투자자 심리다. 기업들의 2분기 실적 시즌에 투자자들은 다시 위험 자산에 발을 들인다. 6월까지 증시가 지지부진했다면 이같은 심리적 반전은 서머 랠리의 중요한 동력이다.

미국 시장에서 서머 랠리는 종종 뚜렷하게 관찰된다. 2009년 7월 글로벌 금융 위기 충격에서 벗어나던 시기, S&P500은 한 달 동안 7% 넘게 상승했다. 상반기까지 불안했던 투자자들은 연준의 유동성 공급과 기업 실적 개선 신호에 안도하며 여름장을 매수했다.

2013년 7월에도 마찬가지였다. 벤 버냉키(Ben Bernanke) 연준 의장이 양적 완화를 이어가겠다는 신호를 주자 S&P500은 이후 한 달 동안 7%가량 상승했다. 6월까지 테이퍼링(tapering, 시중에 돈 푸는 속도를 점차 줄인다는 의미) 쇼크로 불안했던 시장은 안정을 찾았고, 투자자 심리가 빠르게 회복됐다.

2021년 7월 코로나 팬데믹 이후 경기 회복이 가속화되던 시기, 기술주 중심의 나스닥은 7월 한 달 동안 3% 이상 오르며 강세를 보였다. 2024년 7월 기술주 중심에서 출발했지만, 무역 긴장 완화와 기업 실적 시즌 기대감 그리고 글로벌 자금의 재배치 속에서 산업재, 중소형주 등으로 랠리가 확장되었다. 2025년 7월 역시 서머 랠리의 전형적 모습을 보여줬다. S&P500과 나스닥은 무역 협상 기대감, 거대 기술 기업들의 탄탄한 실적 발표 그리고 AI 관련 산업의 강세에 힘입어 기록적인 신기록을 갈아 치웠다. 기술주와 산업재 중심의 자금 유입이 여름장을 끌어올리는 동력이 됐다.

한국 시장에서도 서머 랠리는 간헐적으로 나타났다. 2007년 7월 코스피는 사상 처음으로 2,000선을 돌파하며 역사적 이정표를 세웠다. 외국인 매수세와 풍부한 유동성이 맞물리며, 휴가철임에도 지수는 단숨에 고점을 경신했다. 2010년 7월에도 코스피는 한 달 간 6% 넘게 상승했다. 유럽 재정 위기 우려로 상반기 내내 약세였던 시장이, 여름 들어 안정되자 외국인 자금이 다시 유입됐다. 특히 거래량이 줄어든 상황에서 외국인 매수세가 지수를 크게 밀어 올린 전형적인 서머 랠리였다. 2017년 7월에는 한 달 동안 삼성전자, SK하이닉스 등 대형주 중심으로 외국인 매수세가 몰렸다.

서머 랠리는 단순한 통계적 현상이 아니다. 행동경제학적 관점에서 보면, 투자자들의 심리적 피로에서 안도감으로의 전환이 핵심이다. 투자자들의 의심과 불안이 해소되면 위험 자산 선호를 자극한다.

물론 모든 7월이 강세였던 것은 아니다. 2015년 7월 중국 증시 폭락과 그리스 디폴트 위기 때문에 코스피와 S&P500은 동반 하락했다. 서머 랠리는 절대적인 법칙이 아니라 특정 조건이 맞아떨어질 때만 나타나는 계절적 패턴이다. 한국의 서머 랠리는 빈번하게 나타난 현상은 아니었다. 다음은 2009년 필자의 리서치 자료에 실린 글이다.

미스터 서머 랠리(Mr. Summer Rally)는 필자(조윤남)를 지칭한 것이다. 애널리스트는 야구 선수와 마찬가지로 수많은 안타와 삼진(범타)을 기록한다. 타석에 선 횟수가 많을수록 높은 타율은 점점 더 어려워진다. 필자 또한 아주 여러 차례의 정확한 예측과 잘못된 전망을 했다. '미스터 서머 랠리'라는 외람된 표현을 쓴 이유는 서머 랠리(용어의 유래는 '여름 휴가 시즌 이전의 주가 상승'이지만 필자의 서머 랠리 표현은 '여름 시기의 주가 상승, 3분기 주가 상승'을 의미해왔다)에 관해서는 할 말이 많기 때문이다. '2009년 서머 랠리(3분기 상승) 주장'은 지속적이고 오래된 역사를 가지고 있다. 길게는 2008년 11월 '2009년 주식 시장 전망'으로부터 시작된 지속적인 '2009년 서머 랠리' 주장은 아래 주요 리포트/이메일 자료/코멘트/언론 보도 등을 통해 확인할 수 있다. 2009년 7월 초까지도 컨센서스로 인식되었던 '3분기 주가 약세' 의견과는 다르게 '서머 랠리'를 주장해왔다.

코스피는 역사적으로 1월, 4월, 7월의 수익률이 높다. 여름이 오기 전의 이벤트를 잘 살피면 서머 랠리의 가능성을 충분히 예측할 수 있다. 핵심은 숫자뿐만 아니라 투자자들의 심리까지 파악하는데 있다.

2026년 7월은 매우 중요한 시기가 될 수 있다. 삼성전자의 2분기 실적이 시장에 공개되기 때문이다. 상반기까지 대략 50조에 육박하는 영업실적이 발표된 직후라면 2026년 연간 영업이익 100조 시대 진입이라는 기대감이 최고치에 달할 수 있다. 현재의 컨센서스로는 2026년 3분기에 영업이익 최고점을 기록할 것으로 전망하고 있다. 주가는 실적보다 앞선다. 7월 한국 주식 시장에 큰 이벤트가 예정되어 있다.

8월:
기후 변화, 재난과 주가

8월의 역사적 사건과 체크 포인트

• 1971년 8월: 닉슨 쇼크. 미국 금태환 정지 선언으로 브레튼 우즈 체제 붕괴.

• 1998년 8월: 러시아 루블화 위기로 신흥국 주식 시장 25% 하락.

• 2011년 8월: 미국 신용 등급 강등(S&P, AAA에서 AA+로. 사상 최초).

• 매년 8월 말에는 잭슨홀 미팅(Jackson Hole Meeting, 세계 중앙은행 총재들이 모여 통화 정책 방향을 논의하는 자리)이 있다는 것을 기억해야 한다. 과거 증시 향방에 영향을 주었던 잭슨홀 미팅은 다음과 같다.

연도	주요 발언	시장 반응
2007년	연준 관계자의 서브프라임 위기 언급	금융 위기 전조, 시장 불안 확대
2008년	리먼 사태 직전, 금융 안정 논의	이후 실제 위기 폭발, 시장 급락
2010년	버냉키, QE2(2차 양적 완화) 시사	증시 급등, 달러 약세

연도	주요 발언	시장 반응
2012년	버냉키, QE3 가능성 시사	글로벌 위험 자산 강세 촉발
2020년	파월, 물가 2% 넘더라도 완화 유지 발언	금리 인상 지연, 위험 자산 랠리
2022년	파월, 물가 잡을 때까지 금리 인상 발언	증시 급락, 달러 강세, 금리 급등

코로나 이후, 기후 변화 또는 지구 온난화에 대한 관심은 크게 높
아졌다. 체감적으로 매년 여름이 점점 더 더워지는 것 같다. 여름철
8월이면 유난히 뚜렷해지는 폭염, 가뭄, 홍수, 태풍은 기업의 실적,
산업의 흐름, 자산 가격에 직접 영향을 미친다. 기후 변화는 단순한
자연 현상이 아니라 투자 사이클의 주요 변수일 수 있다.

기후 리스크가 주식 시장에 미치는 영향은 태풍, 홍수, 정전으로
인한 공급망 차질 같은 직접적 영향도 있고 가뭄, 폭염 등으로 농산
물 가격이 급등해 발생하는 간접적 영향도 있다. 주요한 재난 또는
기후 변화와 투자 시장의 역사는 〈도표 8-1〉과 같다. 기후 사건은
예상할 수 없는 이벤트지만 패턴이 반복된다. 여름엔 에너지 및 냉
방 수요 그리고 겨울엔 난방 수요가 집중된다.

기후 변화가 새로운 투자 테마를 만들기도 한다. ESG와 같은 친
환경 기업에 자금(대출 및 투자)이 몰리기도 하고 녹색 산업 펀드나 태

발생일 (년/월)	재난 유형 및 지역	농산물 영향	금융 시장 및 산업 영향
2005년 8월	허리케인 카트리나 (미국 멕시코만 연안)	미국 면화·옥수수 수확에 피해. 운송 시설 마비로 곡물 수출 차질	에너지 가격 급등(원유 및 천연가스 생산 시설 파괴), 보험사 손실 확대
2010년 8월	러시아 대형 가뭄 및 산불	러시아 밀 생산량 급감. 러시아 정 부, 곡물 수출 금지 조치 발동	국제 밀 가격 60% 이상 폭등 (2010년 6월 대비), 글로벌 식량 인플레이션 심화
2011년 3월	동일본 대지진 (일본)	직접적인 농업 피해 외에 방사능 오염 우려로 일본 수산물·농산물 수출 급감	엔화 급등(안전 자산 선호), 자동차 및 반도체 공급망 붕괴 (산업 생산 차질). 원전에 대한 부정적 인식 확산
2011년 여름	태국 홍수	중부 산업 지대 침수로 자동차, 전 자 부품 공장 중단	하드디스크, 카메라 부품 공급망 붕괴
2012년 여름	미국 최악의 가뭄 (중서부, 콘벨트)	미국 옥수수, 콩 생산량 대폭 감소. (약 50년 만의 최악의 흉작)	곡물 선물 가격 급등 (옥수수 사상 최고치 기록), 사료 가격 인상으로 축산업 타격
2018년 여름	글로벌 동시 폭염 및 가뭄 (유럽, 북미, 아시아)	유럽 밀 생산량 감소, 국내 쌀 수확량 감소 등 전 세계적 농산물 수확량 감소	농산물 물가 상승 및 농업 부문 보험금 청구 증가. 기후 변화 위험 인식 확대
2020년 여름	중국, 한국, 일본 집중 호우 및 홍수	국내외 과일, 채소 작황 부진으로 신선 식품 물가 급등. (특히 한국 채소류 가격 폭등)	농산물 관련 소비자 물가 지수 상승 압박. 정부의 물가 안정 대책 발표
2021년 7월	브라질 서리	브라질의 커피, 사탕수수 등 주요 농산물에 심각한 피해(냉해)	국제 커피(원두) 가격 폭등 (수십 년 만에 최고치), 설탕 가격 상승. 관련 식음료 기업 원가 부담 가중
2022년 여름	유럽, 중국 최악의 폭염	유럽의 올리브유, 포도 수확량 감소 및 중국 남부 지역 쌀 작황 부진	유럽 에너지 수요 폭증 및 전력 가격 급등. 올리브유 가격 급등 및 식량 안보 우려 증대
2023년 연중	엘니뇨 현상 심화 (전 세계)	동남아시아 쌀, 코코아, 설탕 생산에 지속적인 가뭄 피해	쌀, 코코아 선물 가격 역사적 최고치 경신, 식품 가공 산업 및 초콜릿 등 소비재 기업 원가 부담 폭증
2024년 6월	북미 폭염	전력 수요 신기록	천연가스, 원유, 에너지 업종에 영향
2024년 7월	허리케인 베린	텍사스 대정전	천연가스, 원유, 에너지 업종에 영향

양광, 풍력, 전기차, 배터리 관련 ETF에 장기 자금이 투자되기도 한다. 유럽의 배출권 거래제나, 한국 배출권 거래제 등 탄소 배출권 관련 시장도 허투루 넘겨볼 시장은 아니다.

세계적으로 ESG 관련 ETF는 1,546개(2024년 11월 기준) 정도다. etf.com에 따르면 미국 시장에는 약 132개의 ESG ETF가 상장되어 있다고 한다. 또한 ICI(미국 투자 회사 기관)에 따르면 2025년 8월 기준, ESG 기준 펀드 중 환경 중심 펀드는 109개가 된다. 이제 기후는 새로운 경기 변수다.

2026년의 대서양 허리케인 시즌은 평년보다 높은 해수면 온도(Sea Surface Temperature, SST)와 약한 라니냐 또는 ENSO(El Nino-Southern Oscillation, 엘니뇨-남방 진동) 중립(엘니뇨 현상과 라니냐 현상이 모두 존재하지 않는 기간을 의미) 상태가 예상되면서, NOAA는 활발한 허리케인 활동 가능성을 경고하고 있다. 실제로 NOAA CPC(Climate Prediction Center)가 1950년부터 2023년까지의 ENSO 지수를 기반으로 분석한 자료에 따르면, 라니냐 시기에는 평균 14~17개의 이름이 붙은 열대성 폭풍(tropical storms)이 발생하며, 그중 약 8~10개가 허리케인으로 발달한다. 이는 엘니뇨 시기의 평균 6~7개 허리케인보다 확연히 많다. NOAA AOML(Atlantic Oceanographic and Meteorological Laboratory)의 장기 통계 또한 라니냐 해(예: 2010년, 2020년, 2021년)에는 허리케인 발생 빈도뿐 아니라 대서양 전체 ACE(Accumulated Cyclone Energy) 지수가 평년 대비 30~50% 높게 나타났음을 보여준다.

이러한 현상은 대서양 상공의 수직 바람 시어(vertical wind shear)

감소와 직접적으로 연관되어 있다. 라니냐가 발생하면 태평양 동부의 해수면 온도가 낮아지고, 대서양 상공의 제트 기류가 약화되면서 대류 활동이 억제되지 않는다. 이로 인해 대서양 열대 저기압이 발달하기 쉬운 환경이 조성된다. NOAA HURDAT2 데이터(1851~2024)에 따르면, 라니냐가 지속된 해에는 평균적으로 미국 본토 상륙 허리케인(landfall hurricanes) 수가 평년보다 약 40% 높았으며, 특히 걸프만(Gulf Coast)과 플로리다 지역의 피해액이 크게 증가했다. 2026년이 약한 라니냐로 전환될 경우, 이러한 통계적 경향에 따라 대서양 허리케인 활동이 평년을 상회할 가능성이 높다는 전망이 지배적이다.

9월:
글로벌 이벤트와 공포 지수

9월의 역사적 사건과 체크 포인트

- 1985년 9월 플라자 합의(프랑스, 독일, 영국, 미국, 일본의 재무장관들이 뉴욕 맨해튼의 플라자호텔에서 진행한 환율 조정 합의. 미국이 달러 가치를 하락시키려고 일본 엔화의 가치를 올리도록 함). 이를 통해 미국은 당시 일본을 성공적으로 견제했음.

- 1992년 9월 검은 수요일[1992년 9월 16일 수요일, 조지 소로스의 퀀텀 펀드 등이 파운드화를 투매해 영국 정부가 유럽 환율 메커니즘(European Exchange Rate Mechanism, ERM)을 탈퇴한 사건]. 영국 파운드화 폭락.

- 2001년 9월 9·11 테러로 글로벌 주식 시장 20% 하락.

- 2008년 9월 리먼 브라더스 파산으로 S&P500 30% 폭락.

- 미국 주식 시장이 연중 가장 부진한 달(9월 징크스), 추석 연휴(국내).

역사적으로 9월 주식 시장엔 굵직한 사건들이 많았다. 미국과 한국을 포함한 주요 증시에서 9월 평균 수익률은 다른 달보다 낮다. S&P500 지수의 월별 평균 수익률(1928년 이후)을 보면, 대부분 달엔 플러스이지만 9월엔 현저히 낮다. 월별 통계 중 가장 저조한 수치다. 코스피 역시 1980년대 이후의 통계를 보면 9월 평균 수익률이 -0.6% 내외로, 다른 달보다 수익률이 낮았다. 8월이 -1.41%로 가장 낮으나 9월달 부근을 부진한 기간으로 보면 된다.

이러한 현상이 단순한 우연일까. 자산 운용사들의 리밸런싱(포트폴리오 조정을 위한 일부 종목들 매수, 매도. 상반기 수익을 지킨 채 불확실한 연말 장세를 대비하려는 움직임이 매도로 이어짐), 미국의 예산 협상 등이 구조적인 문제로 지적되긴 하지만, 역시 충격적인 사건들이 많았다는 것이 9월 평균 수익률 하락에 기여했다고 볼 수 있다.

2001년 9월 11일 뉴욕 세계무역센터가 테러 공격을 받으면서 글로벌 금융 시장은 공포에 휩싸였다. 뉴욕 증권거래소는 4거래일간

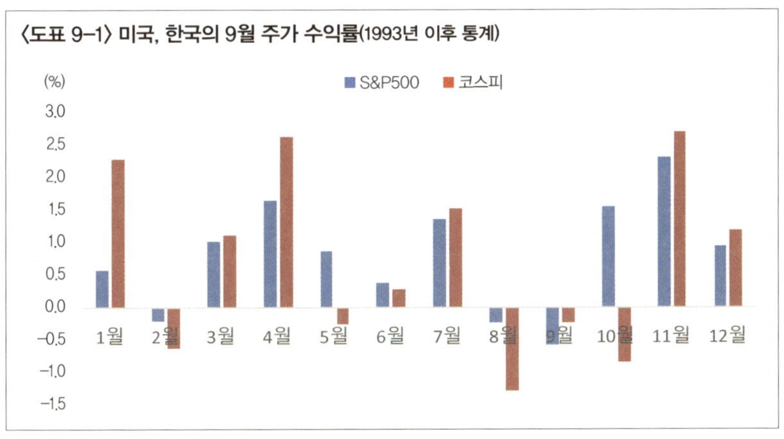

〈도표 9-1〉 미국, 한국의 9월 주가 수익률(1993년 이후 통계)

문을 닫았고, 재개장 후 다우 지수는 7% 넘게 폭락했다. 일주일 동안 14%나 하락했다. 당시 VIX는 급등해 40선을 넘어섰다. 변동성 지수는 대체로 주가를 거꾸로 뒤집어놓은 모양이다. 주가가 하락할 때 변동성이 커진다. 더 단순하고 쉽게 이야기해보면, 주가는 천천히 오르고 가파르게 떨어지는 경우가 많다는 것이다.

어떤 나쁜 정보를 독점적으로 알고 있거나, 글로벌 악재에 자산

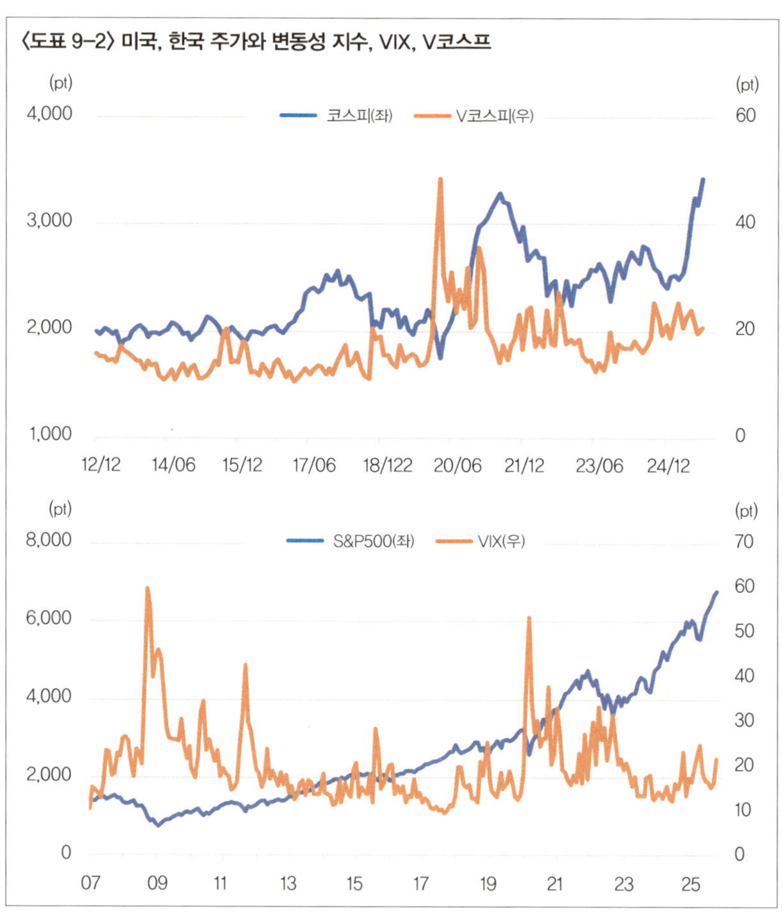

가치를 최소라도 지키기 위해서는 누구보다 주식을 빨리 팔아야 한다. 반대로 주식을 살 때는 이것저것 꼼꼼히 따져보고 사게 된다. 당신은 어떻게 하는가?

2008년 9월 15일 리먼 브라더스가 파산하면서 글로벌 금융 위기가 본격적으로 폭발했다. 이미 서브프라임 모기지 부실로 흔들리던 시장은 이 사건을 기점으로 걷잡을 수 없는 패닉에 빠졌다. 9월 한 달간 S&P500은 9% 하락했고 VIX는 40을 돌파해 몇 주 뒤 80까지 치솟았다.

2022년 9월은 또 다른 형태의 공포였다. 팬데믹 이후 과도하게 풀린 돈들을 흡수하기 위해 연준이 급격한 금리 인상에 나서면서, 시장은 다시 한번 패닉에 빠졌다. 9월 S&P500은 9% 이상 하락했고, 나스닥은 10.5% 빠졌다. 코스피도 12.8% 하락했다. VIX는 35선을 넘어서며 투자자들의 공포를 반영했다. 이번에는 금융 시스템 붕괴가 아니라 정책 불확실성과 경기 침체 공포가 시장을 짓눌렀다.

2001년, 2008년, 2022년, 각각 다른 이유의 충격이지만, 역사적 사건이 만들어낸 심리적 기억은 남아 있다. 투자자들은 9월이 되면 자연스럽게 경계심을 높이고, 이는 다시 매도세를 강화하는 자기실현적 패턴으로 작용할 수 있다.

미국 주식 시장에서의 150년간 주가 폭락 사례 분석에 대한 글[20]을 살펴보자.

지난 150년 동안의 가장 심각한 5대 시장 붕괴는 다음과 같다.

첫째, 제1차 세계대전. 1914년 7월 유럽에서 전쟁이 본격화됐다. 뉴욕 증권거래소는 7월 31일부터 4개월간 휴장을 했다. 12월에 재개되자 첫날 다우존스 지수는 약 23.5% 하락했다. 1915년에 들어서 미국은 전쟁 특수로 회복세를 보였지만 유럽은 계속 부진을 이어갔다. 제1차 세계대전이 진행 중이던 1918년 스페인 독감 유행이 시작되었고 다우 지수는 1917년 4월 93.9에서 1918년 2월 79.95까지 하락했으나, 이후엔 전쟁 특수가 주식 시장에 더 큰 영향을 주어 안정된 흐름을 보였다.

둘째, 1929년 월스트리트 붕괴와 대공황. 당시 주식 시장에 100달러를 투자했다면, 1932년 5월에 그 가치는 21달러였다. 이 붕괴는 제1차 세계대전 이후의 경제 호황(과신, 과도한 지출, 과도한 인플레이션)이 지속 불가능해졌을 때 발생했으며, 시장이 회복하는 데 4년 이상 걸렸다.

셋째, 대공황과 제2차 세계대전. 대공황의 첫 부분에서의 회복은 오래 지속되지 않았다. 주식 시장이 1936년 11월까지 1929년 고점으로 회복되었지만, 1937년 2월에 다시 하락하기 시작했다. 이다음 하락은 주로 프랭클린 루스벨트(Franklin Roosevelt) 대통령의 재정 정책 변화, 은행의 준비금 수준 축소와 사회 보장세와 같은 요인들에 기인했으며, 제2차 세계대전의 영향과 겹쳤다. 투자는 1938년 3월에 114.75까지 하락했고, 1945년 2월에 157.10으로 회복되었다.

넷째, 1973년 OPEC의 중동 회원국들은 미국에 석유 금수 조치를 취했으며, 이는 심각한 인플레이션으로 이어졌다. 베트남에서의 군대 철수에 관한 혼란과 워터게이트(watergate) 스캔들 이후 정치적 불확실성이 겹쳐, 이 기간 동안 주식 시장은 약 50%가량 하락했다. 회복하는 데 9년 이상 걸렸다.

다섯째, 잃어버린 10년(닷컴 버블 붕괴와 글로벌 금융 위기). 닷컴 버블 붕괴는 인터넷과 기술 회사들의 과도하게 부풀려진 가격이 한계점에 도달하면서 시작되어, 이전에 얻은 거의 모든 수익을 잃었다. 2000년 8월에 100달러를 투자했다면 그 가치는 52.76달러로 하락했을 것이다. 7년 후 주식 시장이 거의 이전 수준(95.25달러)으로 돌아왔을 때 주택 버블이 터지고 모기지 담보 증권이 손실을 경험하기 시작해 대불황(great recession)으로 이어졌다(투자 가치는 46달러로 하락). 전체적으로 이 12년 기간은 54%의 하락을 포함했다.

그렇다면 이러한 최근의 시장 붕괴를 겪으면서 우리는 배운 것이 있다. 주식 시장 회복이 얼마나 오래 걸릴지 예측하는 것은 불가능하다는 것, 그리고 시장이 붕괴될 때 주식을 전량 매도하지 않으면 장기적으로 보상을 받게 된다는 것이다.

시장 붕괴의 심각성을 어떻게 평가할까? 폴 캐플런(Paul Kaplan)의 고통 지수(pain index)라는 것이 있다. 하락의 정도와 이전 가치 수준으로 돌아가는 데 걸린 시간을 모두 고려한다. 1929년 붕괴·대공황의 첫 부분은 고통 지수가 100%이며, 다른 시장 붕괴의 백분율은 그 심각성 수준에 얼마나 가까웠는지를 나타낸다.

예를 들어 시장이 쿠바 미사일 위기(1962년 10월) 전체 기간 중에 22.8%가량의 하락을 겪었다고 생각해보자. 1929년 붕괴는 79%의 하락으로 이어졌는데, 이는 3.5배 정도 더 큰 것이다. 이것만으로도 상당하지만, 시장이 저점 이후 회복하는 데 4년 반이 걸린 반면, 쿠바 미사일 위기의 경우 저점 이후 회복하는 데 1년도 채 걸리지 않았다는 점도 고려해야 한다. 따라서 이 시간대를 고려하면, 고통 지수는 대공황의 첫 부분이 쿠바 미사일 위기의 하락보다 28.2배 더 나빴다는 것을 의미한다.

주식 시장에 VIX가 있다면 채권 시장에는 MOVE(Merrill Option Volatility Estimate, 미국 국채 금리들로 만든 채권 변동성 지수)가 있다. 향후 미국 국채 금리가 얼마나 요동칠지를 가늠하는 지표다. VIX와 마찬가지로 MOVE가 높다는 것은 채권 시장이 불안하고, 금리가 크게 움직일 수 있다는 뜻이다. 보통 금리 변동이 커지거나, 중앙은행 정책에 대한 불확실성이 커질 때 급등한다. MOVE와 VIX는 서로 연결되어 있다. 채권 시장이 흔들리면 금리가 불안정해지고, 금리가 불안정하면 주식의 가치 평가가 흔들리기 때문이다. 그래서 MOVE가

<도표 9-3> 미국 150년간 주식 시장 폭락

고통 순위	고통 지수	고점 (Peak)	저점 (Trough)	회복 (Recovery)	하락 순위	하락 (%)	Event(s)	이벤트
1	100.00	1929년 8월	1932년 5월	1936년 11월	1	79.00	1929 Crash & Great Depression	1929년 대공황
2	89.34	1911년 6월	1920년 12월	1924년 6월	4	50.96	WWI & Influenza	제1차 세계대전과 인플루엔자
3	85.51	2000년 8월	2009년 2월	2013년 11월	2	54.00	Lost Decade (Dot-Com Bust & Global Financial Crisis)	잃어버린 10년 (닷컴 버블 붕괴 및 글로벌 금융 위기)
4	80.41	1972년 12월	1974년 9월	1983년 6월	3	51.87	Inflation, Vietnam, & Watergate	인플레이션, 베트남전, 워터게이트
5	59.57	1937년 2월	1938년 5월	1945년 2월	5	49.93	Great Depression & WWII	대공황과 제2차 세계대전
6	29.06	1946년 5월	1948년 2월	1950년 10월	6	37.18	Postwar Bear Market	전후 약세장
7	14.22	1968년 11월	1970년 6월	1972년 11월	7	35.54	Inflationary Bear Market	인플레이션 약세장
8	8.23	1906년 1월	1907년 10월	1908년 8월	8	34.22	Panic of 1907	1907년 공황
9	8.18	1899년 4월	1900년 6월	1901년 3월	9	30.41	Cornering of Northern Pacific Stock	노던퍼시픽 주식 코너링 사건
10	7.73	1987년 8월	1987년 11월	1989년 7월	10	30.21	Black Monday	블랙 먼데이
11	6.25	1886년 11월	1888년 3월	1889년 5월	13	22.04	Depression & Railroad Strikes	대공황 및 철도 파업
12	5.00	1903년 4월	1903년 9월	1904년 11월	14	21.67	Rich Man's Panic	부유층 공황
13	4.80	1890년 5월	1891년 7월	1892년 2월	17	20.11	Baring Brothers Crisis	베어링스 은행 위기
14	3.64	1961년 12월	1962년 6월	1963년 4월	12	22.80	Height of Cold War & Cuban Missile Crisis	냉전 절정기와 쿠바 미사일 위기
15	3.20	1897년 8월	1898년 3월	1898년 8월	15	21.13	Outbreak of Boer War	보어 전쟁 발발
16	3.14	1892년 10월	1893년 7월	1894년 3월	11	27.32	Silver Agitation	은(銀) 통화 불안
17	3.11	1909년 9월	1910년 7월	1911년 2월	16	20.55	Enforcement of Sherman Antitrust Act	셔먼 반독점법 시행
18	1.00	2020년 1월	2020년 3월	2020년 7월	18	20.00	COVID-19 Pandemic	코로나19 팬데믹

출처: See note below. Data as of May 31, 2022
(https://topforeignstocks.com/2023/11/15/the-largest-declines-in-u-s-stock-market-history-chart/)

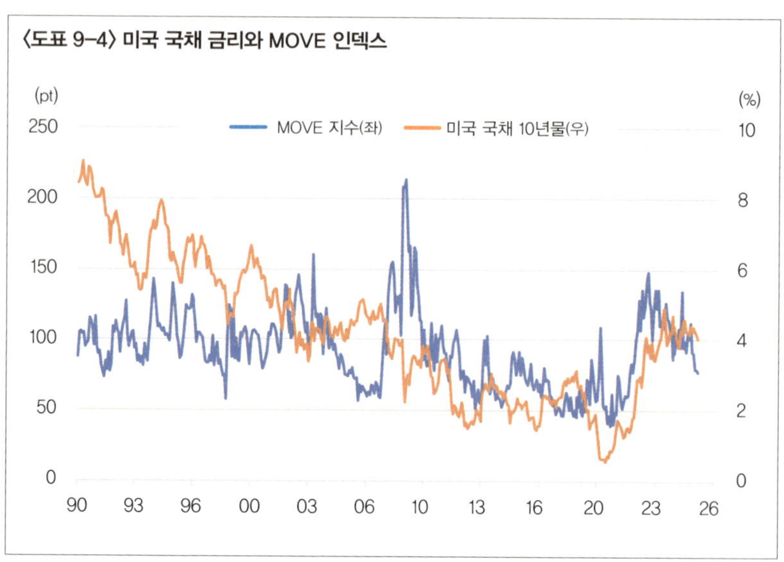

먼저 오르고 VIX가 나중에 오르는 경우가 많다.

역사는 변동성이 큰 시장을 헤쳐나가는 것에 대해 우리에게 무엇을 말해주는가? 그것은 헤쳐나갈 가치가 있다는 것이다. 시장은 결국 회복된다는 것이다. 그럼에도 불구하고 회복으로 가는 길이 너무 불확실하기 때문에, 가장 좋은 방법은 각자의 투자 시간 지평과 위험 감수 성향에 맞는 다각화된 포트폴리오를 보유하는 것이다.

10월:
4분기엔 제약주를 사라

10월의 역사적 사건과 체크 포인트

- 1987년 10월 블랙 먼데이(다우존스 산업 평균 지수 하루에 22.6% 하락. 프로그램 매매가 촉발).

- 1990년 10월 독일 통일.

- 2008년 10월 금융 위기 절정으로 글로벌 주식 시장 40% 하락.

- 2018년 10월 미·중 무역 전쟁 및 금리 인상 우려로 S&P500 10% 하락.

- FOMC 회의(2026년 10월 27~28일)와 유럽종양학회(European Society for Medical Oncology, ESMO)가 있는 시기다.

- 10월은 국내 기업들의 실적(3분기 실적) 발표 시즌이다.

일부에서는 10월이 위기의 달로 불리기도 한다. 대공황의 시작인 1929년 10월의 '검은 화요일', '검은 목요일' 등의 주가 폭락과, 1987년의 '검은 월요일'이 10월에 일어났기 때문이다. 하지만 동시에 10월은 연말 랠리의 출발점이 되기도 한다.

햄러윈 효과(halloween effect, 주식 시장이 11월부터 다음 해 4월까지는 다른 기간보다 더 좋은 성과를 내는 경향이 있다는 데서 나온 말)나 '5월에 팔고(셀 인 메이) 햄러윈(10월 말)에 돌아오라'는 격언을 들어본 적이 있는가?

10월에는 어떤 투자 전략이 좋을까? 필자는 제약·바이오주를 추천하고 싶다. 계절적, 산업적 특성상 4분기 투자 매력이 부각되는 업종이라고 생각하기 때문이다. 북반구의 겨울(10~3월)은 독감, 호흡기 질환이 확산되는 시기다. 백신, 항바이러스제 수요가 증가한다. 겨울철이라 고혈압 등 만성 질환 관련 약들이 잘 팔린다.

4분기는 연간 매출과 연구 개발 성과가 집중적으로 공개되는 시기로 볼 수 있다. 신약 임상 결과, 승인 발표가 잇따라 투자 심리를

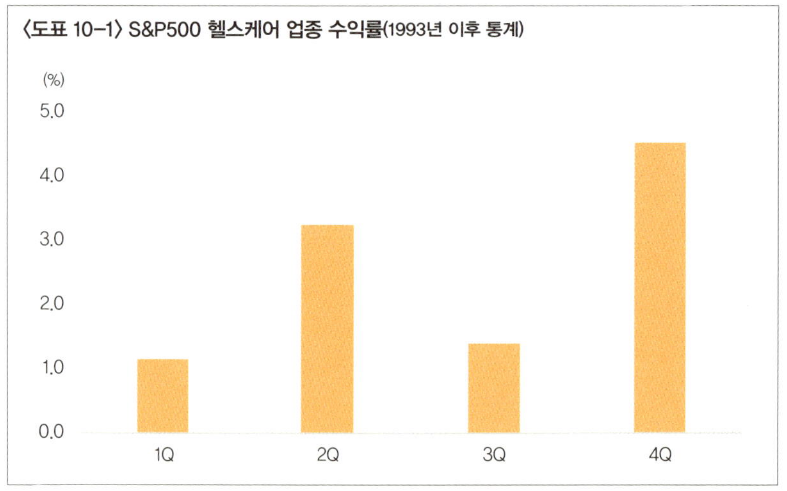
〈도표 10-1〉 S&P500 헬스케어 업종 수익률(1993년 이후 통계)

자극한다. 변동성이 큰 연말 장세에서, 경기 방어적 성격이 강한 제약·바이오주가 대안으로 주목받을 수 있다. 참고로 미국의 경우 2000년대 이후 S&P500 헬스케어 지수는 4분기에 평균적으로 다른 업종보다 높은 수익률은 아니어도 안정적인 수익률을 보여준다. 필자는 2007년 10월 '4분기에는 제약주를 사라'라는 리서치 자료를 발간한 적이 있다. 당시 주장의 근거는 다음과 같았다.

MSCI Korea 업종 기준으로 헬스케어 업종이 지난 5년간 매 4분기에 반복해서 초과 수익을 기록했다. 2007년 4분기에도 초과 수익을 기대한다.
제약주의 매출액은 4분기에 가장 크다. 원외처방조제액 추이를 살펴보더라도 연중 4분기에 가장 많다. 4분기에 만성 질환, 즉 고혈압, 관절염 치료제에 대한 수요가 많다. 유한양행, 한미약품 같은 업종 대표주는 매년 말 무상증자를 했다.

2025년 미국과 한국 모두 제약·바이오주(S&P500 Healthcare Index, KRX HealthCare Index 기준) 수익률은 벤치마크(S&P500, KOSPI)를 하회했다. 미국은 M7, 한국은 반도체 주식이 지수를 견인했기 때문이다. 최근 2년간 시장이 극단적으로 양극화되었다. 주도주가 아니라면 수익률이 매우 떨어진다는 뜻이다.

특히 지난 수년간 기술주 중심의 주가 상승이 이어진 만큼 이제는 방어주, 그것도 제약주에 관심을 가져볼 만한 시기다. 제약·바이오 산업에도 사이클이 존재할까. 그렇다면 이 사이클은 무엇에 의해 만들어지는가.

바이오·헬스케어 산업은 언제나 기술 혁신과 제도적 환경이라는 두 축 사이에서 움직여왔다. 이 중에서도 특허 제도는 산업의 명운을 좌우하는 결정적 장치다. 특허가 살아 있는 동안 기업은 수십 년간 안정적이고 독점적인 매출을 누리지만, 만료와 함께 모든 것이 무너질 수 있다. 산업의 주기는 이 특허 주기와 기술 주기의 교차에서 형성된다.

2000년대 초반, 화이자의 고지혈증 치료제 리피토(lipitor)는 단일 약물로 연간 130억 달러라는 경이적인 매출을 올리며 세계 최대 블록버스터에 등극했다. 그러나 2011년 미국에서 특허가 만료되자 상황은 급변했다. 제네릭 의약품(generic medicine, 복제약)이 시장에 쏟아져 들어오며 불과 2년 만에 매출의 80% 이상이 증발했다. 이른바 특허 절벽(patent cliff)이다.

비슷한 사례는 이후에도 끊임없이 반복되었다. 애브비의 항체 의약품 휴미라(humira)는 전 세계에서 가장 많이 팔린 약이었지만, 2018년 유럽에서 특허가 만료되자 매출은 빠르게 감소했다. 존슨앤드존슨, 로슈(Roche), BMS(Bristol Myers Squibb) 등 글로벌 빅파마(대형 제약사)들도 자사의 블록버스터가 특허 만료 시점에 도달하면서 동일한 패턴을 겪었다.

특허 만료는 단순히 개별 기업의 매출 공백이 아니라, 산업 전체의 R&D 사이클과 자본 흐름을 재편하는 힘이다. 실제로 글로벌 제약 산업 분석 기업인 이벨류에이트 파마(Evaluate Pharma)에 따르면 향후 5년간 특허 만료로 사라질 잠재적 매출은 3,000억 달러 이상으로 추정된다. 이는 전 세계 의약품 시장 규모의 3~4%에 해당하며, 특정 시기에는 글로벌 제약사의 성장률을 크게 끌어내릴 수 있는 수준이다. 특허 절벽은 제약사들의 전략적 선택을 바꿔놓았다. 2010년대 이후 글로벌 빅파마들은 세 가지 방향으로 대응했다.

첫째, 후기 임상 단계 파이프라인(신약 후보 물질) 확보를 위해 중소 바이오텍 인수나 라이선싱 계약을 대폭 늘렸다. 실패 가능성이 높은 초기 단계보다, 임상 2·3상 단계에 진입해 상업화 가능성이 검증된 후보를 선점하는 쪽으로 무게 중심이 옮겨갔다.

둘째, 기존 블록버스터의 방어적 연구 개발이 강화되었다. 정맥 주사를 피하 주사로 전환하거나, 복합제·제형 변경·추가 적응증 확대를 통해 특허 기간을 연장하려는 시도가 잇따랐다.

셋째, 항체 의약품, 면역 항암제, 세포·유전자 치료제 같은 플랫폼 기술에 장기 투자하면서 파이프라인을 다변화했다.

투자자들도 또 하나의 패턴을 발견했다. 특허 절벽은 위기와 동시에 기회라는 사실이다. 특허가 끝나면 기존 기업은 매출 감소 리스크에 직면하지만, 제네릭, 바이오시밀러 기업에게는 새로운 시장이 열리고, 중소 바이오텍은 대형 제약사의 인수 대상이 되며, 투자자에게는 새로운 사이클을 선점할 기회가 주어진다. 따라서 '특허가 끝나면 위험'이라는 단순한 공식을 넘어서, 누가 공백을 메우고 새로운 성장을 시작하는지가 투자 판단의 핵심이 된다.

결국 바이오·헬스케어 산업의 현재는 위기와 기회가 맞물려 있는 전환기다. 특허 만료라는 구조적 압박이 산업을 흔들고 있지만,

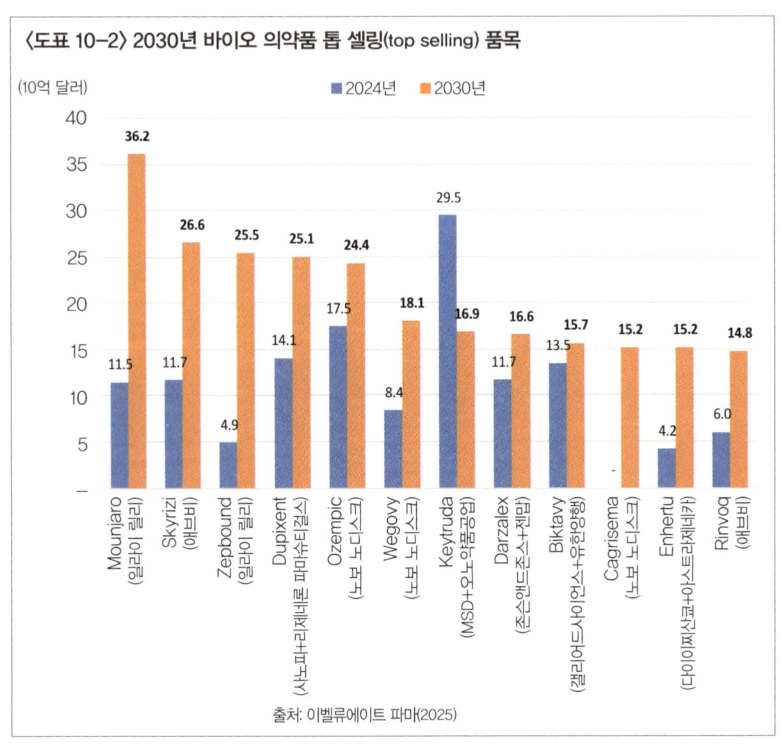

동시에 새로운 치료제의 성장은 더 큰 사이클을 준비하게 한다.

제약·바이오주의 가치 평가는 매우 어렵다. 특히 전공자가 아닌 일반인들의 경우, '카더라' 통신과 조금 알고 있는 지인들의 이야기에 의존할 수밖에 없다. 그렇지만 그들은 매우 높은 수익률을 기대하고 있다.

일반 투자자는 무엇을 봐야 할까? 뉴스에서 어떤 부분을 주목해야 하는가? 제약, 바이오 기업의 가치는 현재의 수익보다는 미래 파이프라인과 임상 성공 여부에 크게 좌우된다. 초기 단계(전임상, 임상 1상)는 불확실성이 높기 때문에 임상 2상, 특히 임상 3상에 진입

했거나, 이미 유의미한 중간 데이터를 발표한 기업에 주목해야 한다. FDA 승인 뉴스는 가장 큰 호재다. 기업이 개발 중인 신약 후보 물질을 다국적 제약사에 기술 수출(license-out)할 수 있다면 좋은 뉴스다. 바이오 벤처가 아닌 전통 제약사는 이미 출시된 오리지널 의약품, 제네릭 또는 바이오시밀러(biosimilar, 바이오 의약품 복제약)를 통해 안정적인 매출을 확보하고 있는지 확인해야 한다. 미국임상종양학회(American Society of Clinical Oncology, ASCO) 등에서의 발표도 호재성 재료가 될 수 있다.

제약·바이오 투자는 위험성이 크다. 아무리 유망했던 파이프라인이라도 임상 3상에서 안전성이나 유효성이 입증되지 못하면, 주가는 순식간에 폭락하게 된다. AI 발달로 관련 제약·바이오주는 단순히 건강 관련 주식이 아니다. AI를 이용한 유전체 분석, 단백질 분석, 신약 개발 관련주가 돋보인다. 예로, AI 신약 개발 기업 리커전(Recursion, RXRX)은 오픈AI와의 협력 소식 이후 단기간에 급등했다.

미국의 한 애널리스트는 생성형 AI가 바이오텍 업종의 비용 구조와 R&D 효율성을 근본적으로 바꾸며, 향후 주가 반등의 핵심 촉매가 될 것으로 판단한다. 기업들이 신약을 시장에 출시하는 데 수년 및 수십억 달러를 절약할 수 있게 해줄 것이라고 한다. 바이오텍에서 약물을 찾는 데 22억 달러, 약물을 시장에 출시하는 데 최대 10년, 약물의 90%가 실패라는 일반적인 수치들이 모두 바뀐다는 것이다. 세계 최대 바이오텍 기업 중 하나인 암젠(Amgen)은 연구를 위해 인간 데이터셋(Dataset)을 분석하는 데 생성형 AI를 통합하

는 기업 중 하나다.

개별 종목을 고를 자신이 없다면, 그리고 확률 게임을 믿는다면(수십 종목 가운데 대박주 한 개만 있으면 된다는 생각) 종목 단위보다는 펀드나 ETF 형태로 투자하는 것도 좋다. 미국 iShares Nasdaq Biotechnology ETF(IBB)나 한국 TIGER KRX 헬스케어 ETF가 대표적이다.

11월:
배당 투자와 절세 전략

11월의 역사적 사건과 체크 포인트

- 1989년 11월 베를린 장벽 붕괴. 이후 유로존이 통합되고 유로화라는 단일 통화가 탄생했다. 11년 후 구조적인 문제가 발생했다(유럽 재정 위기).

- 2014년 11월 후강통(상하이와 홍콩 증시의 교차 거래). 중국 증시가 2015년 5월까지 급등했다.

- 미국 대선(4년 주기), 중간 선거(4년 주기)가 11월의 이벤트다. 중간 선거 전후의 주가 움직임을 관찰해야 한다. 정치적 불확실성으로 시장 변동성이 커질 가능성에 대비해야 한다.

- 미국 서부에 종종 산불이 발생한다. 보험 및 에너지 섹터 주의가 필요하다.

- 미국 추수감사절 및 블랙프라이데이가 있어 소비 심리 확인이 가능하다.

- 일반 투자자가 인식하기는 어려워도 헤지 펀드 북클로징(Book closing, 11월에 연

간 매매를 끝냄) 시기다.

워런 버핏(Warren Buffett)은 가치 투자자인가, 성장 투자자인가? 둘 중 하나를 선택해야 한다면 무엇이라 답하겠는가? 2007년 9월 한국의 대표 펀드매니저라 불리는 분에게서 이메일이 왔다.

'가치주냐, 성장주냐?' 전 다를 바가 없다고 생각합니다. 진정한 가치주는 밸류에이션(PBR 등)이 낮은 종목이 아닙니다. 시간이 지나면서 가치가 창출되는가 아닌가의 문제이지, 현재 시점에서의 밸류에이션이 무슨 의미가 있는가가 제가 보는 가치주의 기준입니다. 낮은 밸류에이션 주식을 사서 적정 밸류에 파는 매매는 퀀트만 할 줄 알면 할 수 있는 것이지 펀드매니저의 영역은 아니라고 평소 생각하고 직원들에게 가르칩니다. 시간의 변화에 따라 가치가 커지는가 작아질 것인가를 판단하는 게 펀드매니저의 가장 큰 보람이 아닌가 생각합니다. 가치를 창출하는 주식이 가치주이지, 현재 저평가라고 생각하는 주식을 매매의 관점에서 리밸런싱(매수, 매도 등 포트폴리오 비중 조절) 하는 것은 아니라는 게 제 생각입니다.

이분의 이야기는, 가치주와 성장주 의미에 대한 고찰을 뒤로한 채 단지 정형화된 분리 잣대만을 고심하던 이들에게 주는 일침과도 같은 조언이었다. 그러나 필자가 이 부분에 대해 얼마나 오랜 기간 고심해왔는지는 그도 충분히 알지 못했을 것이다. 사실 그분의 성장과 가치의 구분 그리고 투자 철학은 우리에게 널리 알려진 성장주의 투자 철학과 유사하다. 피터 린치(Peter Lynch)로 대표되는 피델리티 펀드의 철학이라고도 볼 수 있다.

가치주와 성장주의 정의 그리고 구분의 문제만큼 쟁점이 많은 이슈도 없을 것이다. 농심과 같은 음식료 주식은 대체로 가치주로 생각하는데 삼성전자를 가치주로 생각하는 이도 있다. 그리고 그 반대의 경우로 이해하는 이들도 많다.

실제로 필자가 2005년 '한국형 가치와 성장' 자료를 발간한 이후 약 60회 이상의 기관 투자자 설명회에서 확인한바 가치주와 성장주의 정의는 사람마다 달랐다. 필자가 생각하는 주식 스타일로서의 가치와 성장의 키워드는 '순환'과 '지속'이었다.

주식 스타일을 구분 짓는 가장 보편적인 개념은 가치와 성장이다. 주식 스타일로서의 가치와 성장은 일반적인 인식보다는 매우 한정적인 개념이며, 이 두 주식 스타일이 무엇인가에 대해서는 미묘한 해석의 차이가 존재하고 개념적으로도 명확하지 않다. 흔히 가치주는 저평가주로 인식된다. 하지만 성장주도 보다 큰 범주하에서는 저평가 주식이 될 수 있다. 가치주는 '현 시점에서의 저평가 주식'이고 성장주는 '현 시점에서는 저평가되지 않은 주식'으로 생각한다. 결국 가치와 성장의 초점은 '현재 시장에 나타난 가치인가, 미래에 나타날 가치인가?'로 구분할 수 있을 것이다.

이를 고전적 개념의 가치와 성장 투자로 바꿔 생각해보자. PER을 예로 들면 가치 투자는 분자 P(주가)의 일시적인 할인에 초점을 맞춘 것이고, 성장 투자는 분모인 EPS의 증가에 초점을 맞춘 것이다. 가치형 투자자는 실적 악화에도 불구하고 싼 주식을 '이익의 순환적 특성'에 기대어 매입하게 된다. 일종의 역투자 전략인 셈이다. 성장형 투자자는 주가가 많이 오른 상황에서도 이익의 지속적 개선에 기대어 주식을 매입하게 된다. 이는 최근 수년간 미국의 M7(magnificent 7, 애플·마이크로소프트·알파벳·아마존·엔비디아·메타·테슬라) 주식들에서 나타나고 있다.

성장 스타일 투자자와 가치 스타일 투자자의 매매 시점은 다르다. 〈도표 11-1〉에서 초록색 시점은 성장 스타일 투자자의 진입 시점이고 갈색 화살표는 가치 투자자의 진입 시점을 표현한 것이다.

스타일로서의 가치형 투자의 기본 원리는 '평균 회귀 현상' 또는 '순환'으로 표현할 수 있다. 대체로 가치형 투자는 실적이 악화된

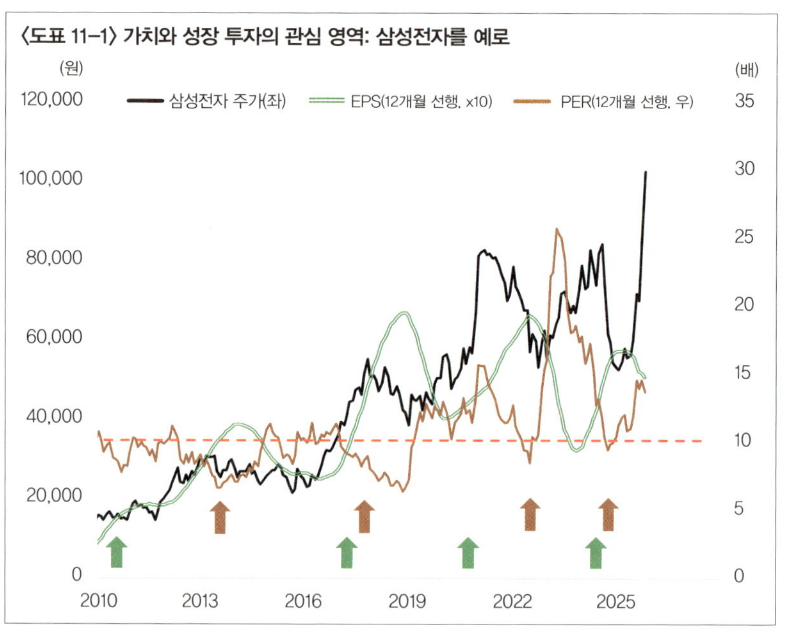

경기 순환주를 선호하고 궁극적으로 이들의 실적 회복을 기대하는 것이다. 이를테면 2025년 현재 석유화학 주식을 매입하는 사람들이다. 행동재무학으로 설명되는 'mental accounting' 개념이 숨어 있는데, 순환에 기초한 미래의 실적 회복을 인식하지 못하고 과거 또는 현재의 실적 악화만을 염두에 둔 투자자들이 선뜻 사지 못하는 주식을 사는 것이다.

성장주 투자의 기본 원리는 지속성이다. 성장형 투자는 주가(수익률)의 안정성을 중시한다. 따라서 순환적 기업[결국 순환적 주가(수익률)]에 대한 투자는 꺼리게 된다. 예를 들어 다국적 기업은 특정 국가의 경제 사이클의 영향을 완화시킬 수 있다는 의미에서 성장형 투자자들에게 선호되었다. 성장주는 이익 증가를 매우 중시한다. 다만 이익 증가의 기간이 단기적인 인식이 아니라 장기적이라는 것이다.

일반적으로 경기 순환주는 가치주로 분류되는 경우가 많다. 이러한 가치주들은 상대적으로 저PBR, 저PER, 고배당인 경우가 많고, 경기 순환 업종이나 정부 규제 산업은 대개 이 분류에 속하게 된다. 반면 성장주는 상대적으로 고EPS 증가율, 고수익성, 고평가 배율의 특징을 갖고 있으며 신기술, 소비재, 서비스, 보건 업종 등이 많다.

한국 사람들도 미국의 ETF에 많이 투자한다. 세계 최대 자산 운용사인 블랙록(Blackrock)이 만든 성장주 ETF와 가치주 ETF를 비교해보자. 성장주인 IWF(iShares Russell 1000 Growth ETF)는 Russell1000(미국 대형주) 성장주 지수를 추종하는 ETF로서 편입 종목은 마이크로소프트, 애플, 아마존, 구글, 엔비디아 등이다. 가치주인 IWD(iShares Russell 1000 Value ETF)는 Russell 1000 가치주 지수를 추종하는 ETF로서 편입 종목으로는 JP모건, 버크셔 해서웨이, 존슨 앤드존슨, 쉐브론 등이 있다. 확연히 대비되는 것은 성장주는 기술주, 가치주에는 금융, 원유 업종에 속한 주식들이 있다는 것이다.

가치주와 성장주를 기계적으로 가장 간편하게 구분하는 방법은 무엇일까. 가장 고전적인 방법은 PBR로 구분하는 것이다. PBR이 상대적으로 크면 성장주, 낮으면 가치주가 된다. 이것은 대표적인 성장·가치 지수인 미국 S&P/Barra의 가치, 성장 스타일 구분의 잣대로서 매우 간단하지만 보편적으로 널리 사용되고 있으며, 그 유용성이 많은 문헌들을 통해 검증되었다.

미국 주식 시장은 지난 수십 년간 성장주 주도의 시장이었다. 이러한 성장주들이 몰락한 경우가 몇 번 있었는데, 1973년의 니프티 피프티(Nifty50, 50여 개의 대형 우량주. 코카콜라, 맥도날드, P&G, IBM, 제록스, 디즈니, 화이자, 존슨앤드존슨, 아멕스 등. 현재는 대부분 가치주로 분류되지만, 당시에는 폭발적인 성장 잠재력을 가진 성장주로 여겨졌음), 1980년 에너지 주식, 2000년 IT 주식이 그 예다.

대체로 가치주는 상대적으로 시가총액이 작은 종목들이 많이 포함되어 있는데, 이는 일반적으로 저평가 종목들을 많이 포함하고 있기 때문이다. 가치주의 초과 수익에 대한 문헌들이 많이 있다. 몇 년만 보면 성장주가 대세인 것처럼 보여도 장기간 투자에는 가치주의 압승이 나타났다는 것이다.

〈파이낸셜 애널리스트 저널(Financial Analyst Journal)〉 등 문헌에 따

르면 가치주의 장기간 초과 수익의 배경은 다음과 같다.

첫째, 리스크 프리미엄(risk premium, 더 위험한 자산에 투자할 때 최소한 더 벌어야 한다고 기대하는 수익률 차이)으로 설명된다. 가치주는 저PER 또는 저PBR주가 대부분이고 원인이 되는 부실한 이익 성장이 투자자들에게는 보다 큰 리스크로 인식될 수 있다. 따라서 가치주에 위험 프리미엄이 요구되어진다는 것이다.

둘째, 가치주에 대해서는 적정 가격을 제대로 평가하지 못한다는 것이다. 그래서 일시적으로 저평가될 가능성이 있다는 것이다. 이익이 지속적으로 위축될 것이라는 잘못된 인식이 실제 가치보다 주가를 낮게 평가한다. 나중에 이익이 개선될 때 시장은 이것을 실적 서프라이즈로 생각하게 되어 주가가 크게 상승한다. 투자자(시장)들은 확실성에 대해서는 가치를 과도하게 부여하고(고평가), 반대로 실제로 발생 가능성이 적은 사건들에 대해서는 과민하게 반응(저평가)하기 때문이다.

현실적으로 미래의 이익을 예측하는 것이 매우 어렵고, 또한 주가의 변동은 실제 기업 이익 변동보다 크기 때문에 주가는 언제나 저평가와 고평가 상태일 수 있다.

우리가 흔히 알고 있는 M7은 성장주 지수에 포함되어 있다. 2020년 코로나 이후 성장주가 가치주 대비 압도적인 성과를 기록하고 있다.

11월에 점검해야 하는 것 중 하나는 배당 투자다. 배당은 장기 투자자에게는 복리 효과를 극대화하는 핵심 수단이다. 한 투자자가

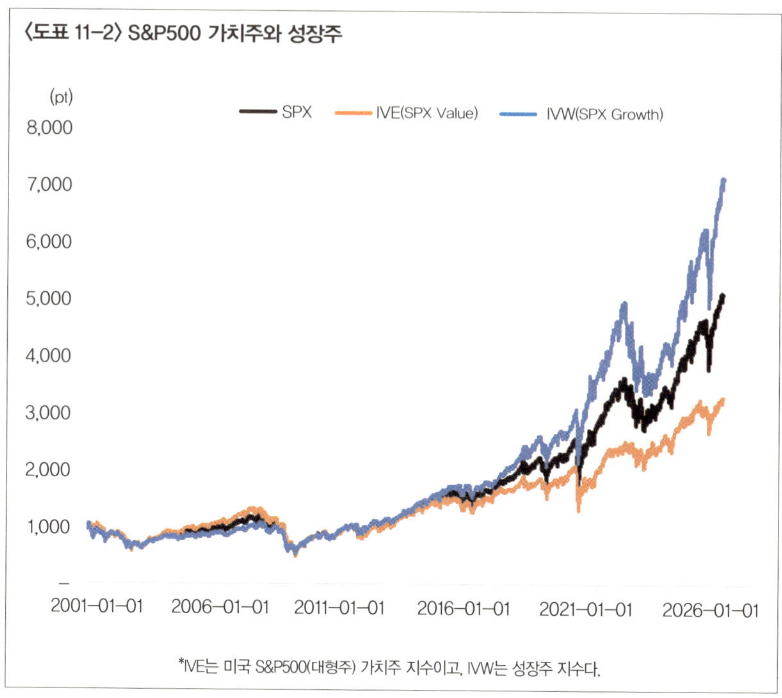

〈도표 11-2〉 S&P500 가치주와 성장주

*IVE는 미국 S&P500(대형주) 가치주 지수이고, IVW는 성장주 지수다.

50년 전 미국 주가 지수(S&P500)에 1달러를 투자했다면 지금은 몇 달러일까? 놀라운 수익률을 기록했을 것이다. 그런데 이 투자자의 수익 중 40% 이상이 배당에서 나왔다. 그만큼 배당은 장기 투자의 승리를 보장해주는 강력한 무기다.

글로벌 자산 운용사 뱅가드(Vanguard)에서 2025년 발표한 논문 〈The Dividend Reinvestment Puzzle: Solution by a Survey〉(뱅가드 고객을 대상으로 한 대규모 설문 조사)에는 다음과 같은 내용이 담겨 있다.

'High Dividend' 또는 'Income'이 명시된 투자 상품에 투자한 사람들도 대부분 (74%) 배당금을 인출하지 않고 재투자하고 있다는 것이다. 고배당 펀드를 선택했지만 실제로는 재투자하고 있다. 세제 혜택 계좌에서는 93% 이상이 배당을 재투자하고 있었으며, 과세 계좌에서도 80% 이상이 재투자를 선택했다. 배당을 재투자하는 이유로는 복리 효과 기대(79%)와 '당장 필요하지 않음'(63%)이 압도적으로 많았다. 배당주는 '신뢰할 수 있는 기업'이라는 인식이 존재한다. 배당 지급 기업을 더 신뢰하고, 변동성이 낮으며, 경영이 우수하다고 인식하는 경향이 강했다. 흥미로운 사실은 응답자의 69%는 금리 수준이 배당주에 대한 선호에 영향을 주지 않는다고 답했다. 배당 투자가 금리 환경보다 훨씬 구조적, 심리적 선호에 기반하고 있다는 점을 보여준다.

실증 데이터가 보여주는 배당주의 우월성도 있다. 네드 데이비스 리서치(Ned Davis Research, NDR)가 집계한 지난 50년간 데이터에 따르면, S&P500의 배당 지급 기업들의 연율화 수익률은 9.2%였던 반면 무배당 기업들은 4.3%에 불과했으며, 변동성도 더 적었다. 배당 지급 기업들은 해당 기간 동안 세전 기준으로 무배당 기업들보다 10배 많은 부를 남겨줬다. 물론 극단적인 반대의 경우도 존재한다. 역사상 최고의 주식 중 하나는 배당을 지급한 적이 없다. 워런 버핏의 버크셔 해서웨이는 1967년에 한 번 10센트를 지급했다. 버핏은 그 결정이 내려질 때 자신이 "화장실에 있었을 것"이라고 농담했다.

한국에서는 거의 모든 기업이 12월 결산을 기준으로 배당을 지급한다. 따라서 11월은 투자자가 배당 전략을 점검하고 포트폴리오를 조정하는 최적의 타이밍이다. 배당 투자에 관심이 있다면 어떤 지표를 점검해야 할까?

배당 수익률(dividend yield)은 한 주당 배당금을 주가로 나눈 값이다. 그래서 매수한 가격에 따라 배당 수익률은 달라진다. 더 싼 가격에 주식을 매입할수록 배당 수익률은 올라간다. 장기 투자자라면 배당 성향(payout ratio, 배당액을 당기 순이익으로 나눈 값)과 배당 성장성을 고려해야 하는데, 배당 성장성은 기업 이익 증가와 직접적인 관련이 있다. 이익이 많이 나야 더 많은 배당을 하게 된다. 배당 성향은 기업이 돈을 벌어서 기업의 곳간만 채우거나, 아니면 더 큰 성장을 위해 투자를 하는 경우 주주들에게 돌아가는 배당은 상대적으로 줄어들게 된다.

한국의 배당 성향이 상대적으로 낮다는 비판이 오랫동안 지속되어왔고, 혹자는 이것이 한국 주가가 싼 이유라 믿고 있다. 이른바 '코리아 디스카운트'라는 것이다. 여러분은 어떻게 생각하는가? 극단적인 예를 들어보자. 한 기업이 있다. 이 기업은 늘 호황과 불황이 주기적으로 나타나는 경기 민감·순환적인 사업 구조를 갖고 있다. 불황때는 큰 폭의 적자를 기록하기도 했다. 현재는 기업의 곳간에 꽤 많은 돈이 있다. 최근 2년간 큰돈을 벌어들였다. 그렇다면 곳간의 상당 부분을 헐어서 주주들에게 나눠주자(배당)는 주장을 옹호할 것인가, 아니면 다시 오게 될 불황에 대비해서 곳간을 어느 정도 넉넉하게 유지시키는 것이 옳다고 생각하는가.

더 극단적인 예로, 2022년 락앤락의 경우를 생각해보자. 배당 수익률은 32.7%에 배당 성향은 무려 190%에 달했다. 전후 수년 동안 주가는 어떠했는가? 배당 투자는 반드시 세금을 고려해야 진짜 수익률이 나온다. 일부 거액 투자자들은 세금을 줄이기 위해 연말 배당을 안 받고 주식을 팔았다가 연초에 다시 산다. 이러한 패턴은 지난 수년간 반복되어온 패턴이었고 보통 11월에서 12월 초반에 주식을 정리한다.

한국의 배당 소득세율은 15.4%(지방세 포함)이고, 금융 소득 종합과세 기준(연간 금융 소득 2,000만 원) 초과 시 종합세율 최대 49.5% 가 적용된다. 배당주를 ISA(개인 종합 자산 관리 계좌), 연금 저축, IRP 계좌에 담으면 절세가 가능하다. 미국 주식에 투자하는 한국 투자자라면 해외 주식 양도 소득세(22%)를 고려해야 한다.

11월은 기업의 연간 실적이 어느 정도는 가늠이 될 수 있다. 따라서 배당 여력이 가늠되고, 세제 전략을 활용해 세후 수익률을 극대화할 수 있다.

12월:
연준의 금리 정책

12월의 역사적 사건과 체크 포인트

- 1991년 12월 소련(소비에트 연방)이 공식적으로 해체됨으로써 냉전이 종식되었다.

- 1994년 12월 멕시코가 페소화를 평가 절하했다. 이후 1995년 브라질, 아르헨티나 등으로 위기가 전염되었다(테킬라 효과).

- 2004년 12월 쓰나미(인도양 대지진)로 23만 명 사망, 5만 명 실종. 169만 명의 난민이 발생하는 사상 초유의 재난이었다.

- FOMC 회의(대략 12월 16~17일경). 연말 금리 결정, FOMC 금리 결정(인상이든 인하든 금리 변화가 있었던 경우)은 12월이 가장 많았다.

- 12월은 국내외 전략가, 증권사, 유튜버 등의 차기년 경제 전망, 증시 전망이 범람하는 시기다.

- 손실 확정으로 인한 세금 감면의 절세 전략(Tax Loss Harvesting)의 마지막 기한

투자자들은 12월이면 무엇을 점검해야 하는가. 국제 금융 시장에서 가장 중요한 이벤트는 12월에도 FOMC일 것이다. 미국 연준이 내년 통화 정책의 방향성을 정하는 중요한 신호를 던진다. 금리 결정 자체보다도, 점도표(dot plot, 미국 중앙은행 인사들이 금리를 어디까지 올릴지 찍어놓은 점 지도, 지도에 점이 많이 모인 곳이 미래 금리 수준)와 의장의 발언이 시장을 크게 흔든다. 특히 12월은 연중 8회의 금리 결정 회의 중 가장 빈번하게 금리 변화를 가져온 달이기도 하다.

연준의 금리 정책은 주식 시장에 직접적인 영향을 미친다. 금리가 낮아지면 기업의 차입 비용이 줄고, 유동성이 위험 자산으로 흘러들어 주가가 오른다. 반대로 금리가 오르게 되면 특히 성장주와 기술주는 큰 타격을 받는다. 금리 수준 자체보다, 연준이 앞으로 얼마만큼 더 올릴지 또는 내릴지에 대한 기대치가 중요하다.

연준은 매년 네 차례 점도표를 공개하는데, 그중 12월 점도표는 특별한 의미를 갖는다. 한 해 동안의 금리 정책을 정리하고, 동시에 다음 해 전망을 처음으로 보여주기 때문이다. 점도 하나하나는 위원들의 개인적 판단이지만, 전체의 중앙값은 시장이 해석하는 연준의 로드맵이 된다. 예를 들어 2015년 12월 연준은 금융 위기 이후 7년 만에 처음으로 금리를 올리며 점도표에 점진적 인상 기조를 담왔다. 시장은 이 신호를 따라 2016년 초반 조정에 들어갔다. 반대로 2019년 12월 점도표는 금리 동결 기조와 완화적 전망을 담으면서, 2020년 초반 코로나 이전까지 증시에 훈풍을 불어넣었다.

12월 FOMC에서의 연준 의장[현재는 제롬 파월(Jerome Powell)] 발언도 매우 중요하다. 만약 금리 인상이 진행되는 가운데 연준 의장이 "현재 금리 수준은 여전히 중립적 수준보다 멀리 있다"라고 말한다면 앞으로도 금리를 더 올릴 수 있다는 강경한 메시지로 해석된다. 주가에는 부정적이다.

2018년에는 4번의 금리 인상이 있었는데, 12월 한 달 동안만 S&P500은 9% 넘게 급락했고, 다우 지수는 1931년 이후 최악의 12월 낙폭을 기록했다. 크리스마스이브에는 하락률이 3%를 넘으면서 산타 랠리가 아닌 산타 쇼크라는 말까지 나왔다.

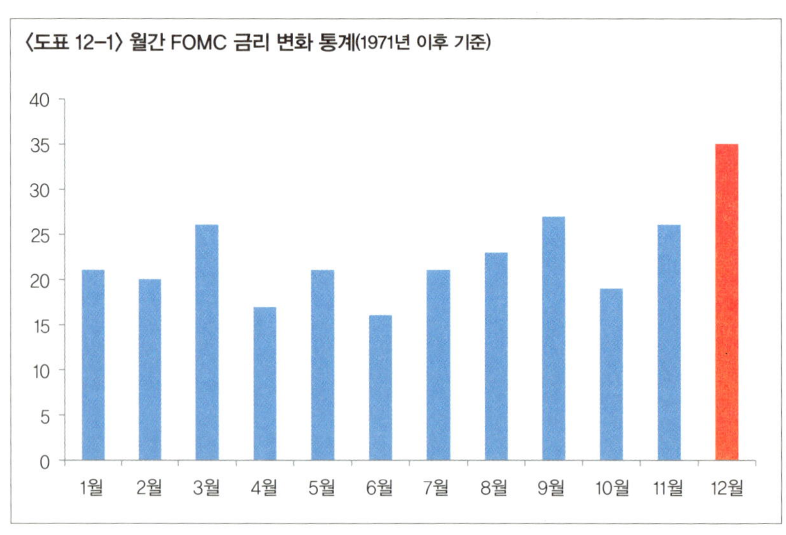

2021년 12월에는 팬데믹 이후 인플레이션 급등을 인정하며, 연준이 긴축으로의 전환을 공식화했다. 이때부터 2022년 약세장이 본격화됐다. 2023년 12월에는 금리 인상 사이클 종료 가능성이 점도표에 드러나며 시장은 안도 랠리를 보였다. 2024년 12월에는 고용 둔화와 달러 약세가 겹치며 연준 입장의 변화 가능성이 대두됐다. FOMC 회의 이후 증시는 금리 인하 신호에 반등을 보였다.

미국의 기준 금리를 결정하는 회의인 FOMC는 1년에 8회 열린다. 관련해서 알아둬야 할 것은 성명서(policy statement)를 통해 회의 직후 결과를 발표하고, 약 3주 후 의사록을 통해 위원들이 회의실에서 나눈 의견들, 즉 금리 결정을 내린 이유와 과정이 설명된다. 3월, 6월, 9월, 12월 회의에는 성명서 발표 후 연준 의장의 기자 회

〈도표 12-2〉 2026년 FOMC, 의사록, 성명서, 베이지북 공개일

FOMC 회의 일정 (현지 시각, 화요일 ~수요일)	성명서/금리 결정 발표일(수요일 14:00 ET)	의사록 공개일(수요일, 회의 후 3주 추정)	베이지북 공개일 (수요일 14:00 ET, 추정)	경제 전망(SEP) 및 기자 회견
1월 27일~28일	1월 28일	2월 18일	1월 14일	없음
3월 17일~18일	3월 18일	4월 8일	3월 4일	있음(기자 회견 14:30 ET)
4월 28일~29일	4월 29일	5월 20일	4월 15일	없음
6월 16일~17일	6월 17일	7월 8일	6월 3일	있음(기자 회견 14:30 ET)
7월 28일~29일	7월 29일	8월 19일	7월 15일	없음
9월 15일~16일	9월 16일	10월 7일	9월 2일	있음(기자 회견 14:30 ET)
10월 27일~28일	10월 28일	11월 18일	10월 14일	없음
12월 8일~9일	12월 9일	12월 30일	11월 25일	있음(기자 회견 14:30 ET)

견이 진행되며, 위원들의 향후 경제 및 금리 전망을 담은 SEP(Summary of Economic Projections, 경제 전망 요약)가 함께 발표된다. 그리고 회의 2주전에 FOMC 위원들이 회의에서 논의할 지역별 주요 경제 동향 보고서인 베이지북이 공개된다.

사이클 연구소

세계에는 사이클만을 연구하는 기관들이 있다. 금융 시장과 실물 경제에서 반복적으로 나타나는 주기를 찾아내고 정량적으로 측정해서 그 결과를 자산 배분, 리스크 관리, 거시 전망에 활용하는 전문 기관이다.

사이클은 단순한 반복만을 의미하지 않는다. 시대적 배경, 기술 발전, 정책 환경, 글로벌 상황에 따라 강도와 지속 기간이 달라진다. 따라서 단순한 패턴 탐지 이상의 다차원적인 분석이 필요하다.

NDR은 1980년 네드 데이비스(Ned Davis)가 설립한 독립 투자 리서치 회사로, 사이클 기반 투자 전략의 선구자로 평가받는다. NDR의 대표 지표인 'Cycle Composite'은 세 가지 주기를 동일 가중치로 결합한다.

- 계절적 패턴(1년): '5월에는 (주식을) 팔고 떠나라(Sell in May and Go Away)'와 같은 전통적인 계절성뿐만 아니라, 월별, 주별, 일별 패턴을 분석한다. 예를 들어 12월 말과 1월 초의 '1월 효과(January Effect)', 분기 '윈도 드레싱' 효과 등을 정량화한다.
- 대선 주기(4년): 미국 대선을 기준으로 한 주기 패턴이다. 일반적으로 대선 전년도와 대선 연도에 주식 시장이 강세를 보이고, 대선 후 첫해에 조정을 받는 패턴이 관찰된다. 정치적 환경과 경제 상황에 따라 달라질 수 있다.
- 디세니얼 사이클(10년): 약 10년을 주기로 하는 장기 사이클은 경기 확장과 수축, 금리 사이클, 인플레이션 사이클 등을 반영한다.

NDR은 하나의 지표에 의존하지 않고, 여러 독립적인 지표들의 신호를 종합해서 판단하는 '종합적 근거(weight of evidence)' 접근법을 사용한다. 밸류에이션, 모멘텀, 심리, 수급, 거시 경제 지표 등을 각각 상(bull), 중립(neutral), 하(bear)로 분류해 판단한다.

NDR의 맞춤형 연구 솔루션(CRS) 그룹은 AI 대용량 언어 모델(Large Language Model, LLM)을 활용해 1만 건의 SEC(Securities and Exchange Commission, 미국의 증권거래위원회) 신고서 데이터베이스를 분석함으로써 관세가 S&P500 기업에 미치는 영향을 평가한다. 기존 키워드 검색 방식이 39.96%의 기업만 식별한 반면, AI 방식은 관세 위험에 대한 미묘한 언급까지 포착해 61.23%의 기업에서 관세 위험을 식별하는 등 분석 정밀도를 높였다고 한다. 몇 가지 흥미로운 연구 결과는 다음과 같다.

1900년부터 2023년까지 미국 대통령 선거 주기가 주식 시장에 미치는 영향을 분석한 결과 대통령 임기 초기 2년은 약세장, 그 이후 2년은 강세장이라는 결론을 냈다. 지금 트럼프 정권과는 좀 맞지 않을 수 있다. 이미 엄청난 강세장이다. VIX가 2일 동안 20포인트 이상 상승하면 S&P500이 1개월 후엔 4.4%, 또 3개월 후엔 14.7%가 평균적으로 상승했다고 한다. 미국의 수십 년 주가를 보면 당연한 이야기다. 계속 올랐으니까.

ECRI(Economic Cycle Research Institute, 에크리)는 1996년 설립된 경기 사이클 예측에 특화된 기관으로, 전 세계 약 20여 개국의 경기 사이클을 추적하고 있다. 경기 고점과 저점을 발표하고, 경기 전환점을 탐지한다. 각 국가별로 고유한 선행 지수를 개발하고, 이를 통해 글로벌 경기 동조화 정도를 분석한다. 2007~2009년 금융 위기 전후 정확한 예측을 보여줬다고 한다. 이들의 방법론은 다음과 같다.

- 다차원 분석: 단일 지표가 아닌 여러 지표의 조합을 사용.
- 동시성: 여러 지표가 동시에 같은 방향으로 움직일 때 신호의 신뢰도가 높아짐.
- 지속성: 변화가 일시적이 아니라 지속적일 때 의미가 있음.
- 광범위성: 변화가 경제의 여러 부문에 걸쳐 나타날 때 더 의미가 있음.

FSC(Foundation for the Study of Cycles)는 1941년 하버드대학교의 경제학자 에드워드 듀이(Edward R. Dewey)가 설립한 비영리 연구 기관이다. 경제뿐 아니라 자연 및 사회 전반의 주기적 현상을 연구한다.

경제 사이클을 넘어 자연 사이클(태양 흑점 주기, 기후 변동), 사회 사이클(인구 변동, 정치적 사이클), 생물학적 사이클까지 다루는 학제 간 접근법이 특징이다. 따라서 물리학자, 생물학자, 기상학자, 사회학자 등이 참여해서 사이클 현상을 다각도로 연구한다.

'찰떡궁합 주식' 찾기

사이클 투자의 법칙에 '뜬금없이 웬 찰떡궁합 주식?'이란 의문이 들 것이다. 혹시 바이오리듬을 아시는지? 사람마다 신체, 지능, 감성의 주기가 존재한다고 믿어보자. MBTI에 대해선 아마도 관심이 많을 것으로 예상한다. 그렇다면 MBTI별로 기질이 다르다는 것도 인정할 것이다. 누군가는 환경 변화에 빠르게 대응하고, 누군가는 심사숙고의 시간을 보내고, 누군가는 당황하고, 누군가는 대수롭지 않게 생각하고, 누군가는 크게 흥분하고, 반대로 누군가는 차분하고 등 모두 다르다.

삼성전자와 에코프로 주가는 모양이 비슷한가? 농심과 TSLL(DIREXION DAILY TSLA BULL 2X SHARES, 테슬라 레버리지 2배)은? 배당주와 비트코인은 비슷한가? 주가는 서로 다른 사이클과 진폭을 갖고 있다. 그리고 투자자와 투자 대상(주식) 또한 모두 다른 주기(사이클)와 진폭(높낮이)을 갖고 있다. 나에게 맞는 주기와 진폭을 찾아주는 것이 바로 찰떡궁합 주식이다[21].

주기와 진폭이 있으면 파동이 된다. 파동이라는 것은 양자(quantum) 로직으로 합성할 수 있다는 것이다. 그래서 찰떡궁합 주식 찾기와 같은 우스꽝스런 제목에 양자 알고리듬이라는 첨단 로직이 담겨 있는 것이다.

주가 사이클은 주로 중장기 이동평균 그리고 관련된 기술적 지표를 이용했으며, MBTI별로 주기와 진폭 그리고 위상차를 설정했다. 성향 조합(I/E, S/N, T/F, P/J)에 따라 감정의 반응 속도와 폭이 달라진다. 예를 들어 외향(E) 유형은 자극에 민감하게 반응해 감정 변동이 빠른 반면, 내향(I) 유형은 감정을 상대적으로 억제하고 천천히 반응한다. 또한 감정형(F)은 감정에 취약해 기복이 크고 극단적일 수 있으나, 사고형(T)은 논리적이고 이성적이어서 감정을 완만하게 다루려는 경향이 있다. 직관(N)형은 상상력이 풍부해 큰 감정 진폭을 보이는 반면, 감각(S)형은 현실적, 안정적이어서 감정 변화 폭이 상대적으로 작다. 이러한 개인별 감정 사이클 특성은 각 투자자가 시장 변동에 어떻게 반응할지 예측하게 해준다.

바이오리듬은 신체, 지성, 감성 주기를 생년월일로 다르게 지정한다. 투자자의 사이클은 바이오리듬과 MBTI의 조합으로 구성된다. 이 투자자 사이클을 주식 사이클과 연결시켜 상승 국면에서 주식을 보유하고 있는지 아닌지, 하락 추세 중에 보유 중인지를 판단해서 가장 높은 수익률을 보였을 것으로 시뮬레이션 되는 종목들을 추천하는 식이다. 예를 한번 들어보겠다.

투자 심리 연구에서도 개인의 성격과 위험 성향에 맞춰 포트폴리오를 구성할 것을 권장한다. 자신의 감정적 반응 패턴을 이해하고 그것을 투자 전략에 반영하면, 과도한 스트레스를 줄이고 투자 만족도를 높일 수 있다. 시장 변동에 흔들리지 않고 안정적인 의사 결정이 가능하면 장기적인 투자 만족도로 이어진다. 투자자는 주식의 기술적 사이클 분석과 함께 자신의 감정 사이클을 면밀히 분석해

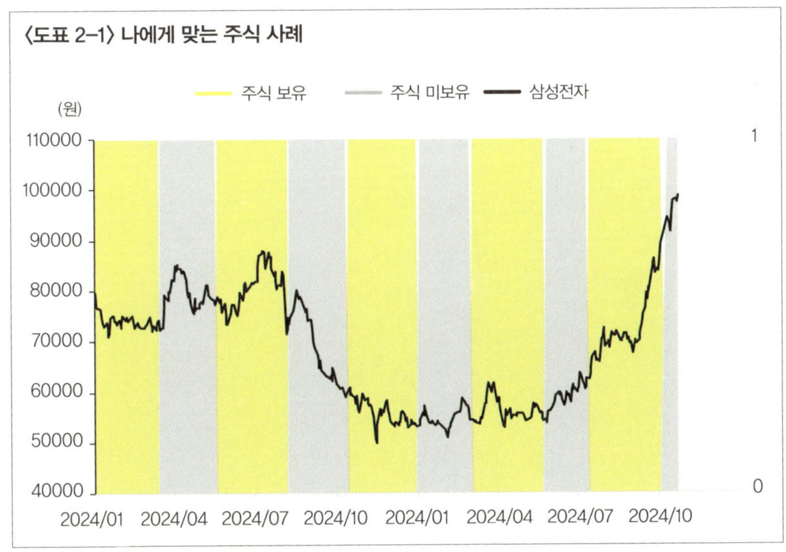

〈도표 2-1〉 나에게 맞는 주식 사례

'찰떡궁합'인 종목을 찾아낼 수 있는 것이다.

속는 셈 치고 셀스마트 사이트(sellsmart.merket)에서 한번 찾아보길
바란다.

월간 상승 주식 한눈에 보기

다음 〈도표 3-1〉은 2000년 이후 특정 월에 주가가 올랐던 종목들이다. 이러한 계절성은 시장 이례 현상(market anomaly) 중 하나다. 미국 500종목(S&P500), 한국 350종목(코스피200, 코스닥150) 중에서 선정했다. 2000년 이후 2025년 현재까지 주가가 모두 존재한다면 26번의 경우가 발생한다. 그중에서 몇 번 올랐는가가 상승 확률이고, 평균 수익률은 해당 월 해당 종목들의 수익률을 산술 평균한 것이다. 제철 음식이 있듯이 제철이 되면 오르는 종목도 있을 수 있다는 생각을 갖고 흥미롭게 살펴보기를 바란다.

<도표 3-1> 제철 주식

1월

한국	종목	상승 확률	평균 수익률(%)
	안랩	18/24 (75%)	4.6
	SFA반도체	17/24 (71%)	7.1
	프로텍	17/24 (71%)	10.9
미국	티커	상승 확률	평균 수익률(%)
	CAH	21/26 (81%)	3.5
	COR	21/26 (81%)	4.7
	HII	11/14 (79%)	3.1

2월

한국	종목	상승 확률	평균 수익률(%)
	한국타이어앤테크놀로지	10/13 (77%)	4.4
	삼천당제약	19/25 (76%)	8.8
	호텔신라	19/26 (73%)	3.6
미국	티커	상승 확률	평균 수익률(%)
	FTNT	14/16 (88%)	8.3
	ABBV	11/13 (85%)	3.9
	GDDY	8/10 (80%)	2.4

3월

한국	종목	상승 확률	평균 수익률(%)
	현대로템	10/12 (83%)	5.6
	펩트론	8/10 (80%)	7.1
	컴투스	14/18 (78%)	4.9
미국	티커	상승 확률	평균 수익률(%)
	ROL	22/26 (85%)	3.4
	CNP	22/26 (85%)	6
	DUK	22/26 (85%)	3.4

4월

한국	종목	상승 확률	평균 수익률(%)
	한국금융지주	19/21 (90%)	6.1
	아모레퍼시픽	15/18 (83%)	7.7
	삼성카드	14/17 (82%)	4.2
미국	티커	상승 확률	평균 수익률(%)
	EQT	22/25 (88%)	9.9
	AWK	14/16 (88%)	1.1
	MDLZ	20/23 (87%)	3.7

5월

한국	종목	상승 확률	평균 수익률(%)
	코오롱인더	11/15 (73%)	3
	카카오	18/25 (72%)	9.4
	네오위즈	12/17 (71%)	7.6
미국	티커	상승 확률	평균 수익률(%)
	AVGO	13/15 (87%)	6.9
	LYV	16/19 (84%)	8.5
	CTAS	21/25 (84%)	2.8

6월

한국	종목	상승 확률	평균 수익률(%)
	삼성중공업	18/25 (72%)	3.8
	클래시스	7/10 (70%)	0.1
	알테오젠	7/10 (70%)	10.4
미국	티커	상승 확률	평균 수익률(%)
	PODD	15/18 (83%)	5.3
	VRSK	12/15 (80%)	1.8
	TSLA	11/14 (79%)	10.3

7월

한국	종목	상승 확률	평균 수익률(%)
	한화	21/25 (84%)	5.6
	클래시스	8/10 (80%)	5.9
	메리츠금융지주	11/14 (79%)	3.9
미국	티커	상승 확률	평균 수익률(%)
	MPC	13/14 (93%)	5.3
	ZTS	11/12 (92%)	4
	ARE	22/25 (88%)	4.2

8월

한국	종목	상승 확률	평균 수익률(%)
	코스맥스	8/11 (73%)	4.5
	현대백화점	16/22 (73%)	3.7
	PI첨단소재	7/10 (70%)	2.8
미국	티커	상승 확률	평균 수익률(%)
	WDAY	10/12 (83%)	7.9
	PAYC	9/11 (82%)	12.5
	CBOE	12/15 (80%)	2.6

9월

한국	종목	상승 확률	평균 수익률(%)
	SK텔레콤	19/25 (76%)	2.4
	GKL	11/15 (73%)	2.2
	KCC	18/25 (72%)	3.4
미국	티커	상승 확률	평균 수익률(%)
	LULU	13/18 (72%)	3.7
	ALL	18/25 (72%)	2.8
	AIZ	15/21 (71%)	1.5

10월

한국	종목	상승 확률	평균 수익률(%)
	아이센스	9/12 (75%)	3.7
	메가스터디교육	7/10 (70%)	4.5
	KB금융	11/16 (69%)	3
미국	티커	상승 확률	평균 수익률(%)
	RJF	22/25 (88%)	5.6
	HII	12/14 (86%)	3.2
	SNA	21/25 (84%)	4.9

11월

한국	종목	상승 확률	평균 수익률(%)
	리가켐바이오	10/12 (83%)	7.8
	LG디스플레이	17/21 (81%)	5.5
	덕산네오룩스	8/10 (80%)	6.4
미국	티커	상승 확률	평균 수익률(%)
	IEX	24/25 (96%)	5.2
	VMC	23/25 (92%)	6
	ALLE	10/11 (91%)	4.5

12월

한국	종목	상승 확률	평균 수익률(%)
	메지온	13/13 (100%)	9
	알테오젠	9/10 (90%)	11.9
	종근당	9/11 (82%)	8.2
미국	티커	상승 확률	평균 수익률(%)
	ES	20/25 (80%)	2.5
	ZBH	19/24 (79%)	2.8
	PM	13/17 (76%)	−0.2

과거 사이클의 힘으로 미래가 만들어진다

'사이클'은 필자의 20여 년 증권 분석에 있어서 가장 중요한 주제였다. 리서치센터장을 맡은 시절 연말 투자 포럼의 슬로건도 '사이클'이라 정하기도 했다. 단기, 중기, 장기 사이클 그리고 그것들의 각각 다른 진폭과 파장들. 도대체 이런 사이클이 왜 만들어지는지 그리고 이 사이클들을 조합해서 어떻게 좋은 투자 의사 결정을 만들어낼 수 있을지에 대한 고민은 여전히 진행 중이다. 브리지워터의 레이 달리오(Ray Dalio)조차 신의 해법을 아직은 모른다고 생각한다.

30년간의 직장 생활을 마치고 창업한 ㈜코어16의 가장 중요한 연구 주제도 이벤트와 사이클이다. 주가는 어떻게 이벤트들과 연결되고 이러한 이벤트들의 덩어리와 조합은 주가 사이클에 어떻게 영향을 미치는지, 그래서 투자자는 어떤 의사 결정을 해야 하는

지를 연구하고, 만들고, 검증하고, 알리는 일들을 하고 있다.

필자는 오랜 기간 금융 시장을 분석하면서 사건(이벤트)의 이름은 달라도 리듬은 반복된다는 사실을 배웠다. 대공황, 오일 쇼크, 닷컴 버블, 금융 위기, 팬데믹, AI 혁명, 관세 전쟁 등 각각의 시대마다 공포와 탐욕이 교차했고, 자산 가격은 파동을 그렸다. 투자는 결국 이 파동을 읽어내는 사이클의 과학이자 인간 심리의 예술이다.

필자가 세운 ㈜코어16은 단순한 데이터 회사가 아니다. 우리는 수많은 금융 데이터 속에서 맥락과 의미를 찾아내고, 그것을 투자 사이클의 나침반으로 삼는다. 데이터를 단순히 수집하는 데 그치지 않고, 이들의 증폭, 전이, 인과 관계 같은 신호로 구조화해 사이클을 해석하는 투자 의사 결정 엔진을 만들고 있다. 과거 사이클이 남긴 흔적을 오늘의 데이터와 연결할 때 미래를 준비할 수 있는 길이 열린다.

창업 이후 이벤톨로지(eventology)라는 개념을 생각해냈다. 팔란티어의 온톨로지(ontology)가 금융 투자 의사 결정에 적용되었다고 생각하면 된다. 시장을 흔드는 수많은 사건들, 전쟁, 선거, 기후, 정책, 경제 지표, 산업, 공급망, 기업 이슈 등이 단순한 뉴스가 아니라 투자 사이클을 움직이는 신호임을 밝히고 싶었다. 이벤톨로지는 단순히 사건을 기록하는 것이 아니라, 사건과 자산 가격의 상관관계와 인과 구조의 흐름을 재정렬하는 작업이다. 마치 뇌가 신호를 해석하듯 시장도 사건을 해석하고 반응한다.

성공적인 투자를 위해서는 사이클의 바닥과 꼭지에서 기억해야 할 것이 있다. 공포가 극대화될 때 중심을 잡아야 한다는 것과 탐욕이 과열될 때 냉정을 지키는 것이다. 코로나 상황과 같은 극단적인, 그리고 전례 없는 악재라는 인식이 팽배할 때도 기회를 모색해야 한다. 미국의 저명한 창업가가 말했다. 지나고 보면 대단한 기회였지만 그 당시엔 늘 상당한 위기로 보인다는 것이다. 안전한 투자란 없다. 최선의 선택만이 있을 뿐이다.

앞으로의 세상은 AI, 기후 위기, 지정학적 갈등, 인구 구조 변화 등 새로운 변수로 가득하다. 그러나 변하지 않는 것이 있다. 시장에는 늘 사이클이 존재한다는 것이다. 미래는 과거 사이클의 힘 위에 쓰인다. 과거를 교과서로 삼는다면 불확실한 미래도 준비된 기회가 된다.

필자는 앞으로도 사이클을 해석하고 새로운 투자 의사 결정의 뇌를 만들어가는 여정을 계속할 것이다. 그리고 그 길 위에서 여러분도 같은 질문을 스스로 던지길 바란다. '지금은 어떤 사이클이 지배적인가? 그리고 지금은 이 사이클의 어디쯤일까?'

전문 용어를 빼고 소통하고자 오랜 기간 연습했지만 여전히 쉽지 않다. 이 책에는 가급적 복잡한 내용은 치우고 쉽고 현실적인 지침이 되는 부분만을 담으려고 했다. 내용 중 일부는 개인 투자자들이 사용할 수 있는 유용한 방법일 것으로 기대한다. 담고 있는 사례들은 종목 추천이 아니라 맥락에 대한 이해를 돕기 위한 것임을 기억해주길 부탁드린다.

모든 진실은 액체에 담겨 있다. 피, 땀, 눈물…. 마지막으로 셀스

마트와 이벤톨로지의 대장정에 진실을 담아내고 있는 ㈜코어16의
동료들에게 감사드린다.

(참고자료)

1   ""분위기 무겁다" 목발 짚은 최태원, 사장단 30명 불러모았다", 2023년 6월 15일, 〈중앙일보〉(https://www.joongang.co.kr/article/25170171)

2   2024년 10월 9일, 코어16에 발행된 '삼성전자 주가 저점에 대하여' 리포트(www.coresixteen.com/41)

3   2025년 7월 28일, 셀스마트에 발행된 '테슬라 등에 업은 삼성전자! 구만전자 갈까?' 리포트(https://sellsmart.market/ko/articles/cmdmy1kxt0001l104ae62hf3q)

4   2016년 11월, 코어16에 발행된 'If Trump wins, who takes the lead this time?' 리포트(www.coresixteen.com/41)

5   "한투證, 한화오션 · HD현대중공업 '중립' 의견… "주가 상승 여력 부족"", 2025년 2월 20일, 〈조선비즈〉(https://biz.chosun.com/stock/stock_general/2025/02/20/CUZE7GYHF5B3FLP26ULL7QQRUM/?utm_source=naver&utm_medium=original&utm_campaign=biz)

6   2025년 4월 2일, 셀스마트에 발행된 '디플레이션, 인플레이션, 스태그플레이션에서는 이렇게 투자하자' 리포트(https://sellsmart.market/ko/articles/cm8zg8y3l000al20354pfeke6)

7   2025년 4월 3일, 셀스마트에 발행된 '최근 인플레이션은 수요 관련 요인이 공급 요인보다 중요했다' 리포트(https://sellsmart.market/ko/articles/cm90mbjkd0001l803xaf656h3)

8   2025년 12월 8일, 셀스마트에 발행된 '(12월 발표) CORE16 모델 11월 CPI 예측 2.95%' 리포트 (https://sellsmart.market/ko/articles/cmcps33860001jl04pou1f3d3)

9   https://www.richmondfed.org/publications/research/economic_brief/2025/eb_25-07

10 "The June jobs report brings downside risk to the stock market, JPMorgan trading desk says", 2025년 7월 2일, 〈CNBC〉(https://www.cnbc.com/2025/07/02/june-jobs-report-brings-downside-risk-to-stocks-jpmorgan-traders-say.html)

11 "8월 산업생산 보합…소비 · 투자 동반 부진에 경기회복 제동(종합)", 2025년 9월 30일, 〈뉴시스〉(https://www.newsis.com/view/NISX20250930_0003349756)

12 "9월 美 ISM 제조업 PMI 49.1 · 0.4P↑…"신규수주 · 고용 부진"", 2025년 10월 2일, 〈뉴시스〉(https://www.newsis.com/view/NISX20251002_0003354009)

13 https://usdkrw.vercel.app

14 http://sellsmart.market

15 https://bside.ai

16 https://web.act.ag

17 케네스 로고프 · 카르멘 라인하트,《이번엔 다르다》(2010), 다른세상

18 www.core16etf.com

19 https://dart.fss.or.kr/main.do

20 2025년 3월 19일, 셀스마트에 발행된 '미국 주식 시장에서의 150년간 주가 폭락 사례 분석' 리포트 (https://sellsmart.market/ko/articles/cm8fakqjg0004l4038f74mw7d)

21 https://sellsmart.market/ko/service/biorhythm

주식시장 슈퍼사이클에 올라타는 실전 매매법

사이클 투자 법칙

제1판 1쇄 발행 | 2026년 1월 22일
제1판 3쇄 발행 | 2026년 2월 13일

지은이 | 조윤남
펴낸이 | 하영춘
펴낸곳 | 한국경제신문 한경BP
출판본부장 | 이선정
편집주간 | 김동욱
책임편집 | 남궁훈
교정교열 | 이근일
저작권 | 백상아
홍보마케팅 | 김규형·서은실·이여진·박도현
디자인 | 이승욱·권석중

주　　소 | 서울특별시 중구 청파로 463
기획편집부 | 02-360-4556, 4584
홍보마케팅부 | 02-360-4595, 4562　　FAX | 02-360-4837
H | http://bp.hankyung.com　　E | bp@hankyung.com
F | www.facebook.com/hankyungbp
등　　록 | 제 2-315(1967. 5. 15)

ISBN 978-89-475-0231-3　03320

책값은 뒤표지에 있습니다.
잘못 만들어진 책은 구입처에서 바꿔드립니다.